I Came
Oct 29, 2008

For Bob —

My teacher who
opened the door
to Momox for
me & a career.

Thanks,

Barbara Seelock

BARBARA TEDLOCK

EL TIEMPO Y LOS MAYAS DEL ALTIPLANO

FUNDACIÓN YAX TE'
2002

Traducción: Fernando Peñalosa
Asesoría lingüística: Luis Enrique Sam Colop

Título del original:
Time and the Highland Maya

YAX TE' FOUNDATION
3520 Coolheights Drive
Rancho Palos Verdes, CA 90275-6231
Tel/Fax (310) 377-8763
correo electrónico: acacias18@cox.net
Internet: www.yaxte.org

ISBN 1-886502-39-0

ÍNDICE

Cuadros

AGRADECIMIENTOS

Varias personas, tanto aquí como en Guatemala, me han dado apoyo valioso durante varias etapas de esta investigación y de la redacción de este libro. Quedo especialmente agradecida a mi esposo y colega Dennis Tedlock, quien ha compartido conmigo muchas horas de trabajo de campo, las tensiones de aprendizaje, muchas fotografías suyas y su pericia editorial. También tengo una deuda grande con Robert M. Carmack, quien me introdujo a Guatemala, leyó y criticó gran parte del manuscrito. La sección del capítulo .. sobre la historia momosteca no habría sido posible sin sus conocimientos históricos. El mapa de Momostenango se basa en la agrimensura que él y un grupo de sus estudiantes graduados hicieron durante los años 70. También estoy muy agradecida con Dell Hymes, quien leyó y discutió un trabajo mío basado en los datos del capítulo ___. Sugirió, en virtud de mis datos lingüísticos, que yo hiciera las sugerencias con respecto al desciframiento glífico dadas en el capítulo ___.

También estoy muy agradecida con los colegas y los amigos quienes han dado su tiempo y su crítica: Lyle Campbell, Duncan Earle, Peter T. Furst, Beth Hadas, Edward T. Hall, John Hawkins, David H. Kelley, Timothy Knab, Floyd Lounsbury, June Nash, Benjamin Paul, Flavio Rojas Lima, Paula Sabloff, Douglas W. Schwartz y Mary Elizabeth Smith. Mi deuda más grande es con los sacerdotes mayas de Momostenango, quienes compartieron su vida—sus esperanzas, sus sueños, y sus realidades—conmigo a fines de los años 70. Ellos resistieron la turbulencia de los años 80 en Guatemala.

Finalmente, reconozco el apoyo económico que me dio durante el período principal de mi residencia en Guatemala (1975-76) a la Escuela de Graduados de la Universidad Estatal de Nueva York en Albany. Luego, en 1979, la Universidad Tufts me otorgó una beca universitaria, que me permitió volver a Guatemala para el verano. Una beca de la Escuela de Investigación Americana de Santa Fe, Nuevo México, durante 1980-81, me proporcionó el tiempo, el espacio y un ambiente para completar este trabajo.

PRÓLOGO

Aunque la obsesión maya clásica y contemporánea con el tiempo se ha reconocido desde hace mucho, Bárbara Tedlock vuelve a enfocar nuestra visión de la lectura de tiempo en la tierra de los k'iche's en el altiplano de Guatemala. Combina el trabajo de campo antropológico con el aprendizaje formal de un contador del tiempo en Momostenango y se basa en una «intersubjetividad humana» cuyo medio principal es el lenguaje, y entra en el contexto k'iche' de interacción comunicativa conocida como *ch'ob'onik*, 'contar, comprender'.

Su estudio de la ciencia práctica de un contador del tiempo maestro cuestiona y rebate la mayoría de las conjeturas hechas por los etnógrafos hasta la fecha. Tedlock desafía y desmantela las distinciones aceptadas: entre los oficios sacerdotales y los chamanísticos; entre los nombres de días «buenos» y «malos» y los movimientos de la sangre (supuestamente dualísticos); entre el calendario solar (de 365 días) y el *cholq'ij* (el calendario de 260 días). Ella encuentra que ninguno de éstos puede separarse así en la cuenta del tiempo. Demuestra, después de años de interpretaciones erróneas, que no hay un «primer día» del calendario actual y rechaza la fijación erudita sobre un sistema simbólico construido etimológicamente para los días. Descubre que esta fijación ha obscurecido un sistema mnemotécnico mucho más importante con respecto a las prácticas ceremoniales asociadas con cada día y finalmente vincula la cuenta del tiempo con las categorías más importantes de la estructura social. En vez del punto de vista aceptado, ofrece un cuadro integrado de una interpretación racional rigurosa del «habla» irracional de las personas y de los objetos poseídos así como también la relación dialéctica y no dualística entre los términos emparejados en la interpretación de la cuenta del tiempo.

Las teorías mayas del cuerpo del contador del tiempo como microcosmos; la cuenta de los días concebido como «el habla del calendario» ligado, por medio de los cuatro Cargadores del Año, a las montañas de las cuatro direcciones; las correspondencias entre el relámpago de sangre y el relámpago sobre los lagos de las montañas; el control de los tz'ites por los días del calendario para que puedan dar sus mensajes; el «prestar» los poderes del mundo por el contador del tiempo y su pago respetuoso; el bajar y subir hasta los límites del espacio terrestre para colocar los altares; el sonido de las voces muertas, de las batallas épicas de antaño; las relaciones y los resentimientos de las almas ancestrales—éstos son algunos de los galardones de la maestría práctica a que Tedlock se sometió, y nos regala un saber que respetamos como ciencia y gozamos como poesía.

Ahora se abren muchas puertas en la casa privilegiada de la antropología que ofrecen nuevas posibilidades de diálogo y de creatividad entre las humanidades y las ciencias. Barbara Tedlock ha abierto ahora una puerta a nuestra comprensión del tiempo en el orden del cosmos maya, una comprensión de que muchos nos aprovecharemos en estos días emocionantes ahora que los estudios mayas parecen estar a punto de un desciframiento y de una revelación colectivos. Ésta es una articulación hermosa y precisa de una faceta fundamental del misterio, tan brillante como los tz'ites rojos santificados por el tiempo, suaves y expertos como los movimientos de las manos del contador del tiempo, claros y precisos como sus cristales, los funcionarios del mundo que organizan los tz'ites. Todos tenemos una deuda con Tedlock en el camino «blanco y amarillo» del saber.

Nathaniel Tarn

PREFACIO A LA EDICIÓN REVISADA

Ha habido adelantos importantes en la investigación mayista y cambios profundos políticos y sociales en el altiplano de Guatemala desde que el editor aceptó el manuscrito de la versión en inglés de este libro hace doce años. Con el descubrimiento reciente de cientos de artefactos anteriormente desconocidos y con los adelantos importantes en el desciframiento de los glifos, la civilización maya ha entrado en la historia mundial.[1] Durante esta misma época, muchos estudiosos han dirigido su atención al estudio de los Períodos Postclásico y Colonial a fin de explicar el éxito y la longevidad notables de la cultura maya frente a las enfermedades, la invasión, la guerra y las políticas opresivas coloniales (Chase y Rice 1985; Farriss 1984; Fox 1987; Hill y Monaghan 1987; Jones 1989; Lovell 1990; y Smith 1990).

Guatemala, donde vive la mayor parte de la población maya, experimentó una guerra civil durante los años 80. La ocupación por parte de la guerrilla de caseríos rurales provocó niveles masivos de violencia estatal, incluyendo fusilamientos por los escuadrones de la muerte y ataques militares de contrainsurgencia. Los líderes mayas y los observadores extranjeros han sentido que el gobierno utilizó su campaña de contrainsurgencia como un disfraz para cometer el etnocidio, si no el genocidio, contra el pueblo maya.[2] La ironía amarga es que la gran mayoría de la infantería usada por el ejército en su guerra de contrainsurgencia era maya. Las comunidades rurales ubicadas en la vecindad de la base de operaciones para el Ejército Guerrillero de los Pobres (EGP) y la Organización Revolucionaria del Pueblo en Armas (ORPA) sufrieron la violencia más intensa, mientras que los más remotos de estos centros de resistencia al Estado, sufrieron la violencia y/o la penuria económica en forma esporádica.[3] Las comunidades mayas del Departamento de Totonicapán, aunque estaban bien dentro del área original de la organización de ORPA, no sufrieron directamente de los escuadrones de muerte ni de la violencia militar, sino tuvieron que luchar con una privación económica severa. Tal era el caso con Momostenango, la comunidad que sirve como el foco etnográfico de este estudio. Había sido una comunidad relativamente adinerada, que se mantenía principalmente por el tejido de chamarras de lana y el comercio a larga distancia. Durante la violencia extrema de los primeros años del decenio de 1980, los comerciantes se exponían a peligros al viajar a Chichicastenango, a Antigua, a la Ciudad de Guatemala, y a otros países centroamericanos para vender sus mercancías. Hasta el viaje corto al pueblo vecino de San Francisco el Alto se hizo problemático, porque paraban los autobuses y la guerrilla o el ejército arengaba a los comerciantes y a veces les robaban.

Después de varias incursiones nocturnas sobre el centro del pueblo por la guerrilla, que dejó unos lemas pintados en las paredes de la municipalidad y volantes con amenazas de muerte contra muchos comerciantes ricos y líderes del pueblo, se encontraron tres cadáveres no identificados en el camino que va a San Francisco el Alto. En esto unos exmilitares momostecos, muchos de los cuales eran tradicionalistas, decidieron resistir. Capturaron un automóvil que llevaba seis guerrilleros y participaron en enfrentamientos armados con otros grupos de guerrilleros a lo largo de los límites noroeste del municipio. Al demostrar que su comunidad estaba organizada, lista, y dispuesta a pelear con la guerrilla, resistieron el reclutamiento al ejército y a su campaña arrasadora de contrainsurgencia en Momostenango (Carmack 1988; Manz 1988 Simon 1987).

En la fase más cruenta de la violencia, la Guatemalan Scholars Network, de la cual me hice socia cuando se fundó en 1980, declaró una prohibición contra la investigación de las ciencias sociales en Guatemala. Esto se hizo a fin de proteger a los consultores mayas de la posibilidad que en el curso de sus relaciones con los forasteros, pudieran ser acusados falsamente de subversión por informantes militares. Dennis Tedlock y yo aceptamos esta prohibición, al ausentarnos de Momostenango por miedo de poner en peligro la vida de nuestros colegas allá. La interdicción sobre la investigación se revocó en 1987. Durante el invierno de 1988 volvimos al campo por primera vez en casi una década. Visitamos al hombre que nos había aceptado como aprendices en 1976 para ponernos al día con respecto a nuestras obligaciones como contadores del tiempo iniciados. Aunque Momostenango nunca apareció en ninguna de las listas de Amnistía Internacional de las comunidades que sufrieron matanzas, sin embargo temimos que pudieran haber sucedido cosas horrorosas. Nos pusimos tranquilos al encontrar a todos nuestros conocidos sanos y salvos, aunque notablemente más pobres.

En el otoño de 1989, nuevamente volvimos a Momostenango, en esta ocasión a fin de hacer ofrendas y renovar nuestro equipo para contar el tiempo en la ceremonia de 8 B'atz'. Durante esta visita encontramos el foco etnográfico de este estudio. Durante esta visita encontramos mucho más gente de las otras comunidades mayas del altiplano en los altares que cuando nosotros vivíamos allí durante los años 70. Y aunque todos eran más pobres que antes, los traditionalistas se dedicaban a construir un capilla de bloques de cemento junto a los altares de tierra importantes en Ch'uti Sab'al, 'Pequeño Lugar de la Declaración'. Habían decidido construir esta capilla después de que un alcalde protestante, nombrado por el General Efraín Ríos Montt, había excluido a los miembros de las cofradías y de la organización de los sacerdotes mayas del uso de las oficinas municipales en el centro del pueblo para propósitos religiosos. Todo el día 8 B'atz', a cada persona que entraba en los altares se le pedía una donación para ayudar con los gastos de la construcción.

Dos capítulos nuevos en este libro, el ⋯ y el ⁖, incluyen información con respecto a los calendarios y a la astronomía mayas que recopilé en mis viajes de campo originales y en los más recientes. En la Nota Final, que también es nueva, trato algunas de las consecuencias políticas y culturales de la guerra civil y la diáspora maya subsecuente, con atención especial al surgimiento de una cultura y de una identidad étnica maya transnacionales. Momostenango, en parte porque no era devastado por el ejército, ha llegado a ser un sitio importante de peregrinación, donde la gente no solamente llega a adorar sino para aprender la cosmología maya tradicional. Hoy los sacerdotes mayas momostecos activamente se dedican a enseñar los métodos indígenas de llevar la cuenta del tiempo y la astronomía a los mayas de otras comunidades del altiplano guatemalteco. Mi propio maestro fue elevado a la posición de sacerdote principal del cantón de Santa Isabel (véase el mapa 2, capítulo ⁚), que contiene dos de los altares de tierra locales más importantes, Ch'uti Sab'al y Nima Sab'al. Como resultado de su propia práctica más intensiva de la religión tradicional, instruyó gente, de varios niveles de conocimiento, en la medicina tradicional, en la interpretación de los sueños, en el estudio del calendario y de la cosmología mayas. Como su discípulo, me es grato difundir estas ciencias tradicionales por medio de la presente edición en español. Los lectores mayas se interesan apasionadamente por la historia, el uso, y la interpretación de sus propios calendarios y su propia astronomía.

Barbara Tedlock

9 I'x en el año 5 E, o sea el 20 de mayo de 1991
East Aurora, New York

•

INTRODUCCIÓN

Los mayas antiguos eran grandes maestros de la cronología, estudiosos del tiempo. Medían el ciclo lunar y el año solar; los eclipses solares y lunares; y la salida de Venus y Marte con gran exactitud. En muchos casos, sus medidas eran más precisas que las de los invasores europeos. Pero los mayas eran diferentes de los europeos, al interesarse no solamente en las cantidades del tiempo sino también en sus cualidades, especialmente sus significados para los asuntos humanos. No hemos tardado mucho en comprender su astronomía, pero nuestros esfuerzos para penetrar su mundo simbólico han resultado ser mucho más difíciles y exigentes. La base misma de su calendario, compuesta de una miríada de capas sobrepuestas de ciclos de duraciones y augurios diferentes, depende de un ciclo de 260 días nombrados y numerados. La duración de este ciclo no tiene ninguna correlación obvia con los eventos astronómicos, y los nombres de sus días y sus interpretaciones de la cuenta del tiempo por la mayor parte carecen de referencias astronómicas.

Entre los mayas de la tierra baja de Yucatán, los modos antiguos de interpretar y calcular el tiempo se conocen de las inscripciones sobre miles de monumentos de piedra, de unos pocos libros antiguos que sobrevivieron los incendios de los misioneros españoles, y de los primeros documentos coloniales. Pero desde hace mucho, a la gente indígena moderna de esta región se le ha olvidado cómo llevar la cuenta del tiempo como hacían sus antepasados. En el caso de los mayas del altiplano, y especialmente de los del altiplano occidental de Guatemala, la situación es al revés. Aquí, los monumentos arqueológicos no tienen inscripciones, y ni un solo libro antiguo escapó de las llamas, aunque el contenido de unos pocos de esos libros se transcribieron al alfabeto romano y así se conservaron en los documentos coloniales. Pero es entre los mayas del altiplano, y no entre los de tierra baja donde actualmente siguen calculando y dando significado al tiempo según los métodos antiguos. Veintenas de comunidades guatemaltecas mayas, principalmente las comunidades lingüísticas ixil, mam, poqomchi, y k'iche' conservan el ciclo de 260 días y (en muchos casos) el ciclo solar antiguo también (capítulo ....).

Momostenango es la comunidad guatemalteca más famosa en cuanto a las ceremonias públicas que se celebran fuera del edificio y del calendario de la iglesia. Su reputación como un centro ceremonial importante remonta por lo menos a la época de la invasión española (capítulo ..). Este estudio está enfocado en los k'iche's en general y Momostenango en especial, pero haré comparaciones extensivas con otras comunidades mayas del altiplano, tanto en Guatemala como en Chiapas, México. Además, habrá excursiones ocasionales a los mayas de tierra baja, y a las áreas de Mesoamérica que quedan más allá del mundo maya.

En todos lados, todos los períodos o los ciclos del tiempo maya, si se relacionan directamente a los movimientos de los cuerpos celestiales o si se entienden únicamente como las expresiones de ritmos característicamente humanos, comparten la misma unidad básica de medición: el día. La palabra que significa 'día' es *kin* en maya yukateko y *q'ij* [1] en k'iche' y en varios otros idiomas mayas del altiplano; en los dos casos, esta palabra significa no solamente 'día' sino también 'sol'. Por medio de la metonimia, se refiere a períodos más largos de tiempo, y hasta eones enteros (León-Portilla 1973:17-20), y puede asumir también el sentido de 'eternidad': en casos donde nosotros diríamos, «El tiempo ha llegado.», el mayahablante dice, «El día ha llegado.»

La palabra para 'día' es el término que más se aproxima al concepto occidental de 'tiempo', pero es más que eso. Un día, cada día, tiene 'su cara', su identidad, su carácter, que influencia sus sucesos (capítulo __); la suerte del momento de una persona, o aun su destino en general, se llama 'la cara de su día', (*uwäch uq'ij* en k'iche'). Una de las formas más comunes de la cuenta del tiempo maya, centrada en las porciones del ciclo de 260 días, a veces se llama *q'ijiloxik* en k'iche', literalmente 'fijar el día', o sea 'fijar el tiempo'.

La persona capacitada para contar el tiempo según este calendario sagrado de 260 días, se llama *ajq'ij* en k'iche'. La definición aceptada de esta palabra es 'sacerdote maya' (Ajpacaja Tum y otros 1996:7), pero literalmente significa 'persona cuyo oficio son los días', o sea contador del tiempo (como el equivalente yukateko *ah kin).* (En esta traducción se aceptan como sinónimos las tres expresiones *ajq'ij*, contador del tiempo y sacerdote maya). (véase el capítulo ...)

Además, la palabra maya para 'día' sirve de raíz en palabras que significan 'adoración', como en la palabra k'iche' *q'ijilab'al*, 'la observación de los días', que también puede significar 'lugar para contar los días' o 'lugar para el culto'.

Veremos más adelante (capítulo ...) que los lugares para el culto cambian según el día. He aquí una temporalización del espacio, expresado al nivel cósmico por las palabras del k'iche' para 'este' y 'oeste', que hacen referencia manifiesta al movimiento del sol: *chirelab'al q'ij* ('a la salida del sol') y *chuqajib'al q'ij* ('a la puesta del sol'). Una terminología direccional similar predomina en otros idiomas mayas, y la mayoría hasta da al norte y al sur una dimensión temporal indirecta, es decir, son nombrados con respecto al lado derecho o izquierdo del sol (o del día) en su viaje hacia el oeste.

Estas extensiones del significado de *kin* y *q'ij* indican claramente que una etnografía del tiempo maya, una etnohorología, excederá rápidamente los límites del tiempo que se pueden describir matemáticamente e involucran cuestiones de la eternidad, del destino, de la cuenta del tiempo, de la ceremonia religiosa y de la cosmología. Todos éstos tienen dimensiones cualitativas o simbólicas que los pueblos mayas no concebían y no conciben como separables de los aspectos cuantitativos del tiempo. Todas estas cuestiones cuantitativas y cualitativas se reúnen en un tipo de la cuenta del tiempo k'iche' que combina la cuenta precisa del ciclo de 260 días (capítulo __) mediante el uso de los tz'ites y los cristales con «el hablar de la sangre», un don chamánico poseído por el contador del tiempo (o que lo posee), cuyo cuerpo se concibe como un microcosmos lleno de movimientos que reflejan los eventos pasados y futuros del macrocosmos (capítulo __). El término para esto proceso combinado es *ch'ob'onik* ('comprender'; capítulo __). Estudiar la teoría de la cuenta del tiempo k'iche', no es solamente cuestión de estudiar la horología, la somatología y la cosmología k'iche's, sino también estudiar la epistemología k'iche'.

La epistemología del *ajq'ij* k'iche', aunque algunos de sus elementos son afirmados por los practicantes en forma de propuestas abstractas o generalizaciones, se transmite al aprendiz dentro de un marco de eventos reales en la cuenta del tiempo (capítulo ...). La teoría de la cuenta del tiempo no es un sistema ideal estático que es ontológicamente anterior a su práctica; más bien, se deriva de la práctica y se demuestra en la práctica, como parecería propia de una manera de saber cuyo objeto principal es los movimientos del tiempo. Cuando un etnógrafo pide una descripción de calendario k'iche' o de la cuenta del tiempo, el *ajq'ij* se sentirá obligado (si el día de la entrevista es propicio) a sacar sus tz'ites y sus cristales y presentar una demostración completa, cuyos resultados se comprenderán como un reflejo de la situación de la vida del etnógrafo.

Reflexiones Filosóficas

En mi estudio de la teoría y de la práctica de la cuenta del tiempo, utilicé la metodología antropológica tradicional, pero también decidí emprender el aprendizaje formal con un contador del tiempo profesional. Al reflejar sobre esta decisión, puedo ver que era en parte mi capacitación previa y mi trabajo de campo en la etnomusicología que me permitieron aprender a contar el tiempo en vez de aprender únicamente *acerca* de la cuenta del tiempo. En la etnomusicología, el aprender a tocar la música extranjera que se pretende describir es una práctica respetada. Hood, el proponente principal de este método, comenta:

> Mi propia experiencia y la de algunos estudiantes de grados avanzados que trabajan en varias partes del mundo nos han convencido que muchos de los errores acumulados en los estudios descriptivos y estilísticos en el campo de la etnomusicología se habrían evitado si el investigador hubiera aprendido habilidades como la de manipular un arco de pelo flojo en una mano y el mástil delgado de una laúd de dos cuerdas en la otra o si hubiera aprendido lenta y cuidadosamente a ejecutar las desviaciones microtonales características de la flauta japonesa o a entrenar los dedos a responder a los requisitos sutiles del tamborileo a mano (Hood 1963:277).

En otros términos, el aprender a tocar el instrumento ayuda tanto la descripción como el análisis. Otra analogía obvia es con la lingüística antropológica: se basa toda esta especialidad en la práctica de aprender a pronunciar sonidos y luego a producir oraciones que el hablante nativo juzgue correctas.

Para algunos, la idea de aprender de un contador del tiempo sugiere la cuestión de la pérdida de objetividad. Pero estoy de acuerdo con Gronewold, quien encuentra que la idea del antropólogo que «se volvió nativo», para ya nunca volver, es un «arquetipo», una construcción de la imaginación profesional. El ejemplo favorito de este arquetipo durante muchos años fue Cushing, pero Gronewold encuentra que Cushing «era un profesional dedicado. Aunque él se hizo Zuñi hasta un grado impresionante, no dejó de ser antropólogo» (Gronewold 1972:48). Menos conocido a la profesión es el caso de Reichard (1934), quien participó tanto como paciente como asistente en las ceremoniales de curación navajo, y que estudió el arte del tejido navajo hasta dominarla. Witherspoon les da el primer lugar en la literatura antropológica extensa sobre los navajos a las obras publicadas de Reichard (Witherspoon 1977:xiii). Cushing y Reichard aprendieron las lenguas nativas apropiadas excepcionalmente bien. Muchas veces el conocimiento lingüístico se considera una medida de la seriedad profesional en la antropología, pero también es una medida de la participación antropológica.

Lo que se encuentra detrás de la creencia que «volverse nativo» es un peligro verdadero para el antropólogo es la construcción lógica de la relación entre la objetividad y la subjetividad, entre uno mismo y el otro, entre el científico y el nativo, como una oposición analítica. La implicación es que el modo nativo de saber es de cierta manera incompatible con el método científico, y que el dominio de la objetividad es la propiedad exclusiva del forastero. Me cuento entre los antropólogos, de un número creciente, quienes rechazan tal construcción analítica. Por ejemplo, Kimball (1972:191-197) nota que «el tiempo puede haber llegado cuando estamos listos para emprender observaciones sistemáticas de los procesos de inducción e participación en otra cultura» (Kimball 1972:191-1932). Jules-Rosette (1975:21), quien se hizo miembra de una iglesia africana en el proceso de estudiarla, escribe que «mediante la observación continua, comencé a desarrollar un repertorio de conocimientos y de expectativas, o una cultura común, que se compartía con los participantes y se creaba en mis relaciones con ellos». En la introducción de su libro, Turner (1975:8) observa que «a cada nivel de socialidad corresponde su propio conocimiento, y si se desea comprender el saber más profundo del grupo hay que comulgar con sus miembros [y] hablar su «nuestro hablar» esencial (para combinar los vocabularios de Buber y Schütz)». Fabian (1971:27) mantiene una posición similar, declarando que la investigación antropológica debe entrar en un contexto de interacción comunicativa mediante el único medio que representa y constituye tal contexto: *el lenguaje*.

En los términos de Schütz (1967:97-138) el «nuestro hablar» o «el contexto de interacción comunicativa», a que se refieren Turner y Fabian pertenece no al dominio de la «objetividad» o de la «sujetividad», sino al de la «intersujetividad humana», y es este dominio, como un campo de investigación, que distingue las ciencias «sociales» de las «naturales». En mi trabajo de campo, entré en el contexto particular de la interacción comunicativa que se llama *ch'ob'onik* en k'iche', al aprender a hablar de la cuenta del tiempo y de hablar la lengua que le corresponde. Esta descripción de la teoría y de la práctica de la cuenta del tiempo k'iche' recurre a una base de intersujetividad humana. En este sentido, pertenece a las ciencias humanas, y no a las naturales.

Una de las consecuencias de entrar en el campo de la intersujetividad es que cambia la relación entre la «teoría», que anteriormente pertenecía únicamente al dominio «objetivo» del antropólogo y la «práctica», que pertenecía únicamente al dominio «subjetivo» del indígena. Como Bourdieu ha indicado, el antropólogo «objetivista», comenzando con la observación de la práctica, ofrece un «objeto construido» ideal como su meta teórica. Una vez que haya alcanzado esta meta, sólo puede ver las prácticas continuas (y cambiantes) de los indígenas como una desviación imperfecta lejos del ideal, como si su teoría propia fuera ontológicamente anterior a la práctica indígena. En lugar de una oposición entre la teoría y práctica, Bourdieu (1977:23-26) propone el desarrollo de una teoría de la práctica, basada en el estudio directo de lo que él llama la «maestría práctica» o el «saber práctico» del indígena. En estos términos, el estudio actual, en vez de acabar en la construcción de un «objeto» abstracto, ideal, retiene el «saber práctico» del contador del tiempo k'iche' como interés principal. No tiene como su objeto final la construcción de un «sistema simbólico» calendárico, que hay que entender aparte de las preguntas hechas a los contadores del tiempo. Además, al aprender como este saber realmente se transmite del contador del tiempo profesional al novato, he tomado un paso más allá de Bourdieu. El trabajo actual es un aporte al estudio no solamente del saber práctico, sino también de la epistemología práctica.

El trabajo de campo

Este estudio se basa en tres temporadas de trabajo de campo en Guatemala, el primero de junio a agosto de 1975, el segundo de febrero a diciembre de 1976, y el tercero de junio a agosto de 1979. Los métodos incluyeron una encuesta etnográfica, entrevistas formales (estructuradas) e informales (no estructuradas), la lectura de un documento etnohistórico con consultores, la discusión de etnografías modernas y de «hechos» etnográficos anteriormente descritos, la observación de participante, y el aprendizaje.

La encuesta etnográfica se llevó a cabo en cinco comunidades k'iche's— San Cristóbal Totonicapán, Chinique, Chichicastenango, San Pedro Jocopilas y la antigua Santa Catarina Ixtahuacán—varias veces durante los últimos cuatro meses de 1976 y durante el invierno de 1979. Dejé este trabajo hasta el último, cuando ya conocía suficientemente el idioma, la religión, la cosmovisión y la medicina k'iche's para participar dentro de el contexto indígena. En Momostenango, el pueblo donde residí durante mis primeras dos visitas a Guatemala, llevé a cabo entrevistas formales e informales con una gama bastante amplia de hombres y mujeres k'iche's: tejedores, comerciantes, agricultores, funcionarios municipales, y varios especialistas religiosos, miembros del movimiento de la Acción Católica y docenas de sacerdotes mayas. También leí y discutí un documento etnohistórico de 1722, un calendario escrito en k'iche'[2] con un anciano momosteco letrado; además, verifiqué ciertos problemas en el documento con varias otras personas en Momostenango y en Chinique.

Hice grabaciones durante todas las entrevistas formales y durante algunas informales, así como también durante la lectura del documento etnohistórico. También grabé muchas horas de diálogo con mi maestro durante el aprendizaje. Se produjeron un total de 125 casetes de 90 minutos cada uno en mi Sony portátil TC-55. Lo más pronto posible después de las entrevistas o de los diálogos, hice una traducción a un inglés literal y la apunté en mis cuadernos. Durante las entrevistas y lecciones subsiguientes, volví a discutir las palabras del vocabulario, los conceptos importantes, y las oraciones con otros consultores, o los verificaba con ellos. Los otros consultores representaban una gama amplia de sacerdotes mayas, no solamente del centro de pueblo sino también de los distritos distantes de Los Cipreses, Santa Ana, Xequemeyá y Canquixajá. Incluían representantes de cada nivel de la jerarquía de los contadores del tiempo (véase el capítulo ...), hasta los dos sacerdotes mayas principales de la comunidad. En total, el trabajo de campo formal produjo 2,513 páginas escritas registradas en nueve cuadernos.

En las etapas intermediarias de mi trabajo en Momostenango, mi esposo y yo emprendimos una capacitación formal para ser *ajq'ij*; nos iniciaron en agosto de 1976. Después tuvimos la oportunidad de celebrar cuentas del tiempo para los k'iche's que solicitaron nuestros servicios (capítulo ... contiene una discusión de la capacitación, la iniciación, los papeles, y el estatus de los *ajq'ij*). La oportunidad inusitada de aprender la cuenta del tiempo nos fue proporcionada por un sacerdote maya talentoso, socialmente eminente, quien notaba nuestro interés intensivo en el tema y mi cooperación en contestar las preguntas que me hacía durante las cuentas del tiempo que llevaba a cabo para mí durante una enfermedad seria. Su posición alta y su reputación de estabilidad le permitió arriesgar la crítica pública y privada potencial y aceptar a los extranjeros como discípulos. Nos entrenaron y nos iniciaron a mí, y a mi esposo, juntos porque se presagió que nuestras indiscreciones compartidas habían causado mi enfermedad y porque nuestro maestro tuvo una serie de sueños que recomendaron *tunulik chak*, 'servicio unido', para nosotros.

Mi aprendizaje de la práctica de la cuenta del tiempo representaba un papel aún no formalmente discutido en la literatura sociológica y antropológica sobre el tema del trabajo de campo, específicamente, el participante observador. De muchas maneras, ésta era la parte más penosa de mi trabajo de campo, porque los forasteros educados (a excepción de los lingüistas) no están acostumbrados a que examinen atentamente su comprensión diaria de la información que acumulan. Como un producto de la educación estadounidense moderna, yo tenía poca capacidad para recordar las cosas que me dijeron sin apuntarlas. Otro problema era aprender a hacer todo lo que me pedían en la capacitación formal rápidamente y eficientemente, sin una interrogación interna y externa constante del pedido o de la orden. Después, por supuesto, me quedaba en la libertad de analizar las técnicas de aculturación que nos emplearon, pero mientras estaba en el entrenamiento, simplemente tenía que actuar.

Se ha escrito mucho sobre el tema de la liminalidad en las ceremonias de pasaje (Gennep 1960; Gluckman 1962; Turner 1967, 1969), pero la experiencia de la liminalidad es más dolorosa lo que se pudiera creer. Mi maestro repetidamente nos decía que debíamos evitar contacto con nuestros paisanos que estaban en el área—un voluntario del Cuerpo de Paz, un antropólogo, su novia que lo visitaba y un lingüista, porque todos eran «enemigos del entrenamiento». Esto, además de las presiones de la capacitación misma nos dejaba bastante agotados al terminarse el período de cuatro meses y medio cuando estábamos listos para la iniciación. Ahora que ya ha pasado algo de tiempo, puedo ver que esta etapa marginal, durante la cual yo no era ni norteamericana ni mesoamericana, ni antropóloga ni contadora del tiempo, era absolutamente necesario para la capacitación.

Poco después de emprender la capacitación formal, me di cuenta de que el compromiso personal de mi maestro para completar nuestra capacitación era sumamente seria. Si nosotros fracasáramos como discípulos, él fracasaría también, y nuestra deshonra social sería suya. Además, me di cuenta de que nuestro aspecto físico atraería mucha atención durante la iniciación pública para la que nos preparaba. Claramente, nosotros teníamos que ser discípulos estelares (o así pensábamos), capaces de saludar a gente correctamente; de contar el calendario ceremonial de 260 días, el *cholq'ij,* rápidamente (para atrás y para delante) sin tropezar, e interpretar sus significados; e improvisar oraciones en k'iche'. También teníamos que saber hacer ofrendas apropiadamente y en el orden correcto, y saber manejar los accesorios para contar el tiempo.

La grabación de las horas de diálogo con nuestro maestro, que yo volvía a escuchar, transcribiéndola para generar preguntas adicionales, tuvo un resultado irónico: al llegar el gran día, estábamos preparados más de lo necesario. De mis observaciones de los novatos que se iniciaron al mismo tiempo que nosotros y de mis conversaciones con ellos, supe que aunque ellos también se habían encontrado con sus maestros los llamados días de permiso (capítulo ...) y les habían enseñado el calendario por repetición (capítulos .... y —) y el «hablar de la sangre», (capítulo —), la totalidad de nuestros conocimientos era más extensa que la suya. De hecho, ninguno de los novatos que estaban suficientemente cerca para que los oyéramos los días de iniciación ni siquiera intentó rezar a voz alta. Al contrario, sus maestros simplemente hicieron todo por ellos, hasta quemar las ofrendas. Al discutir esto después con contadores del tiempo expertos supe que no les perturbaba la carencia inicial de conocimientos demostrado por estos novatos. Declararon que nosotros habíamos trabajado tanto porque «nuestros antepasados eran ignorantes y no podían ayudarnos». Por consiguiente, tuvimos que usar una máquina y practicar mucho más que un novato k'iche'. Describían nuestro método de enseñanza como «una lucha».

Sin embargo, nuestro dominio de tantos artefactos nemónicos de la interpretación calendárica (capítulo —) y de los significados precisos del «hablar de la sangre» (capítulo —) les parecía una maravilla a varios contadores del tiempo. Era nuestra precocidad creada con la ayuda de la grabadora que nos traía clientes, aunque los clientes que eran contadores del tiempo ellos mismos no se impresionaban tanto y usaban la situación para probarnos. También nos probaban cuando íbamos a los altares los días obligatorios para hacer ofrendas y oraciones (capítulo ...). Los sacerdotes mayas que no nos conocían personalmente nos saludaban y nos contaban que era un placer vernos «hoy 1 Kame» cuando realmente era el día 8 Kame o 1 Toj del calendario k'iche'. Aprendimos a corregirlos suavemente, y después nos trataron con respeto, pero hay tantos contadores del tiempo en Momostenango que este proceso de probar efectivamente nunca terminó. El desafío más serio vino de uno de los dos *chuchqajawib' rech tinimit*, 'madres-padres del pueblo', el sacerdote maya principal de todo el municipio. Un día nos saludó en el camino de un altar, y después de haberse equivocado en nombrar ese día, lo corregimos y nos preguntó quién nos había entrenado. Mencionamos el nombre de nuestro maestro inmediatamente, sin pensar. Después me pregunté si nosotros deberíamos haber negado darle su nombre, pero cuando le conté el suceso, me dijo que no se hizo ningún daño. Tenía razón, y este enfrentamiento en especial sencillamente me sirvió de introducción al sacerdote del pueblo, una persona a quien después yo tuve la ocasión de entrevistar.

Debo agregar que muchos contadores del tiempo que ya habían oído de nosotros, entablaron conversaciones con nosotros con expresiones de aprobación más bien que con pruebas, y que nadie expresó nunca ninguna oposición directa. En cuanto a nuestros papeles de antropólogos, regresamos luego a emprenderlos al terminarse el período marginal, o sea el día de la iniciación. Del punto de vista de mi maestro, nunca hubo problema de hacer una elección final entre ser antropólogos y hacernos contadores del tiempo. Entre los k'iche's, los papeles nuevos se agregan apropiadamente a los antiguos, no los sustituyen.

• •

MOMOSTENANGO

Momostenango se ubica en el altiplano tropical, fresco del occidente medio de Guatemala. Es uno de los ocho municipios poblados predominantemente por hablantes monolingües del k'iche' que forman el Departamento de Totonicapán (véase el mapa 1).[1] El idioma k'iche'—como los idiomas kaqchikel, tz'utujil, poqomam, uspanteko y q'eqchi'—es un idioma maya del subgrupo k'iche'ano.[2] En la actualidad, el número de hablantes de los idiomas k'iche'anos sobrepasa un millón.

El viajero moderno conoce Momostenango sobre todo por sus chamarras de lana fina (fig. 1). En la literatura etnográfica, su fama principal viene del hecho de que es el sitio de una ceremonia que se celebra cada nueve meses, el día 8 B'atz', la ceremonia más grande y mejor conocida de toda Mesoamérica que se programa según el calendario prehispánico.[3]

Historia

Durante el período prehispánico, poco después del derrumbe de Tula en el altiplano de México y de Chichén Itzá en Yucatán, varias dinastías militaristas dominantes afirmando ser de ascendencia tolteca surgieron en la costa del Golfo de México en Veracruz y Tabasco. Según varios documentos k'iche'anos, trece grupos distintos de guerreros y sacerdotes «toltecas» (epigonales o epitoltecas) de esta área entraron al altiplano guatemalteco unas diez generaciones antes de la invasión española, o sea, alrededor del año 1225 E.C. Los k'iche's, bajo la influencia de estos militaristas y sacerdotes epitoltecas, pronto dominaron los otros grupos epitoltecas (como los kaqchikeles y los awakatekos) así como también los grupos no toltecas (como los mames y los ixiles), y evolucionaron como un estado de conquista. En su apogeo (alrededor del año 1450 E.C.) el reino k'iche' se extendía desde Soconusco en el sur de Chiapas sur hasta las áreas septentrionales lejanas de la Alta Verapaz, incluyendo a todos los hablantes del k'iche' como también a muchos uspantekos, ixiles, awakatekos, mames, poqomames, tz'utujiles y kaqchikeles.[4] La última capital del reino k'iche' fue en Q'umarkaj (también conocido por su nombre náhuatl Utatlán), cuyas ruinas se encuentran en las afueras del pueblo actual de Santa Cruz del Quiché.

Mapa 1. Guatemala

1. Mercado de chamarras en Momostenango

Momostenango, que durante la época prehispánica se llamaba *Chuwa Tz'aq,* 'arriba de las murallas', en algún tiempo formaba parte del territorio mam de Otzoya. Durante el reinado del rey k'iche' K'iqab' (ca. 1459-1490), fue conquistado por los Nijaib', uno de los cuatro linajes principales del reino k'iche'.[5] Menos de un siglo después (en 1524), durante la batalla entre las fuerzas k'iche's y las españolas en el valle de Quetzaltenango, un grupo grande de k'iche's (incluyendo gente de Chuwa Tz'aq) eran conducidos por don Francisco Izquín Nijaib'. Después de que sus fuerzas fueron derrotadas por Alvarado, Chuwa Tz'aq se dio en encomienda a Juan Pérez Dardón, capitán de las fuerzas de Alvarado quien recibía tributo de la comunidad. Entretanto, los aliados tlaxcaltecas de los españoles habían dado al lugar el nombre náhuatl «Momostenango», de *mumuztli,* 'altar', y *tenango,* 'casa' o 'pueblo'. Treinta años después de la invasión de Guatemala, los representantes del linaje Nijaib' del reino anterior de los k'iche's describieron la batalla cerca de Quetzaltenango en un documento escrito en k'iche', utilizando el alfabeto latino. El patrilinaje utilizó este documento y otros tres para hacer reclamos de tierra y buscar la posición de un líder privilegiado (cacique) en la comunidad en la era colonial. Dos de estos documentos todavía existen en el libro del cantón momosteco de San Vicente Buenabaj, donde los descendientes directos del linaje Nijaib' (ahora llamado Vicente) todavía residen.[6]

Aunque Momostenango, como otras comunidades mayas, perdió gran parte de su población a causa de las epidemias como resultado inmediato de la invasión, gran parte de la organización social prehispánica de la comunidad permaneció íntegra porque los jefes de muchos patrilinajes locales adquirieron una posición privilegiada otorgada por los españoles. Según las fuentes coloniales, la organización social k'iche' prehispánica parecía a la del centro de México, con comunidades divididas en cuartos endógamos llamados *calpules* (del náhuatl *calpulli*, aproximadamente equivalente a cantón) o parcialidades, cada una con su propio jefe o gobernante.[7] En Momostenango después de la invasión, los cuatro cantones recibieron los nombres de los santos patronos que se les asignaron— Santiago, Santa Ana, Santa Isabel y Santa Catarina—y siguieron como divisiones administrativas, como las divisiones similares en México. Cada cantón tenía su propio alcalde y su propio regidor, que aparentemente representaban los clanes principales.[8] Al principio, no había misioneros residentes en la comunidad, aunque una ermita se estableció en el centro fortificado de Chuwa Tz'aq (ahora llamado «Pueblo Viejo»); la primera evangelización fue llevado a cabo por los franciscanos que visitaban desde el convento de Quetzaltenango. No fue hasta los años 1590, cuando el centro del pueblo de Momostenango se mudó de Pueblo Viejo a su ubicación actual, que se construyó un convento franciscano en la comunidad.

En unas narrativas orales recopiladas en Momostenango durante 1975-76, se le acredita a un maya adinerado llamado Diego Vicente, un descendiente del siglo XVIII de Francisco Izquín Nijaib', el cambio del centro del pueblo a su ubicación actual y la construcción de la iglesia y del convento allí.[9] Dicen que fue con su hermana Francisca a España y le solicitaron a la Corona el título a mucho de lo que ahora queda dentro de los límites de Momostenango. Después de volver con la validación escrita de su título, dieron mucha plata y mucho oro a la iglesia, incluyendo una custodia (o cáliz) tallada que todavía se encuentra en el convento local. Entonces Diego Vicente estableció haciendas en varios lugares dentro de la comunidad, incluyendo Pueblo Viejo, Xequemeyá, San Vicente Buenabaj y Tierra Colorada. En cada una, estableció un altar para el patrilinaje conocido como la fundación (*warab'alja*, 'dormitorio' de los antepasados), donde muchos descendientes suyos rezan todavía y le hacen ofrendas, llamándolo por su nombre. Dicen que él también hizo las primeras varas de consulta con puntas de plata para los alcaldes. Se rindió homenaje a su memoria públicamente en 1976 cuando pusieron un busto de él, y uno de Teodoro Cifuentes (un líder militar local), en la entrada principal al pueblo de Momostenango (fig. 2).

Los archivos coloniales de Momostenango del siglo XVII muestran que en aquel entonces la población comenzaba a recuperar un poco del impacto inicial de las enfermedades europeas y que los españoles cada vez más penetraban la comunidad.[10] Un español, Gaspar de los Reyes, consiguió el título a dos haciendas grandes; una incluía Jutacaj y partes de Canquixajá y Xequemeyá (véase el mapa 2). Construyó su residencia en la segunda hacienda y, en 1630, obtuvo una consignación de la Corona que forzaba a los mayas locales a trabajar para él. También había una gran hacienda ganadera de propiedad ladina[11] en el valle vecino de Sija, y, en 1689, el patrilinaje de Vicente se quejó con la Corona que los animales de esta estancia invadían sus terrenos. A principios del mismo siglo, el cantón de Momostenango llamado Santiago, con 457 pagadores de tributo (varones mayores de edad), se otorgó como una concesión grande de tierras a Bartolomé Flores, mientras que los otros cuatro cantones, con un total de 250 tributarios, se otorgaron a María de Carranza. Esta reducción del municipio a dos cantones en vez de cuatro se reflejó en la administración por un decreto real de Felipe III en 1618, que declaró que los municipios con más de ochenta casas debían tener dos alcaldes y cuatro regidores. El resultado fue que los cuatro alcaldes de Momostenango se redujeron a dos mientras que los cuatro regidores permanecieron. Después de esta reducción, Santiago se reconoció como santo patrono de la comunidad en general

Los archivos de los siglos XVIII y XIX muestran que los momostecos no tenían nada de espectadores pasivos de los cambios violentos que los españoles hacían en todos los aspectos de su vida. A lo largo de este período, mantenían una lucha casi constante contra la dominación civil y religiosa. En ciertas etapas, esta lucha se realizaba en sublevaciones armadas contra el pago de tributo, y la prohibición de la práctica de las ceremonias prehispánicas. Durante e inmediatamente después de la lucha guatemalteca por la independencia (1811-21) aumentaron las rebeliones locales. Un grupo de rebeldes momostecos, aproximadamente unos seiscientos, incluyendo líderes militantes mujeres,

2. Bustos de dos héroes momostecos: Teodoro Cifuentes (izquierda) y Diego Vicente (derecha).

establecieron relaciones políticas con todos los pueblos mayas de la región inmediata, incluyendo San Bartolo Aguas Calientes, Santa María Chiquimula, San Francisco el Alto, San Cristóbal Totonicapán, y San Miguel Totonicapán. Participaron en las rebeliones indigenistas en San Miguel Totonicapán, que incluyó la coronación de Atanasio Tzul como rey de los k'iche's. Poco después, cientos de momostecos se opusieron a la recién organizada Confederación de Centroamérica. En 1824 se unieron a un movimiento que tenía como objetivo anexar a México gran parte del occidente de Guatemala, incluyendo

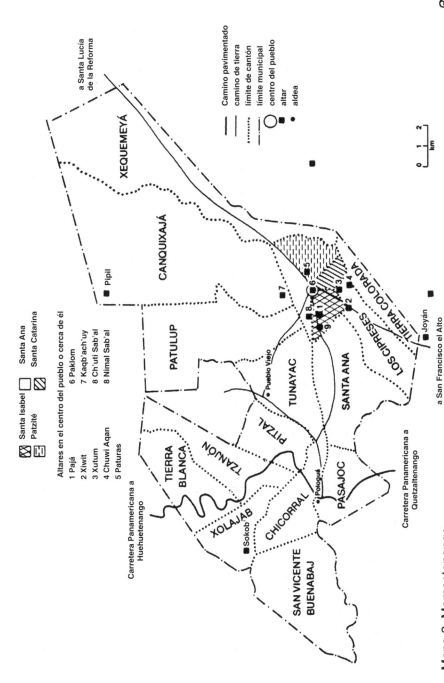

Mapa 2. Momostenango

Momostenango. Carmack opina que muchas rebeliones de los siglos XVIII y XIX constituían un movimiento de liberación nacionalista en que los momostecos intentaban liberarse de la tributación excesiva, de los alcaldes ladinos, de los sacerdotes católicos que ridiculizaban las ceremonias religiosas mayas, del bloqueo del comercio y de la comunicación libre entre los municipios, y las restricciones sobre la compra y venta de terrenos municipales.[12]

Durante el siglo XIX, este espíritu nacionalista y militarista momosteco fue premiado directamente por el gobierno nacional de Guatemala. En 1868, los momostecos lucharon con Justo Rufino Barrios en un ataque contra los soldados del gobierno en Huehuetenango. Cuando Barrios llegó a ser Presidente de la República en 1871, otorgó el título a 149 km^2 del la región cafetalera fértil en los cerros arriba de Retalhuleu a 380 familias momostecas que durante mucho tiempo habían cultivado allí.[13] Esta concesión de tierras oficialmente llegó a ser el municipio del Palmar en 1873. En 1950, ya había 8,509 residentes del municipio, la mayoría de ellos hablantes del k'iche', que con orgullo se consideraban ser de *la raza de Momostenango*, o sea, de ascendencia y cultura momosteca. El patrimonio momosteco afirmado por estos palmareños incluye al Santo Patrono Santiago Apóstol, quien, puesto que lleva una espada en la mano derecha, es un patrono especialmente apropiado para esta gente militarista; docenas de altares al aire libre con cascos de alfarería nombrados según altares similares en Momostenango mismo; y las ceremonias calendáricas enfocadas en el día 8 B'atz'.[14] Una vez cada 260 días, el día 8 B'atz', unos cuantos palmareños todavía hacen la peregrinación a Momostenango a fin de visitar los altares más potentes de su comunidad ancestral.

A principios del siglo XX, el presidente Manuel Estrada Cabrera les dio a los momostecos tierra en los municipios ixiles de Chajul y Nebaj (Rodríguez 1971:16). Como en el caso de los terrenos de El Palmar, era un premio para su servicio militar extraordinario. El día 8 B'atz' lo celebran en Nebaj los *ajq'ij* locales quienes aprendieron la costumbre en Momostenango (Lincoln 1942:114). En la actualidad, los momostecos forman la mayoría de la población en uno de los dieciséis cantones rurales de Nebaj, y cada año algunas personas hacen la peregrinación a Momostenango para celebrar 8 B'atz' en los altares originales.

La combinación momosteca de militarismo y nacionalismo llegó a la atención nacional nuevamente en 1906, durante la guerra con El Salvador. En esta ocasión, dos regimientos momostecos indígenas conducidos por Teodoro

Cifuentes, el famoso héroe militar ladino de Momostenango (fig. 2), se colocaron en las líneas de combate y resultaron ser la fuerza decisiva en ganar la guerra.[15] Según las narrativas orales, estos hombres pudieron ganar porque estaban acompañados tanto por el Santo Patrono, Santiago, quien volaba sobre sus cabezas montado en su caballo con su espada levantada para animarlos a seguir adelante, como por los sacerdotes mayas quienes celebraron ceremonias mayas, antes y durante la batalla, para proteger a los soldados contra las balas y así salir victoriosos. Como resultado de la victoria, los momostecos fueron recibidos como héroes nacionales en la Ciudad de Guatemala y también fueron honrados cuando los seleccionaron para servir de guardia elite para el presidente Estrada Cabrera.[16] Unos quinientos soldados momosteco sirvieron en esta capacidad en La Palma, la residencia presidencial en la Capital, y defendieron a Cabrera con éxito contra muchas tentativas contra éste, hasta que finalmente cayó en 1920. Después sirvieron al Presidente Ubico (cuyo mandato fue de 1931 a 1944) en la misma capacidad. Mientras celebraban estos deberes en la Capital, a los soldados momostecos se les daba permiso para construir altares de alfarería y de piedra en los terrenos de La Palma, donde celebraban ceremonias religiosas mayas, quemaban grandes cantidades de copal y sacrificaban pollos los días apropiados del calendario maya.

Etnografía

Desde hace mucho, la celebración de las ceremonias según el calendario prehispánico, efectuada en una escala generosa y sin ningún esfuerzo para hacerlas en secreto, ha sido una característica que identifica la cultura momosteca. El nombre mismo de Momostenango, 'pueblo de altares', atrae la atención a la característica más distintiva del municipio—la cantidad extraordinariamente grande de altares al aire libre todavía usados por miles de adherentes de la religión maya (fig. 3). Pero los varones mayas de Momostenango usan ropa occidental y (en muchos casos) hablan suficiente español para comerciar con los ladinos, mientras que la mayoría de las mujeres (aunque todavía mayormente monolingües) ya no usan el güipil tradicional, y por eso Adams (1959) clasificaría el municipio «modificado» más bien que «tradicional». Sin embargo, los marcadores como la celebración del día 8 B'atz', la importancia religiosa y política de los sacerdotes mayas del pueblo, y la

3. Altar de tierra en la plaza principal de Momostenango.

existencia de aproximadamente trescientos patrilinajes terratenientes hacen que Momostenango sea mucho más tradicional que muchas otras comunidades guatemaltecas cuyos habitantes usan traje típico pero no practican una ceremonia tan elaborada.

Según el censo de 1973, la población de Momostenango llegaba a 43,245 personas; de éstas, menos del 2 por ciento eran ladinos (Alonzo O.:1973:26). Para los fines administrativos, el municipio se divide en los cuatro cantones del pueblo central—Santa Ana, Patzité, Santa Catarina y Santa Isabel—con una población total de 5,298. El municipio también incluye catorce cantones rurales—Tunayac, Santa Ana, Los Cipreses, Tierra Colorada, Xequemeyá, Canquixajá, Patulup, Pitzal, Tzanjón, Tierra Blanca, Xolajab, Chicorral, Buenabaj y Pasajoc—con una población de 37,947 (fig. 4 y mapa 2).

La forma de colonización consiste principalmente en caseríos dispersados; el área urbanizada del centro es aun más pequeña de lo indicarían las cifras de la población, porque hasta los cantones incluyen caseríos rurales. El caserío es el grupo social más pequeño que identifica el origen geográfico de una persona

4. Area rural de Momostenango en el cantón de Los Cipreses.

maya. Cada caserío tiene un topónimo; puesto que en muchos casos sus tierras pertenecen a un solo clan, también puede llevar el nombre de ese clan. Los caseríos más remotos quedan a ocho horas de camino a pie del centro del pueblo. En 1937, Momostenango se clasificaba como cierto tipo de municipio concentro «vacante», es decir que su centro se formaba de la iglesia, el juzgado, el mercado, con casas propiedades de mayas pero ocupadas únicamente los días de mercado, durante las celebraciones religiosas, o durante el mandato de cierto político; en otras ocasiones, los mayas vivían y trabajaban en sus residencias rurales.[17] Sin embargo, Momostenango ahora tiene suficientes personas mayas que viven permanentemente en el centro del pueblo para que se clasifique como intermedio entre el tipo de centro vacante, donde casi nadie vive permanentemente en el centro, y el tipo «nuclear» de municipio, donde la mayoría de la población vive en el centro (fig. 5).

Hasta con este cambio demográfico hacia una comunidad más nucleada, el clan (*alaxik*, 'nacer') y el linaje (*xe'al*, 'raíz', o *alaxik*, 'nacer'), todavía son

5. Centro urbanizado de Momostenango

las unidades sociales fundamentales.[18] La estructura del clan es patrilineal; ambos sexos están afiliados con el clan y reciben su apellido del clan de su padre al nacer. Hay una prohibición fuerte contra el matrimonio con alguien de su propio clan o del clan de la madre, hasta en los casos cuando no se conocen exactamente las conexiones genealógicas. La mayoría de los clanes conocen el nombre del ancestro fundador; aparte de éste, los únicos nombres individuales que se retienen son los de los miembros del linaje inmediato propio. Generalmente, las conexiones genealógicas entre varios linajes y el antepasado fundador del clan más grande se conocen incompletamente, especialmente cuando hay miles de miembros del clan y los linajes están dispersos en dos cantones o más. La importancia simbólica del clan se resalta en las obligaciones ceremoniales, programadas según el *cholq'ij*, que reúne a la gente del mismo clan en el mismo lugar en los altares públicos del centro del pueblo. Pero en cuanto a la interacción diaria y la rutina local de las ceremonias religiosas mayas tradicionales, el linaje es más importante que el clan.

Con una área de aproximadamente 300 km², Momostenango tiene una densidad de población de aproximadamente 140 personas por km². Aunque las áreas frescas y húmedas del altiplano de Mesoamérica han sostenido una población relativamente densa desde la época clásica (entre 8 y 16 personas por km²), la población actual de Momostenango es mucho más grande, y resulta que solamente la cuarta parte de los alimentos necesarios puede producirse dentro de la comunidad. Por lo tanto, los momostecos han emigrado a través de los años a otras áreas del país en busca de tierra para cultivar. Una de las primeras migraciones fue a El Palmar, donde el café y dos cosechas de maíz pueden producirse en un solo año. También, desde hace mucho ha habido enclaves momostecos en Chajul, Nebaj y San Pedro Jocopilas. Más recientemente, casi trescientas familias momostecas emigraron al área de Ixcán Grande en Huehuetenango. Todas estas áreas son más bajas de altura y así ofrecen una temporada de cultivo más larga. Momostenango se ubica de 1,000 a 3,000 m sobre el nivel de mar; esta gran variación de altura significa que diversos cultivos como trigo, papa, maíz, frijol, calabaza, güisquil, chile, manzana, pera, durazno, ciruela, aguacate, limón, lima, y naranja pueden cultivarse todos dentro del municipio. Sin embargo, la mayoría de la tierra agrícola se encuentra arriba de 2,300 m, donde se consigue una sola cosecha anual.[19] Los *ajchakib'*, 'agricultores mayas', combinando el cultivo de la milpa con el cultivo de cosechas para vender y con el trabajo pagado, pueden proveer un nivel de vida mínimo para sus familias.

El cultivo de la milpa requiere la quema del terreno seguido por el cultivo de la tierra con grandes azadones; la siembra de maíz y frijol juntos en grupos. Agregan calabaza entre los zurcos, y amontonan la tierra alrededor de las raíces al crecer las plantas. Éste es el modo típico de cultivo no solamente en Momostenango sino por todo el altiplano guatemalteco . La combinación de estas plantas en la misma milpa ayuda a prevenir la erosión y garantiza alguna cosecha, no importe la cantidad de lluvia.

En este sistema de cultivo practicado en Momostenango, los papeles de los hombres y de las mujeres son distintos pero interdependientes. Los hombres hacen la quema, el trabajo de azadón y la siembra. Las mujeres cubren las semillas con un abono compuesto de hojas y del estiércol de los marranos que crían. Al crecer las plantas, las mujeres pasan mucho tiempo cultivando, amontonando la tierra alrededor de las raíces, y deshierbando la milpa. Deshierban con mucho cuidado para conservar las plantas silvestres útiles, porque algunas son comestibles y otras producen las tinturas para la lana y otros usos. Hay unas plantas espinosas grandes que se amarran para hacer peines

6. Esposa momosteca (en el güipil tradicional del municipio) y su joven hija (en un güipil bordado de moda) de rodillas ante el fuego de la cocina.

para cardar. En la época de la cosecha, los hombres van a sus milpas y hacen la mayor parte del trabajo. Por otra parte, el cultivo de cosechas para vender, como el trigo (que frecuentemente utiliza el arado y bestias), es un oficio exclusivamente masculino.

Muchos agricultores se ven obligados a hacer trabajo temporal en las fincas de la bocacosta, a fin de conseguir las necesidades de subsistencia para sus

7. Tejido de chamarras con el telar de pedales

familias. Una vida un poco mejor la gozan las familias que combinan el cultivo de sus milpas y la cría de marranos y pollos con otra actividad maya tradicional—el hilado, el tejido, o el comercio. El hilado, que también incluye el teñido y la carda es principalmente una ocupación femenina en esta comunidad; el tejido, especialmente de las chamarras de lana, es principalmente masculino. Hay tres tipos principales de tejedores—el tejedor de chamarras, *ajkemal k'ul*, el tejedor de servilletas o pañuelos, *ajkemal su't* y el tejedor de güipiles, *ajkemal po't*. Hay más de 4,000 tejedores en Momostenango, pero solamente 30 hombres y mujeres hacen el *su't*, un cuadrado de tela de algodón usado por las mujeres como perraje o capa, o el *po't*, el güipil rayada rojo y amarillo que usaban antes todas las mujeres de la comunidad (fig. 6).

La gran mayoría de los tejedores se especializan en hacer chamarras de lana en grandes telares de pedales (fig. 7). Momostenango es el centro del tejido con el telar de pedales de toda Centroamérica, y su reputación actual como una comunidad indígena relativamente adinerada se relaciona directamente a la industria del tejido. Desde 1770, Momostenango ha tenido la fama de ser un municipio de «indígenas ricos» que fabrican, usan y venden tejidos de lana (Cortés y Larraz 1958). El énfasis en el tejido de esta región surgió de varios factores ambientales y demográficos. Éstos incluyen la carencia total de autosuficiencia de la agricultura (que resulta en superpoblación y en suelos sumamente alcalinos y en superficies erosionados) y la ventaja ambiental de docenas de fuentes de aguas termales (necesarios para el proceso de abatanar el fieltro en la fabricación de chamarras). El proceso, que consiste en mojar una chamarra en agua caliente; pisarla, golpearla en una piedra, y exprimirla, es ejecutado generalmente por dos hombres adultos. La lana se produce en el municipio cercano de Santa María Chiquimula y en el Departamento de Huehuetenango. Se trae en grandes cantidades al centro de pueblo y se vende a los hilanderos y tejedores los días de mercado (miércoles y domingo; fig. 8). Como el oficio de hilandero es casi exclusivamente femenino y el de tejedor casi exclusivamente masculino, estos dos oficios forman parte de una economía de subsistencia interdependiente. La chamarra, según la calidad y las condiciones del mercado, se vende entre Q.8.00 y Q.35.00 a los mayoristas y a los turistas ocasionales en las calles del pueblo cada día de mercado. Dado que una madre, un padre, con un hijo o hija, sin trabajar tiempo completo, pueden producir tres chamarras por semana, las familias que tejen pueden comprar los alimentos que ellos mismos no producen, así como también artículos de lujo tales como radios y relojes.

Los comerciantes, *ajk'ay,* viajan a los mercados de otras comunidades rurales y a las dos ciudades principales de la nación (Guatemala y Quetzaltenango) vendiendo toda la ropa, chamarras, alimentos sin procesar, ganado, y artículos de fábrica baratos que pueden llevar con mecapal y cargar en la camioneta. Hay unas comerciantes mujeres, pero no acostumbran viajar tan lejos como los hombres, ni llevar cargas tan valiosas.

Aparte de estos oficios indígenas, existe un pequeño grupo de individuos, principalmente hombres, que ejercen los oficios que antes eran completamente de los ladinos, como la carpintería, la sastrería, la carnicería y la panadería. Un número aun más pequeño de mayas ha acumulado el capital suficiente para tener camiones o camionetas, o para comprar y vender ropa y chamarras por mayoreo por toda Centroamérica. Hay un momosteco que lleva chamarras al norte hasta Chicago; otro tiene un almacén en Costa Rica, donde él y su familia pasan la mitad el año; y algunos son dueños de almacenes pequeños en Quetzaltenango o en Guatemala. Estos momostecos han surgido como una

8. Mercado de vegetales del miércoles en Momostenango

nueva elite maya; mediante una serie de alianzas con las familias agrícolas y tejedoras más tradicionales, han comenzado a dominar el gobierno del municipio.

Hay cinco grupos corporativos importantes que dominan la vida política y gran parte de la vida religiosa de Momostenango. Estos grupos incluyen la Corporación Municipal, la Auxiliatura, los mayores, la jerarquía de sacerdotes mayas y las cofradías. La Corporación Municipal es el cuerpo principal legislativo prescrito por la ley guatemalteca. El administrador principal de este cuerpo es el alcalde; de subordinados tiene dos síndicos y cuatro regidores. Con la excepción de uno de los dos síndicos y los regidores tercero y cuarto, estos funcionarios pagados son elegidos por la población local cada cuatro años.

El alcalde actúa de administrador principal y hasta 1985 también actuaba de juez del pueblo. Desde mediados de los años 50, este puesto ha sido ocupado por una persona maya, a excepción de unos períodos breves durante el decenio de 1960 cuando ladinos fueron nombrados por gobiernos militares. El alcalde tiene dos subordinados, el síndico primero y el síndico segundo. El síndico primero, que suele ser ladino, es el representante legal de la comunidad ante varias agencias nacionales como el INFOM (Instituto de Fomento Municipal) y el Ministerio de Finanzas. También es el responsable de los asuntos nacionales, urbanos y rurales como la construcción y el mantenimiento de caminos, el turismo, la educación y las prácticas agrícolas modernas. El síndico segundo, que siempre es maya, toma parte en algunos de estos mismos asuntos. También es jefe de la Auxiliatura. Luego siguen los cuatro regidores, que atienden al presupuesto, la urbanización, la educación, la salud pública, el turismo, la agricultura y el mantenimiento de los caminos. El primer regidor, quien, como el alcalde, ha sido maya desde el decenio de 1950, es la persona que actúa de alcalde cuando éste no puede celebrar su trabajo. Así que, aunque tiene menos autoridad evidente que los síndicos, potencialmente tiene bastante poder. Hay otros puestos importantes, como el tesorero, el jefe de policías, el comisionado militar y el administrador del mercado.

Al segundo grupo de funcionarios, los de la Auxiliatura, a diferencia del primero no se le paga (con la excepción de su secretario), ni es oficialmente reconocido por el gobierno nacional guatemalteco. Estos funcionarios constituyen la jerarquía civil tradicional del municipio, que en su organización interna y muchas de sus funciones duplica la Corporación Municipal. La mayoría de las disputas legales y de los procesos administrativos que afectan directamente la mayoría maya de la comunidad pasan por esta organización. Su puesto más alto es el de alcalde, llamado por los mayas (en español) *timón,* o (en k'iche') *ilol qatinimit,* 'vidente de nuestro pueblo'. El que tiene este puesto es simultáneamente el síndico segundo de la Corporación Municipal. Tiene dos ayudantes, *rach'il,* dieciocho alcaldes auxiliares—uno para cada cantón del pueblo central, más uno para cada uno de los catorce cantones—y dos *ajq'ojom,* 'tamboreros', que sirven de pregoneros del pueblo. Los dos ayudantes son simultáneamente el regidor tercero y el cuarto de la Corporación Municipal. A diferencia de los regidores primero y segundo, que pueden sustituir al alcalde de la Corporación Municipal, estos hombres no pueden sustituir al alcalde de la Auxiliatura. Al contrario, la autoridad sagrada de este puesto pasa a uno de los cuatro alcaldes auxiliares de los cantones del centro de pueblo. En el nivel inferior hay veinte policías y mensajeros, *ajch'amiy,* 'los de la vara'. Éstos son jóvenes que prestan su primer servicio público para la comunidad, mientras que los alcaldes auxiliares, los ayudantes, y los puestos de tamboreros son prestados por hombres de edad mediana que ya han servido como policías locales o como soldados del ejército guatemalteco.

El puesto de alcalde, el *timón* o vidente, el *ilol* en esta organización, es crucialmente importante para toda la comunidad maya. El hombre seleccionado para este puesto ya ha servido en un puesto de nivel intermediario como la Auxiliatura, es un anciano de la comunidad, y casi siempre es por lo menos miembro a nivel mediano de la jerarquía de los sacerdotes mayas, y muchas veces ha servido como oficial militar. Sus deberes incluyen mediar entre el derecho consuetudinario local y el derecho nacional, quemar copal en los altares al aire libre, y colectar fondos y hacer los arreglos para los festejos de la comunidad. Esta imbricación de los deberes religiosos y civiles modernos y antiguos es típica de los puestos de la Auxiliatura. Los tamboristas, por ejemplo, quien hacen anuncios importantes desde las cimas de los cerros que rodean el municipio así como también desde la radiodifusora local, combinan estos deberes con visitas a las fuentes de agua más importantes del pueblo, donde queman copal y les solicitan a los Señores del calendario k'iche' prehispánico que envíen lluvia.

El tercer grupo corporativo de Momostenango, el de los *ajawab'*, 'mayores', consiste en aproximadamente doscientos cincuenta hombres que escogen a los funcionarios de la Auxiliatura. Como los miembros más respetados de la comunidad maya, se les respeta y se les dirige la palabra como padre, *tat,* por los hombres que no son mayores, así como también por todas las mujeres y niños. Aunque no hay una ordenación formal de los mayores, algunos, quienes a causa de sus cualidades de liderazgo influyen en el grupo más que otros, son conocidos como *k'amal b'e*, 'guías del camino'. Llegar a ser mayor, que es una comisión de por vida más bien que un puesto provisional como en Momostenango, depende de un complejo de características tanto adscritas como logradas. Las características adscritas son una edad avanzada, ser varón, y tener una posición en una familia de posición superior—es decir, su patrilinaje debe ser adinerado o contar con muchos líderes civiles, militares, o religiosos. Las características logradas incluyen el cumplimiento de la serie de posiciones dentro de la jerarquía de la Auxiliatura que discutimos anteriormente.[20] Además de seleccionar a los funcionarios en la Auxiliatura, los mayores se reúnen cuatro veces al año para celebrar ceremonias religiosas comunitarias y cuando se necesitan sus servicios para resolver algún crisis política o religiosa. Sus decisiones son de consenso, que logran (excepto en su selección de los funcionarios civiles) con la ayuda de un proceso de la cuenta del tiempo que utiliza el *cholq'ij*.

El cuarto grupo corporativo consiste en una jerarquía de sacerdotes mayas, los *chuchqajawib'*, 'madres-padres'; con aproximadamente trescientos miembros varones iniciados, seleccionados por la cuenta del tiempo y sirven de por vida. En el ápice de la jerarquía se encuentran dos *chuchqajawib'rech tinimit*, 'madres-padres del pueblo'. Cuando ocurre una vacante (por una defunción) el sucesor se elige por una cuenta del tiempo celebrada por el segundo nivel de esta jerarquía, los *chuchqajawib'rech kanton*, 'sacerdotes mayas del cantón'. Los miembros de este grupo, con un puesto para cada cantón, también se escogen por cuenta del tiempo, en este caso celebrada por el tercero nivel de la jerarquía, los *chuchqajawib'rech alaxik*, 'sacerdotes del patrilinaje', uno para cada uno de los aproximadamente trescientos patrilinajes de la comunidad. Un sacerdote del patrilinaje es elegido (otra vez por cuenta del tiempo) por un grupo pequeño de tres a seis sacerdotes mayas de los patrilinajes vecinos. Cuando el sacerdote de un patrilinaje asciende hasta el nivel de cantón o de pueblo, retiene sus deberes de los niveles inferiores.

Los dos sacerdotes mayas del pueblo son responsables de las ceremonias que afectan la salud y la prosperidad económica de toda la comunidad. Cada año saludan al Mam, el Cargador del Año del calendario solar maya de 365 días y pasan la vara de consulta con su punta de plata de cada oficial de la Auxiliatura por la hoguera gigante que prenden cada año nuevo maya (que actualmente cae en el 25 de febrero). Además, cada uno de los sacerdotes del pueblo hace una peregrinación a las montañas los días especiales del *cholq'ij*.

Los catorce sacerdotes mayas de los cantones, como los del pueblo, saludan al Mam cada año, pero lo hacen en las cimas de los cerros más bajos y más cercanos que los sacerdotes del pueblo. De vez en cuando, uno o más de ellos pueden acompañar a un sacerdote del pueblo en sus peregrinaciones ceremoniales y así ayudan a conservar los conocimientos del día ritual apropiado y del ciclo de visitas. Ellos mismos hacen peregrinaciones similares a los cerros cercanos.

Hay casi trescientos sacerdotes mayas de patrilinaje, que sirven de jefes y sacerdotes de sus linajes individuales. Sus deberes específicos incluyen resolver disputas matrimoniales o de terrenos, la capacitación y la iniciación de los *ajq'ij*, 'contadores de los días', un grupo de casi diez mil hombres y mujeres que practican la religión maya que curan, presentan bebés al mundo, casan parejas, llevan a cabo entierros y otras ceremonias conmemorativas para los difuntos, y celebran ceremonias locales para la siembra y para la cosecha según el *cholq'ij*.

El quinto grupo corporativo importante de Momostenango consiste en veinte cofradías católicas, que se conocen en k'iche' como *oxlajuj ch'ob'*, 'trece grupos'.[21] Incluyen, en orden aproximada de importancia, Corpus Christi (también llamado «Señor de Resurrección»), Santiago (el Santo Patrono), María Concepción, San Antonio Xepom, Santa Cruz (incluye Santo Entierro), Capetado, San José, Virgen de Dolores, San Francisco de Asís, Galuna, Santa Ana, Santa Bárbara (incluye San Simón), San Luis Gonzaga, San Miguel Arcángel, Jesús Nazareno (también llamado Jesús de Merced), San Nicolás Tolentino, San Antonio Pologuá, Virgen de Rosario, Virgen de Guadalupe y Corazón de Jesús. Los puestos de cada cofradía individual incluyen tres niveles masculinos y dos niveles femeninos: para los varones hay alcalde, diputado *(teputado)*, y mayordomo (o *morto'm*); para las mujeres hay una líder mujer *(chuchaxel)* y una líder niña *(alaxel)*. La excepción es la cofradía de San Miguel Arcángel, que no tiene oficiales mujeres.

El liderazgo de las cofradías en conjunto consiste en los alcaldes de los tres grupos más importantes: Corpus Christi, Santiago, y María Concepción. Estos alcaldes manejan todo el reclutamiento de las cofradías así como también la organización y la coordinación de los días de los santos cada año, Semana Santa, y el Día de Todos Santos. En esta comunidad, a diferencia de otras comunidades guatemaltecas mayas descritas por otros antropólogos, los mayores no nombran personas a los puestos de la cofradía, ni los hombres que ascienden los escalones de la jerarquía hacia la posición de mayores tampoco sirven en las cofradías. De hecho, se requiere tan poca competencia para estos puestos que un hombre interesado en llegar a ser alcalde en una de las tres cofradías principales no tardará muchos años, y, una vez que lo hace, puede permanecer en ese puesto por muchos años. Hay también una tendencia de ciertas cofradías de localizarse dentro de los cantones rurales—por ejemplo, Jesús Nazareno y Santa Cruz se mantienen únicamente en Xequemeyá; San Nicolás Tolentino y San José están en Tunayac; y Dolores, Corazón de Jesús, San Miguel Arcángel, y San Luis Gonzaga están en Santa Ana. La lista de los funcionarios de estas cofradías es bastante estable, con poca rotación del personal.

Como en otras partes de Mesoamérica, se puede hablar de una «jerarquía civil-religiosa» en Momostenango. Sin embargo, el vínculo entre los deberes religiosos y gubernamentales no lo proporciona las cofradías,[22] sino la jerarquía de los sacerdotes mayas. De hecho, los hombres que trabajan activamente hacia la posición respetada de mayores de la comunidad tienden a evitar las cofradías completamente; al contrario, deciden emprender la capacitación y la iniciación como sacerdotes mayas. Cuando le pregunté a un mayor sobre la importancia de las cofradías, me dijo que nunca tuvo tiempo para ellas, en vista de todos sus deberes como sacerdote de su linaje y funcionario político (sirvió un año de alcalde auxiliar del cantón de Santa Isabel y cuatro años como síndico segundo de la Corporación Municipal y alcalde de la Auxiliatura). Me explicó la relación entre la posición de mayor y la jerarquía de los sacerdotes mayas de esta manera:

> Aquí hay unos doscientos cincuenta mayores. El que sale de alcalde auxiliar ahora es mayor. Yo soy mayor por el servicio que hice. Ahora, con respecto a las costumbres no hay «mayores». No, son sacerdotes—pero pienso que son iguales que los mayores [se ríe]. Sí, la mayoría de los mayores son sacerdotes.

Las costumbres a que se refiere consisten en un gran complejo de ceremonias a nivel de comunidad celebradas según los calendarios prehispánicos k'iche's, junto con otras ceremonias que siguen el calendario gregoriano. Sin embargo, estos dos tipos de ceremonia, no constituyen una oposición dualística sencilla entre las ceremonias de antes y después de la invasión española, o entre la religión maya y el cristianismo. Más bien, hay siempre elementos «católicos» en las ceremonias mayas y elementos « mayas» en las ceremonias católicas. Por ejemplo, aunque la famosa celebración de 8 B'atz' se verifica principalmente en altares y hogares al aire libre, incluye también una visita a la iglesia parroquial. A la inversa, la imagen de San Antonio Pologuá se saca de la iglesia cada año del 14 al 24 de agosto y se lleva a veintidós altares de tierra diferentes donde se quema copal en su honor (fig. 9). Varias cofradías lavan la ropa y cambian las flores de sus santos respectivos según el *cholq'ij*, mientras que muchos sacerdotes mayas comienzan sus cuentas del tiempo con el padrenuestro. El término «sincretismo» se ha usado en toda la literatura antropológica sobre Mesoamérica para marcar tales combinaciones de elementos prehispánicos y posthispánicos.

Además de los grupos corporativos de Momostenango controlados mayormente por los mayas, existen varias asociaciones controladas por los ladinos, incluyendo el sistema escolar local, la clínica médica, cinco iglesias evangélicas y los grupos de estudios bíblicos organizados por la Acción Católica. El sistema escolar, que consiste en veintiún escuelas y una academia de taquigrafía, se combina con los sistemas de tres municipios vecinos para constituir un distrito bajo el Ministerio de Educación Pública. Casi todos los maestros son ladinos monolingües (hablantes del español), y los discípulos entrantes son casi todos mayas monolingües (hablantes del k'iche'). Como los líderes comunitarios han indicado repetidamente en sus informes oficiales, muy pocos discípulos mayas se alfabetizan, aun cuando asistan a las escuelas locales por los seis años obligatorios. Como resultado de la mala calidad de la enseñanza ofrecida y el gran orgullo que sienten por la cultura k'iche' (patrimonio que se ignora en el programa de estudios), únicamente 2,147 discípulos (menos de la quinta parte de la población de edad escolar) se matricularon en las escuelas locales en 1969 (Rodríguez 1971:38). En cambio, son los dos años de servicio militar obligatorio (comenzando a la edad de dieciocho años) que ofrecen a los jóvenes momostecos la oportunidad principal de alfabetizarse. Las niñas, por otra parte, rara vez aprenden a leer y a escribir. La academia de taquigrafía enseña mecanografía y otras habilidades de oficinista a cuarenta discípulos por año, principalmente ladinos.

La clínica médica tiene un doctor y enfermeras, todos ladinos monolingües, pero atienden principalmente a pacientes mayas. También hay un grupo de paramédicos mayas asociados libremente a la clínica; traen su habilidad de administrar inyecciones de penicilina, así como también otras habilidades sencillas, a la gente en los cantones rurales. Pero como no son curanderos k'iche's iniciados, y por lo tanto carecen de la autoridad y del poder necesarios para curar, gran parte de la población rural los ignora. Varias comadronas mayas han recibido entrenamiento en procedimientos occidentales para atender a las parturientas, en un hospital de Huehuetenango, pero igualmente, porque rara vez son curanderas iniciadas, tienen pocas pacientes. Son las comadronas iniciadas k'iche's, *iyom,* quienes atienden la mayoría de los partos. Hay cinco misiones locales protestantes—de los adventistas del séptimo día, los metodistas primitivos, los pentecostes, los testigos de Jehová y los mormones—pero han tenido pocos conversos y poco impacto sobre las prácticas o creencias religiosas de la comunidad. Los adventistas han tenido el mayor éxito, tanto en

9. Altar dedicado a San Antonio Pologuá, en un cerro arriba del caserío momosteco del mismo nombre. El hombre con refajo es un peregrino de Nahualá

el número de conversos (aproximadamente ciento cincuenta) como en su programa de servicio médico a la comunidad. Uno de los dos farmacéuticos ladinos de la comunidad es adventista, que ha tenido mucho éxito en ayudar a cientos de momostecos mayas al diagnosticar enfermedades y recetar medicinas.

Cambios Recientes

A diferencia de las escuelas, la clínica médica, y las sectas protestantes, el movimiento de la Acción Católica ha tenido mucho impacto en los mayas de Momostenango. Esta nueva variedad del catolicismo internacional, enfocada en las naciones en desarrollo con leyes anticlericales, entró en Guatemala en 1945. En su forma guatemalteca, promulgó una doctrina que enfatiza la creencia en un Dios omnipotente, para quitarles la importancia a los santos, y hacen un ataque de frente contra todas las costumbres mayas que incluyan la veneración de objetos naturales o que se programen según el calendario maya. El movimiento tenía la meta abierta de separar a los «verdaderos» católicos de los practicantes de ceremonias con elementos «paganos». Hay mucha evidencia que su efecto a corto plazo en muchas parroquias fue debilitar la jerarquía civil y religiosa tradicional y seriamente faccionalizar la comunidad.[23]

En Momostenango, la Acción Católica fue introducida por un sacerdote ladino en 1946. Los alicientes principales para la conversión eran y todavía son beneficios agrícolas y de salud que consisten principalmente en insecticidas, fertilizantes, y medicinas gratuitas para los miembros, quienes se conocen como *catequistas*. Los requisitos para la conversión, definidos por el párroco local, incluyen la prohibición de participar en la «idolatría» y en la embriaguez ceremonial de las cofradías, casamiento por la iglesia, asistencia a misa y a las clases semanales de catecismo, y la entrega (al sacerdote católico) de todo equipo para contar el tiempo, junto con los contenidos del *meb'il*, un pequeño altar familiar tradicional que consiste principalmente en reliquias arqueológicas. En el ápice de este movimiento, a mediados de los años 50, como la quinta parte de la comunidad maya se había convertido del catolicismo tradicional a esta nueva ortodoxia. Entonces, en 1954, cuando el cura estaba convencido de que había convertido a suficientes «paganos», se atrevió a cerrar las puertas de la iglesia el día 8 B'atz', el día de iniciación para los nuevos sacerdotes mayas *(ajq'ij)*. Resultó que cientos de sacerdotes mayas de los patrilinajes y sus indicados no podían entrar en la iglesia para visitar a Santiago, a San Antonio Pologuá, y a los antepasados momostecos que están enterrados debajo del piso. Esa noche los sacerdotes mayas convocaron a los mayores, quienes decidieron enviar una delegación a la iglesia para enfrentarse con el cura. La delegación, consistiendo principalmente en los jefes de los patrilinajes, le informaron al cura que tenía que salir de Momostenango o lo matarían. Huyó.

Poco después, mandaron el cura actual a Momostenango, quien, a la vista de los mayores, es tan malo como el primero. Una de las quejas más importantes que tienen es que sus clases de catecismo y las reuniones para rezar tienen el resultado de que los adolescentes andan fuera de noche, y establecen situaciones para cortejar que subvierten el sistema tradicional de matrimonios arreglados entre los hombres y las mujeres de patrilinajes vecinos. Como miembros de la jerarquía de sacerdotes mayas, los mayores también declaran abiertamente que no están de acuerdo con el párroco y sus conversos sobre la doctrina religiosa.

Como resultado de muchos enfrentamientos con los conversos de la Acción Católica armados con argumentos memorizados del catecismo, los sacerdotes mayas y sus adherentes han desarrollado su propio contracatecismo, trasmitido oralmente. En lugar de la Trinidad tradicional de la doctrina católica, consistiendo en Padre, Hijo, y Espíritu Santo, ellos abogan por una Trinidad en una escala conceptual mucho más grande, o sea Tiox (Dios), el Mundo y Nantat. En esta trinidad alternativa, «Dios» se refiere a todo el panteón de deidades cristianas en conjunto, incluyendo a Dios, Jesús, los espíritus, los ángeles, los santos, y las vírgenes—juntos con sus imágenes físicas en la iglesia parroquial y en la capilla del camposanto. «Mundo» se refiere al mundo terrestre como totalidad, y por eso se dirige al Mundo a veces como *pachulum Mundo*, 'Mundo redondo' y la forma plural, *mundo*s, cubre la pluralidad de las montañas y los volcanes del mundo, tanto en sus aspectos físicos como los las ceremonias espirituales, juntos con el altar principal en la iglesia parroquial y los terrenos del camposanto. «Nantat» incluye a los antepasados en general, tanto como *uxlab'*, 'hálito' o 'espíritu', y como *much'ulik b'aq, much'ulik ulew, nuch'ulik poqlaj*, 'hueso empolvado, barba empolvado, arena empolvada', que se refieren a sus restos mortales.

Dada esta trinidad alternativa, en que una mezcla de cualidades espirituales y materiales pueden encontrarse en las tres partes, los mayores especialmente se oponen a la separación violenta por parte del sacerdote católico de Dios, como una entidad puramente espiritual y el origen primordial de todo bien, del mundo material, una doctrina que conduce, como ellos indican, a la confusión de la tierra misma con el diablo. A su vista, las personas, los dioses, los santos, sus propios antepasados, y la tierra poseen todos una mezcla de cualidades positivas y negativas. Por ejemplo, San Antonio Pologuá es un gran curandero de enfermedades y también un gran causante de ellas, y los sacerdotes mayas pueden curar las enfermedades porque saben infligirlas. Esta vista profundamente dialéctica del hombre, de la naturaleza, y de la religión, en que las dualidades se complementan, y no están en pugna, es diferente en su lógica de la vista analítica del sacerdote católico, quien les enseña a los catequistas que deben escoger definitivamente entre hacerse verdaderos cristianos, que es sinónimo de todo bien y de la pureza, y permanecer en la compañía de los sacerdotes mayas, que sólo son brujos malévolos.

La mayoría de las familias más acomodadas de tejedores y comerciantes mayas de Momostenango han resistido la conversión al nuevo catolicismo, y entre tanto han consolidado su control sobre los puestos civiles del municipio. Un grupo, casi todos mayores, fundó hace poco una organización religiosa que se encuentra al margen tanto de la Acción Católica como de las cofradías tradicionales, pero al mismo tiempo reafirman la importancia de los santos y de la identidad cultural momosteca. Es una hermandad que se formó siguiendo el modelo de las hermandades ladinas de Momostenango y Quetzaltenango y se dedica a proporcionar música de banda para el santo patrono de Momostenango durante la fiesta patronal.

Durante esta fiesta de 1976, llegó a un colmo el antagonismo entre la ortodoxia nueva y el catolicismo tradicional de las cofradías. El 24 de julio, cuando el liderazgo religioso de la cofradía del santo patrono de Momostenango sacó la imagen de Santiago de la iglesia, el diputado (el funcionario segundo en importancia de esta cofradía) estaba borracho. Esa noche le lavó la cara de la imagen con agua caliente y, como resultado, se le cayeron algunas pestañas. Al día siguiente, todos vieron el triste resultado; lo consideraron un lapso moral serio, y metieron el hombre a la cárcel. Al mencionar su delito, los catequistas alegaron que como ellos mismos se abstienen del alcohol como parte de sus deberes religiosos, debían de permitirles integrar el personal de la cofradía del santo patrono y no los católicos tradicionales.[24] Después de discutir un rato, los mayores decidieron retener a los católicos tradicionales en las posiciones primera y tercera de la cofradía, pero admitir a los catequistas a las posiciones segunda y cuarta.

Los mayores sienten que el nuevo arreglo va a salir bien, porque los dos lados acordaron en cuál grupo debía de llenar cada posición. Puesto que las costumbres de los sacerdotes mayas son más antiguas que las de la Iglesia Católica, el primer alcalde de la cofradía siempre debe ser sacerdote maya. Él, como en el pasado, será el responsable de celebrar estas ceremonias antiguas en los altares de tierra al aire libre los días apropiados para el calendario k'iche'. Durante la fiesta, los miembros de la cofradía de primer y segundo rango se abstendrán de relaciones sexuales, tomarán los traguitos de licor apropiados y se los darán al santo, mientras que tienen la confianza de que los dos miembros de la Acción Católica se abstendrán del alcohol y cuidarán la imagen de modo que no se equivoquen por la embriaguez. Los miembros de la Acción Católica están contentos porque ahora pueden participar en parte de las costumbres antiguas de su pueblo sin estar totalmente bajo la autoridad religiosa de la jerarquía de los sacerdotes mayas.

El curso ideológico de estos sucesos puede entenderse según el mismo modelo general como los sucesos que condujeron a la fórmulación de un catecismo alternativo. Los conversos de la Acción Católica hicieron un argumento de tipo analítico, al exigir que ellos simplemente reemplacen a los católicos tradicionales en la cofradía. Los mayores contestaron este argumento con una solución dialéctica, al entrelazar no solamente a los conversos y a los traditionalistas en los cuatro puestos del liderazgo de la cofradía, sino que también indicaron una complementaridad útil de la abstinencia del alcohol de parte de los catequistas, y de la prohibición tradicional de relaciones sexuales. En efecto, el dualismo entre los conversos y los traditionalistas cambió de una oposición externa entre instituciones a una complementaridad interna dentro de una sola institución. Similarmente, en el desarrollo del catecismo alternativo, los dualismos bueno/malo y espiritual/material se cambiaron de una oposición externa entre el cristianismo y la brujería o entre Dios y el Diablo a una complementaridad dentro de una religión y un panteón que comprende las divinidades cristianas sin oponerse a ellas.

En estos sucesos recientes, vemos un proceso ideológico que debe haberse repetido muchas veces durante los últimos cuatro siglos en Mesoamérica, con modificaciones nuevas de dualismo analítico u oposicional europeo, seguidos por nuevas afirmaciones del dualismo dialéctico o complementario mesoamericano. Lo que suele llamarse «sincretismo» en Mesoamérica, que es la combinación supuestamente inconsciente de elementos culturales «indígenas» y «europeos» (Edmonson 1960; B. Tedlock 1983) probablemente surge de eventos muy parecidos a éstos, cuyos resultados presentan combinaciones precisamente como éstas. Tal vez las fuentes exactas de cierta combinación pueden llegar a ser «inconscientes», o mejor dicho, desconocidas con el paso del tiempo, pero la creación de una combinación probablemente siempre ha sido un proceso intencional, como fue aquí.

•••

LOS SACERDOTES MAYAS

En Momostenango, los *ajq'ij* forman un grupo grande de profesionales activos de la religión maya iniciados como contadores del tiempo, intérpretes de sueños y curanderos. Sus superiores son aproximadamente trescientos jefes de los patrilinajes locales que forman la jerarquía de tres niveles de los *chuchqajawib'*, 'madres-padres', que tratamos en el capítulo anterior. Todo los miembros de esta jerarquía originalmente se iniciaron como *ajq'ij* y solamente después adquirieron sus comisiones en los niveles de linaje, cantón y pueblo. La cuenta del tiempo permanece central a las actividades ceremoniales de todos los *ajq'ij*, aun cuando también son madres-padres. Además, todos los *ajq'ij* están autorizados para rezar a los dioses y a los ancestros en nombre de la gente lega, aun cuando no sean madres-padres. Si se adoptara el método analítico utilizado por los antropólogos culturales para separar los chamanes de los sacerdotes, en que el sacerdote sirve de intermediario entre el hombre y los dioses mientras que los chamanes directamente poseen (o son poseídos por) poderes sobrenaturales en el campo de la cuenta del tiempo y la curación, habría que referirse a todos los *ajq'ij* y los madres-padres momostecos tanto como sacerdotes como chamanes.[1]

Abundan problemas parecidos en la literatura antropológica sobre Mesoamérica. Por ejemplo, en Santa Eulalia, una comunidad maya q'anjob'al en el noroeste del altiplano de Guatemala, uno de los alcaldes rezadores es nombrado de por vida por los mayores a un puesto llamado *aq'on b'e kalab'*, 'donador del camino' o *yul xhila* 'en la silla', en que representa toda la comunidad ante los dioses. Pero también es contador del tiempo: cuando debe escoger otros alcaldes rezadores (a excepción de él, ellos sirven sólo por un año), lo hace por la cuenta del tiempo. Cuando los otros alcaldes rezadores hacen sus rondas ceremoniales, él permanece en una casa donde reza por ellos (su papel sacerdotal) y presagia si sus actividades tendrán el efecto deseado (su papel chamánico) (La Farge 1994:166). (En el pueblo mam de Santiago Chimaltenango, hay un *chman tnam*, nombrado de por vida, con deberes sacerdotales muy parecidos a los del *aq'on b'e kalab'* de Santa Eulalia o al nivel superior de la jerarquía momosteca. Pero sobre todo, es su capacidad chamánica de mirar el futuro mediante la cuenta del tiempo que distingue a este *chimán* de los laicos y los hace dependientes de él en los asuntos religiosos (Wagley 1949:68-31).

Una posible salida del dilema planteado por la distinción analítica del antropólogo cultural entre el sacerdote y el chamán es limitar la definición de éste y así reducir el alcance del problema. Los mesoamericanistas acostumbran usar la palabra de origen siberiano «chamán» para referirse a los especialistas religiosos cuyas habilidades incluyen la cuenta del tiempo, pero Madsen (1955) cuestionó el uso de este término en su estudio de la evidencia etnográfica para el chamanismo mesoamericano. Siguiendo el modelo siberiano de Eliade, definió el chamán como «un individuo que ha recibido poder para curar y adivinar directamente de los seres sobrenaturales mediante sueños, visiones, o posesión por espíritus» (*ibídem*:48). Esto lo deja dentro del campo de la antropología cultural, pero ahora el argumento no se basa sobre terrenos analíticos sino en la autoridad histórica del chamanismo siberiano, que es implícitamente «anterior» al chamanismo mesoamericano; se agrega precisión a la categoría de «chamán» no por destacar su relación con otras categorías sino por aumentar la lista de características necesarias para estar incluida en la categoría. De esta manera, Madsen pudo concluir que el Valle de México era la única área de toda Mesoamérica donde los llamados chamanes verdaderamente eran chamanes. Su ejemplo detallado del verdadero chamanismo se deriva de su propio trabajo de campo en un pueblo de hablantes del náhuatl, San Francisco Tecospa. Allí encontró las características siguientes del chamanismo siberiano clásico: la elección divina, el matrimonio con una esposa de espíritu, la curación y la cuenta del tiempo con la asistencia de los seres sobrenaturales, el castigo por ayudantes sobrenaturales en caso de desobediencia, y la capacidad para entrar al otro mundo.

Al estudiar los datos etnográficos de otras comunidades mesoamericanas, Madsen encontró que faltaba la mayoría de los rasgos necesarios. Si tiene razón, esto representa un cambio histórico, dado que Furst (1976) encontró una continuidad fuerte de chamanismo que corría por las religiones precolombinas de Mesoamérica. Pero, de hecho, hay evidencia etnográfica de las comunidades mayas de Guatemala y México para ciertos rasgos chamánicos que Madsen encontró en su comunidad náhuatl. Por ejemplo, el matrimonio con una esposa de espíritu se encuentra en el pueblo mam de Todos Santos. Según Oakes (2001:156-169), el aprendiz del *chimán* se sienta en un «corral» dentro de un cuarto obscuro, y reza hasta que tenga o no tenga éxito en ser poseído por una «esposa de espíritu». De ahí en adelante, si tiene éxito, puede sentarse en este corral y ser poseído por esta esposa de espíritu a voluntad, prediciendo el futuro (en una voz en falsete) para cualquier persona que asista a la ceremonia. Entre los mayas de Yucatán, Villa Rojas (1945:344) encontró que en el pueblo de X-cacal (en Quintana Roo), donde los chamanes usan los mismos cristales que él y Redfield habían encontrado en Chan Kom, se refiere al cristal mismo como «esposa».

Los contadores del tiempo ch'orti'es del oriente de Guatemala y los contadores del tiempo mames de noroeste de Guatemala reciben «información de un espíritu que le hace crispar la pierna en una respuesta en forma de código a las preguntas». (Madsen (1955:57) no clasificó este fenómeno como un don chamánico de poder recibido directamente de los seres sobrenaturales, pero la descripción de Wisdom (1940:344) de un contador del tiempo ch'orti' que interrogaba a un espíritu íntimo en un cuarto oscuro nos recuerda una sesión del espiritismo chamánico siberiano clásico: «Empieza . . . a masticar tabaco y entonces soba la saliva en la pierna derecha. Luego, interroga al espíritu zajorín que está en la pantorrilla de la pierna derecha. El espíritu contesta con un una crispadura en esa pantorrilla que significa 'sí' y si no hay crispadura significa 'no'. Los sacerdotes mayas de Santa Eulalia reciben mensajes en los sueños, mediante sensaciones en las manos y en las piernas, y mediante sonidos o voces en el oído que La Farge (1994:191) caracterizó como «mediumísticos». Describió un contador del tiempo así: «Cuando trabajaba bien y especialmente después de unos tragos, Xhuxh dio la impresión de ser un radio humano, sintonizado a un éter restallando con mensajes sobrenaturales».

Éstos solamente son ejemplos; la comunicación directa entre los espíritus o los dioses y el contador del tiempo no es nada ajeno a los mayas modernos. Además, un examen de la selección de los contadores del tiempo mayas revela la presencia de todos los modos clásicos para llegar a ser chamán: por enfermedad, sueños y éxtasis, también por herencia.[2] Por ejemplo, la madre Blanche M. Leonard recopiló un relato de primera persona de un chamán yukateko *(h-men)* que es una narración clásica del reclutamiento chamánico:

Al salir tuve una experiencia extraña. Sin que mi padre lo supiera, me encaminé hacia el cerro y al cenote sagrado de Tetzik. Me dormí y tuve un sueño largo. Muchos espíritus me golpeaban y me castigaban. Cuando me desperté encontré una piedra para contar el tiempo (un cristal) y otra piedra especial, una piedra sagrada que el Señor de la Milpa me había dejado. Cuando regresé a mi casa, me enfermé por nueve días y no podía hablar (Leonard 1964-65: Apéndice).

Paul y Paul (1975) dicen que en la comunidad maya tz'utujil de San Pedro la Laguna (en las orillas del Lago Atitlán), la elección divina, sea para chamán o para comadrona, incluye el vagabundeo del espíritu del practicante futuro en el reino del sobrenatural—lo que Eliade caracteriza como el «viaje extático». Además, encontraron que tanto los chamanes como las comadronas típicamente sufren una enfermedad severa e intratable, durante la cual los espíritus los visitan y exigen que se hagan curanderos y ofrecen enseñarles. Después, un chamán activo presagia que el soñador era destinado desde su nacimiento a ser curandero con conexiones sobrenaturales, y lo advierte que tiene que comenzar su práctica, porque si no, perecerá.

Los sacerdotes mayas tzotziles de Zinacantán, los h'iloletik, obtienen poder ceremonial por medio de sueños o experiencias alucinantes, y por eso Vogt (1966) opinaba que deben clasificarse como chamanes. El zinacanteco que llegue a ser chamán tendrá tres sueños que comienzan cuando tiene de diez a doce años. El alma del soñador es llamada por la contraparte sobrenatural del que tiene el cargo más alto de la jerarquía civil-religiosa zinacanteca. Él, en turno, declara que el soñador debe hacerse contador del tiempo y curar a la gente, porque negarlo significará la muerte.[3] Nótese que en este caso, el actor principal de un sueño claramente chamánico es un carácter distintamente sacerdotal.

En San Pedro Chenalho, otra comunidad tzotzil, predomina una combinación de sueños y herencia. En el estudio de Guiteras-Holmes (1961:149) de la cosmovisión de cierto contador del tiempo de esta comunidad, aprendemos que su madre también era contadora del tiempo, y que deseaba que su hijo la reemplazara como curandero. Él aprendió a pulsear, a rezar, y a recetar hierbas en sus sueños: «Yo sé todo por mis sueños. Aprendí a escuchar el pulso en mis sueños. Así aprendió mi madre también». Esta combinación de sueños con la herencia se conforma con el resumen de Eliade (1964:33-144) de los datos siberianos y centroasiáticos, donde el chamanismo hereditario existe junto al chamanismo directamente otorgado por los dioses y los espíritus.

Claramente, el chamanismo—definido de la manera más estricta por Madsen que necesariamente incluye la comunicación directa entre los espíritus y los contadores del tiempo mediante sueños, visiones, o posesión por espíritus—

existe en muchas comunidades mayas, y Momostenango no es una excepción (véase la sección siguiente). Los contadores del tiempo mayas son chamánicos en su reclutamiento, su iniciación y su práctica. El reclutamiento es tanto por la transmisión hereditaria de la profesión chamánica y por la vocación «espontánea» o la «elección divina», como en Asia. Aun la definición historicista limitada del chamanismo deja sin tocar el problema de la combinación de los rasgos culturales chamánicos y sacerdotales en el mismo practicante mesoamericano. Queda por saber si un enfoque antropológico social al problema podría tener un resultado diferente. En la forma más sencilla, este enfoque hace una distinción analítica entre el servicio a la comunidad, que es sacerdotal, y el servicio a los individuos, que es chamánico.

Oakes (2001:27, 7, 52) ofrece un ejemplo de la distinción antropológica social entre las funciones sacerdotales y chamánicos. Dice que el *ajq'ij* principal del pueblo mam de Todos Santos, como jefe no oficial de la comunidad, fija el tiempo de todas las ceremonias religiosas y es la autoridad final en todo los asuntos importantes civiles y políticas, y determina todo con sus tz'ites. Esta autora se refirió a este funcionario tanto como *ajq'ij* del pueblo como sacerdote maya, e indica que sus responsabilidades son principalmente para con la comunidad, mientras que los otros sacerdotes locales ejercen una práctica particular. Acepta una distinción entre lo público y lo privado y entre la comunidad y el individuo. En Jacaltenango, una comunidad maya popti', La Farge y Byers (1997:143) caracterizaron a los alcaldes rezadores, o *watx'winaq*, 'hombres verdaderos', como el equivalente local más parecido al sacerdocio permanente y definitivo. Estos especialistas sirven la comunidad en conjunto, mientras que los «sacerdotes por nacimiento», que incluyen curanderos, brujos y contadores del tiempo, únicamente sirven a la gente como individuos. Pero resulta ser que tanto los «hombres verdaderos» como los «sacerdotes por nacimiento» incluyen contadores del tiempo, de modo que no es la cuenta del tiempo lo que distingue el sacerdote del chamán sino el servicio a la comunidad más bien que a los individuos.

Nash (1957) adoptó la misma dicotomía entre el servicio a la comunidad y al individuo, pero en vez de aplicarla dentro de una sola sociedad (como habían hecho anteriormente otros etnógrafos), la usó para distinguir entre sociedades separadas y finalmente entre el altiplano de Guatemala del noroeste y oeste central; llama a los *ajq'ij* de esa área «sacerdotes» y los de ésta «chamanes». Según su plan, la continuación del calendario solar antiguo, que él relaciona con los asuntos comunitarios, es diagnóstico de la presencia de sacerdotes en el noroeste, mientras que el hecho de que el área del oeste central se limita al *cholq'ij* es diagnóstico de la presencia de chamanes.[4] Nash se equivoca al no encontrar el calendario solar en esta área (véase el capítulo ....), pero lo que es de mayor interés aquí es la suposición subyacente de Durkheim que la cuenta del tiempo, que se considera un acto mágico más bien que religioso, se encontrará en un contexto individual (chamánico) y no en uno social (sacerdotal). Warner (1937:223-243) desde hace mucho ha demostrado la naturaleza social potencial de la magia, cuando la «iglesia» (en el sentido de Durkheim) del chamán es el clan. Nash no sugirió la posibilidad de que los *ajq'ij* del altiplano del oeste central, quienes él veía integrados en las organizaciones religiosas y civiles formales de sus comunidades, pudieran ser sacerdotes de clan o de linaje.

Si yo siguiera la distinción analítica entre sacerdote y chamán de Durkheim, entonces clasificaría al *ajq'ij* momosteco como chamán, porque sus deberes son principalmente para con los individuos, y al madre-padre como sacerdote, porque sus deberes son para con su linaje. Sin embargo, los *ajq'ij* que son contadores del tiempo especialmente talentosos forman el grupo de donde seleccionan a los nuevos madres-padres después de la muerte de cierto jefe de linaje. Aun cuando nunca realmente se hacen madres-padres, frecuentemente se les dirige honorablemente por ese título, y como tales hasta pueden llamarlos a ayudar a resolver un problema de linaje, al asumir un papel y título sacerdotal, si no un estatus sacerdotal. Por su parte, los jefes de linaje siguen siendo *ajq'ij* aun después de hacerse madres-padres; sirven en una capacidad privada cuando presagian e interpretan los sueños para los individuos que son miembros de su propio linaje, al asumir un papel apropiado a su estatus chamánico continuo.

Cualquier intento de separar a los sacerdotes de los chamanes en estas comunidades según una dicotomía público/privado, o religión/magia fracasa, porque el mismo profesional podría llamarse, en contextos diferentes, o «sacerdote» o «chamán». Si un practicante celebra los dos papeles de chamán y sacerdote, aunque no tenga un estatus institucionalizado con respecto al linaje, al clan, o a la comunidad, entonces nos engañamos si lo designamos «chamán». En otros términos, entre los mayas los términos técnicos «chamán» y «sacerdote» son útiles, cuando están separados, únicamente como designaciones de papel, y no de estatus. Cuando se trata de estatus, un concepto entrelazado de «sacerdote» o «chamán-sacerdote», dependiendo del grado y tipo de los deberes público y/o privados proporcionados, tiene más sentido y viola menos los datos etnográficos. Puesto que los *ajq'ij* ordinarios de Momostenango participan con más frecuencia en las ceremonias individuales que en los comunitarios, podrían designarse «chamanes-sacerdotes». Por otra parte, los madres-padres, que tienen que celebrar muchas ceremonias del linaje o de la comunidad, podrían designarse «sacerdotes-chamanes».

La selección de un *ajq'ij*

En Momostenango, un contador del tiempo, un *ajq'ij*, se selecciona, de un modo chamánico clásico, con la «elección divina» por nacimiento, enfermedad, y sueños, seguidos por el casamiento a un cónyuge de espíritu en la iniciación. El día preciso que una persona nace según el *cholq'ij*—que también se llama *rajilab'al q'ij,* 'conteo de los días', o en español *el calendario del Mundo*— ayuda a determinar si esa persona podría llegar a ser sacerdote maya. Si el día de nacimiento, *ri uq'ij alaxik,* es Aq'abal, No'j, Kan, Kame, Aj, E, Kej, Q'anil, I'x, o Tz'ikin (véase el cuadro 2 para una lista completa de los días), entonces el niño recibe del día cierta clase de alma, llamada *koyopa'*, 'relámpago', que le permite recibir mensajes del mundo externo, tanto natural como sobrenatural, dentro de su propio cuerpo. Puesto que este movimiento de relámpago se mueve únicamente en la sangre, en los tejidos, y en los músculos de la persona y nunca deja el cuerpo hasta la muerte, es lo que los historiadores de la religión llamarían «alma del cuerpo».

En la mayoría de los casos, los *ajq'ij* sienten el relámpago del cuerpo como si el aire pasara rápidamente por la carne en forma de aleteo o de ondulación, parecido a un relámpago exterior al pasar de noche sobre los lagos. El relámpago del cuerpo humano puede moverse hasta una vez por hora, o a veces más, por toda la vida del individuo, pero la persona puede aprender a interpretar estos movimientos como un código portador de un mensaje sólo por medio del aprendizaje. Cuando los contadores del tiempo discuten estos mensajes en k'iche', dicen *kasilob' ukik'el* 'la sangre se mueve', o *kacha' ukik'el,* 'la sangre habla'. Cuando hablan español, dicen que «brinca la sangre».

La persona destinada a ser *ajq'ij* tiene una serie de sueños, *wachik',* que indican que debe presentarse ante el Mundo, la deidad terrestre. Frecuentemente un futuro sacerdote sueña que es perseguido por venados, caballos, vacas, bueyes, o toros; cualquiera de éstos indica que debe llegar a dar los obsequios en los altares del Mundo, que se manifiestan en los sueños como animales grandes. Soñar con un lago bajo una montaña indica que el Mundo lo llama a visitar primero el lago y luego la cima de la montaña, que simbolizan los altares públicos emparejados: el altar bajo, *uja'l*, 'lugar de agua', y el altar alto, *ujuyub'*, 'lugar de la montaña' (véase la fig. 10). Soñar simplemente con un lago indica que la sangre está lista para contestar las preguntas del contador del tiempo, porque como me lo explicó una persona, «Un lago es como un espejo, no se mueve hasta que venga del día de uno, y entonces comienza a moverse con el relámpago». Aunque el aprendiz experimente el relámpago de la sangre desde la primera niñez, hasta que se inicie no se le puede pedir que conteste las preguntas. Otro sueño antes de la iniciación incluye encuentros con el sexo opuesto. Por ejemplo, si los tz'ites son destinados para un joven casado, de repente puede soñar que tiene relaciones sexuales con una morena hermosa, o verá una mujer (no su propia esposa) embarazada con su hijo. Asimismo, si los tz'ites son destinados para una mujer, ella podría soñar con dejar a su esposo y casarse con otro hombre.

Lincoln (1942:121) nos informa que un *ajq'ij* ixil que había estudiado en Momostenango interpretó los sueños siguientes como una «llamada» para hacerse contador del tiempo. Un hombre que tenía dolores horrorosos en las rodillas y en las piernas, día tras día, soñó que caminaba sobre el agua del Lago Atitlán y que se cayó en el agua hasta las rodillas. También soñó que una culebra le entró por el pie izquierdo, se le subió por la pierna, por la cabeza, y se le bajó por la pierna derecha y salió. Como resultado, estudió con el contador del tiempo y aprendió a rezar; el primer día de estudios, lo dejaron todos sus dolores y sus malos sueños. Una enfermedad de este tipo, acompañada por estos sueños, se considera por supuesto una llamada para hacerse contador del tiempo en Momostenango. La enfermedad, *yab'il*, llamada *kumatz*, 'culebra', es una de las seis enfermedades principales que un futuro *ajq'ij* podría experimentar.

En la enfermedad de culebra, hay calambres súbitos y sumamente dolorosos en una o más de las áreas siguientes del cuerpo: brazos, piernas, torso, muñecas, codos, tobillos, rodillas y cuello. Los músculos se ponen tiesos y anudados, mientras que las articulaciones parecen estar dislocadas. El enfermo no puede volverse, moverse, o andar fácilmente. Una persona que había sufrido esta enfermedad se quejaba de que había sentido como si hubiera un palo que se le atravesaba el tronco de modo que no podía volver el cuerpo, y le dolían tanto las articulaciones de las piernas y de los brazos, que no permitía a ningún familiar que las tocara. Los ataques de la enfermedad de culebra son de duración relativamente breve; duran desde unos cuantos minutos hasta un par de días, pero recurren.

Cuando un *ajq'ij* diagnostica la enfermedad de culebra y le dice al paciente que ya es tiempo de comenzar su aprendizaje de contador del tiempo, frecuentemente los síntomas desaparecen instantáneamente o muy poco después de emprender el entrenamiento. Después del diagnóstico, el contador del tiempo puede refregar una caléndula silvestre, *parutz'*, sobre la parte afectada, y luego la tira de la casa al camino «para que cuando pase otra persona, se lleve la enfermedad de culebra». Entonces receta que la planta entera se hierva y que la refriegue sobre la parte afectada; esto calienta los músculos y alivia el dolor. Algunos contadores del tiempo usan un ungüento de mentol comprada en la farmacia, que tiene el mismo efecto. Pero éste es únicamente un tratamiento de los síntomas; el paciente se cura cuando emprende el aprendizaje de *ajq'ij*.

Otra enfermedad de los contadores del tiempo se llama *chokej*, 'delante del caballo'. Los síntomas de la enfermedad de caballo son unos calambres repentinos extremadamente dolorosos en los músculos, especialmente en los brazos y en las piernas. Las partes afectadas del cuerpo se frotan con aguardiente para aliviar el dolor, pero los calambres pueden recurrir, entremezclados con dos o tres otros tipos de enfermedad, hasta que un madre-padre u otro sacerdote reconozca el complejo entero que consiste en enfermedades, sueños, y una fecha especial de nacimiento y acepta la persona afligida como su aprendiz o *ëkomal*, 'carga'.

Una tercera enfermedad con calambres se llama *yi'tz'inaq pamaj*, 'estómago torcido'. Aquí el estómago, *pam*, y el intestino grande y el pequeño, *alajtaq* y *choma'q ixkolob'*, se revuelven constantemente, y ocasionan grandes dolores, flatulencia, y por último diarrea. Para aliviar los síntomas, puede prepararse un té de flor de caléndula. Esto puede calmar el estómago por un rato, pero repetimos que ésta es una enfermedad que recurre y que puede curarse únicamente por la iniciación como contador del tiempo.

Estas tres enfermedades—la de culebra, la de caballo y la de estómago torcido—frecuentemente ocurren en serie (y aun simultáneamente) y duran de tres a seis meses, hasta que la víctima quede bastante débil y ya no pueda trabajar. Fray Francisco Vázquez informó que una epidemia de una enfermedad

10. Un contador del tiempo en Paklom, un altar de las montañas

llamada *kumatz*, 'culebra', brotó en Guatemala en 1650, pero afectó sólo la población indígena. Describió esta enfermedad como un ataque de calambres violentos que comenzaban en el estómago y se extendían por todo el cuerpo, afectando tanto los músculos como el sistema nervioso (Correa 1960:84-85). Parece haber sido una combinación de las enfermedades de culebra, de caballo, y de estómago torcido de hoy, pero también notó que muchas víctimas sufrían fiebres sumamente altas y que algunos hasta murieron de la enfermedad. Por eso esta epidemia de *kumatz* parece haber sido la plaga pulmonar *q'uq'kumatz* que azotó a Guatemala en 1545-48 y nuevamente en 1576-81, que redujo mucho la población indígena (MacLeod 1973:19). Por otra parte, el cronista guatemalteco del siglo XVII Francisco Antonio de Fuentes y Guzmán (1932-33:158) describió de primera mano un caso particular de *kumatz* que tiene parecido con la versión moderna no fatal. En este caso, una joven maya del pueblo de Mixco, sin ninguna razón evidente, empezó a gritar, «*¡Kumatz! ¡Kumatz! ¡Kumatz!*» y se portaba «como si tuviera una culebra por dentro»; entonces repentinamente se desfalleció, y cayó al fuego, quemándose gravemente. De este ejemplo y de las ocurrencias modernas de la enfermedad de culebra en el altiplano guatemalteco, el síndrome parece ser el análogo maya de *amok, latah, imu, pibloktoqu, wintiko, koro, negi negi, boxi* y *zar*, que son todas posesiones temporales, recurrentes, estereotípicas, no solicitadas o «psicosis histéricas» características de ciertas culturas (Bourguignon 1968; B. Tedlock «Mind, body and cosmos»).

Aparte de sufrir de las enfermedades de culebra, de caballo, o de estómago torcido, un presunto contador del tiempo podría ser propenso a accidentes, pues se cae y disloca los huesos, uno tras otro. Esta enfermedad, llamada *q'ajinaq b'aq*, 'hueso dislocado', lo trata un especialista conocido como *iqol b'aq*, 'huesero', que también es contador del tiempo iniciado. Baña el área afectada con la hierba *uxikin ib'oy*, 'oreja de armadillo', la acomoda en el lugar apropiado, la envuelve con hojas de palo de pito y la amarra con tablillas del mismo árbol. Pero éste se considera un remedio más bien que una cura, pues también es una enfermedad recurrente.

La enfermedad del hueso dislocado puede ocurrir junto con otra aflicción, *q'abarik*, 'embriagarse', también llamada *loq'o'm yab'il*, 'enfermedad cara'. Los síntomas suelen ser extremos, y ocasionan que la víctima «beba como animal hasta que se caiga», como lo expresó una persona. Los contadores del tiempo explican que en las enfermedades tanto del hueso dislocado como en la ebriedad, que repentinamente el Mundo agarra, empuja, jala, o chupa la persona hasta la tierra. Otra aflicción, también clasificada como *yab'il*, 'enfermedad', es *tzaqo' upwak*, 'pierde su dinero', en la cual dicen que los ladrones «son jalados como por un imán» hacia el futuro *ajq'ij*. Le quitan su dinero muy fácilmente, hasta del bolsillo interior de un varón o desde debajo del güipil de una mujer. Un contador del tiempo que había sufrido tales pérdidas me las explicó así: «Es como el Mundo le hubiera ordenado al malévolo: '¡Ve a sacárselo!'».

Lo que comparten las seis enfermedades es la pérdida súbita y completa del control del cuerpo, especialmente la pérdida de la capacidad de andar por el mundo. En la enfermedad de culebra, se ha perdido el funcionamiento de las articulaciones; los movimientos son incoherentes. En la enfermedad de caballo, los calambres de los brazos y de las piernas son tan severos que no se puede ni caminar ni trabajar. Con el estómago torcido, no se puede salir de la casa a causa del dolor constante y la diarrea. En la enfermedad de embriaguez, la gente se cae al suelo y puede gritar y rabiar durante horas antes de perder el conocimiento, y yace inmóvil hasta el día siguiente. En la enfermedad del hueso dislocado, aun después del tratamiento por el huesero, pasan varios días antes de que la persona pueda volver a andar o trabajar. En la enfermedad de la pérdida de dinero también se inmoviliza la víctima, porque, como dicen los momostecos, «sin dinero uno está perdido—no se puede ir a ningún lado y no se puede hacer nada».

Una serie de combates con estas enfermedades debilitantes envía una persona al contador del tiempo, que determina si la «llaman» a servir al Mundo. Si la persona no ha tenido sueños que indican claramente tal llamada, y si la fecha de nacimiento no es favorable, no se recomendará el entrenamiento. Si la persona ha tenido los sueños debidos, pero su familia no hizo caso a su fecha de nacimiento en el calendario maya, entonces el contador del tiempo sabrá qué día fue. Hay que hacer esto con más frecuencia hoy que en el pasado a causa de la popularidad reciente del movimiento de la Acción Católica que directamente se ha opuesto a todas las costumbres mayas. Hoy en día, muchos hijos de los conversos de la Acción Católica están iniciándose como *ajq'ij*, juntos con algunos de los conversos, incluyendo individuos que renunciaron ser contadores del tiempo para integrarse a la Acción Católica, pero volvieron a tener sus sueños y sus enfermedades.

El entrenamiento de un *ajq'ij*

Una vez que el contador del tiempo ha determinado que el paciente debe entrenarse como *ajq'ij*; y si él mismo es un madre-padre iniciado o sacerdote maya, le explicará a la persona el programa para los *ch'ajb'al*, 'lavados' o *permisos* que deben hacerse. Si el contador del tiempo no es sacerdote maya, entonces mandará el paciente al jefe de los sacerdotes (que siempre es hombre) del propio patrilinaje del paciente para que se capacite y se presente. De preferencia los dos esposos deben entrenarse juntos, porque frecuentemente el sacerdote encuentra que una enfermedad sufrida por uno de los cónyuges fue causado por los dos, y que ambos sufren como resultado de la enfermedad. Asimismo, es deseable que una persona laica que se casa con un *ajq'ij* iniciado emprenda el entrenamiento y que se presente en el mismo altar que su cónyuge.

El entrenamiento comienza durante el período de permisos, que empieza el día 1 Kej o 1 Kawuq, dependiendo de la edad, de los recursos económicos y del carácter de la persona. Si el novato es adulto, sí puede pagar los Q.20.00 de gastos, y si tiene carácter fuerte, entonces la persona (o los dos esposos juntos) se entrenará y se presentará en un período de tiempo descrito por los sacerdotes mayas como «nueve meses», o sea nueve meses k'iche's de veinte días, no meses gregorianos de treinta o treinta y un días. Sin embargo, si la persona es bastante joven, o pobre, o si sacerdote maya tiene alguna reserva con respecto a sus capacidades, sólo hará la primera parte de los permisos, llamada *chak patan*, 'servicio de trabajo' antes de los días de la iniciación, que son 7 Tz'i' y 8 B'atz'. En este momento, presentará a la persona al Mundo como un simple *poronel*, 'quemador', que significa que la persona podrá quemar ofrendas en los altares públicos, pero todavía no es *ajq'ij* cabal. Dentro del siguiente período de nueve meses k'iche's el maestro completará la segunda parte de los permisos, llamada *b'araj punto*, 'mezclar, apuntar', de modo que cuando los día 7 Tz'i' y 8 B'atz' llegan de nuevo, pueda presentarle tz'ites y cristales a la persona, así transformando el novato a contador del tiempo o sacerdote.

Durante 1976, cuando mi esposo y yo emprendimos la capacitación, los dos conjuntos de permisos, que siguen uno tras otro dentro del mismo ciclo de 260 días, cayeron en los 18 días entre el 21 de abril y el 16 de agosto (véase el cuadro 1). Hubo ocho permisos para mezclar y apuntar, y el último día, 8 Kame, se sobreponía en el principio de los diez permisos para el trabajo y el servicio. Los días de permiso que llevan el número uno *(jun)*, el sacerdote del patrilinaje debe ir al altar del día 1 *(junab'al)*, también llamado *Paja'*, 'en el agua'; los días con el número 8 *(wajxaqib')*, va al altar del día 8, *wajxaqib'al*, también llamado *Ch'uti Sab'al*. 'pequeño lugar de la declaración'. Éstos son los dos altares públicos donde formalmente presenta su novato el día 8 B'atz' (véase el mapa 2). En estas visitas, les hace ofrendas y oraciones a los Señores de los Días, Tiox, el Mundo, y a todos los *ajq'ij* difuntos de su linaje.

Cuadro 1. Los Días de Permiso para 1976

Lavar para mezclar y apuntar		Lavar para el servicio de trabajo	
(Ch'ajb'al b'araj punto)		*(Ch'ajb'al chak patan)*	
1 Kej	21 de abril	1 Kawuq	12 de junio
1 Junajpu	4 de mayo	1 E	25 de junio
8 Kej	11 de mayo	8 Kawuq	2 de julio
1 Aj	17 de mayo	1 Kan	8 de julio
8 Junajpu	24 de mayo	8 E	15 de julio
1 Kame	30 de mayo	1 Tijax	21 de julio
8 Aj	6 de junio	8 Kan	28 de julio
8 Kame	19 de junio	1 B'atz'	3 de agosto
———	———	8 Tijax	10 de agosto
———	———	1 K'at	16 de agosto

En el primer grupo de permisos, los cuatro días 1—1 Kej, 1 Junajpu, 1 Aj y 1 Kame—que embarcan un período de cuarenta días, se dedican a mezclar o enrollar *(b'araj)*, una palabra que suele usarse en el sentido de enrollar tamales. Los contadores del tiempo, con sus tz'ites y sus cristales, son como las tamaleras con su masa: enrollan su mezcla rápidamente con una mano, la prensan firmemente en la mesa, entonces agarran un puñado y lo apartan. Los cuatro días 8—8 Kej, 8 Junajpu, 8 Aj, y 8 Kame—que abarcan otro período de cuarenta días sobrepuesto al primero, se dedican al *punto*, que significa un punto del tiempo o del espacio. Los contadores del tiempo consideran el *punto* como el último montón de tz'ites, contados de los que se apartaron, que indica el resultado final de cierta mezcla al contar el tiempo. Cuando les pregunté a dos *ajq'ij* momostecos si el *b'araj punto* también podría llamarse *wara punta*, 'palo puntiagudo', como Bunzel (1981:344) había sugerido, les gustó la idea inmediatamente, porque les recordaba la vara de consulta *(tak'alib'al)* del sacerdote. Sin embargo, enfatizaron que la vara es espiritual, no material, y que el término español *vara* sólo debe referirse a un palo de madera con un mango de plata, llevado por las autoridades civiles. No obstante, les gustó y aceptaron *wara punta* como un juego de sonido de *b'araj punto,* con una ampliación de su significado.

En el segundo grupo de permisos, los seis días 1, que abarcan un período de sesenta y cinco días, se dedican al *chak*, 'trabajo manual'; los cuatro días 8, abarcan cuarenta días, se dedican al *patan*, 'servicio', del verbo *patanik*, 'servir'. El sustantivo *patan*, 'servicio', también es el nombre de la tira de cuero usado donde cruza la frente el mecapal, utilizado para las cargas pesadas.

Cada uno de estos dieciocho días de permiso, tanto el novato como el maestro deben evitar reñir o tener relaciones sexuales con cualquier persona. El día ceremonial comienza al alba, después de que haya salido el lucero de la mañana. Teóricamente, las ofrendas y las oraciones pueden hacerse a cualquier hora del día, pero si se ve a un *ajq'ij* en los altares exactamente a las doce del día, lo sospechan de brujería. El ideal es levantarse a las cuatro o cinco de la mañana e ir directamente al altar, para estar allí cuando está fresco y tranquilo y ver la salida del sol. Mientras el maestro reza por el novato, si no es que esté preocupado por alguna cosa ajena, indudablemente su relámpago «hablará». Si todo va bien y los *ajq'ij* difuntos están de acuerdo con las actuaciones a beneficio del novato, el sacerdote podría recibir una señal de sangre en medio del muslo izquierdo (si el novato es mujer), o del derecho (si es varón).

Las oraciones para los días de permiso varían un poco según el día del *cholq'ij*. En todo los casos, el contador del tiempo empieza al pedir perdón ante Tiox y el Mundo, así como también ante los *Nantat*, los antepasados; luego saludan este altar en especial. Por ejemplo, el día 1 Kej , saludan *junab'al*, el altar del día 1: *Sa'j la q'ani mar saqi mar, q'ani pila saqi pila, ayin cho ayin plo*, 'Pasen adelante, mar amarillo mar blanco, manantial amarillo manantial blanco, todos los lagos todos los océanos'. Aunque el altar usualmente se llama *Paja'*, 'en el agua', este nombre no se usa en las oraciones; más bien, se refieren al índole aguado del lugar. Luego saludan ese día: *Sa'j la Ajaw Jun Kej*, 'Pasa adelante Señor 1 Kej'. Entonces el solicitante anuncia, *Kinch'aj laq, kinch'aj tasa chirij raqän, chirij rukab'* [nombre del novato]. 'Lavo el plato, lavo la taza ante los brazos, ante las piernas de [nombre del novato]'. Aquí, 'plato' y 'taza' se refieren a las vasijas que se usarán a la hora de la iniciación, mientras que 'brazos' y 'piernas' son metonimias para el cuerpo en conjunto. Es un momento especial cuando el maestro muy probablemente va a sentir un movimiento de sangre con respecto al novato nombrado. Hay muchos mensajes posibles aparte del que aparece en el muslo—por ejemplo, por el interior del muslo derecho y en el testículo izquierdo, que hará que el maestro le pregunte al novato, en este caso una mujer, si ha tenido relaciones sexuales con un hombre este día sagrado. El movimiento por el lado derecho, o sea el lado masculino del cuerpo indica que un hombre llegó hasta su *awas*, 'pecado', o sea la vagina, representado en su testículo izquierdo.

Al final de sus oraciones, el maestro contratará a un *ajb'ix*, 'cantor', un tipo de *ajq'ij* especializado que conoce las oraciones más elegantes en k'iche' y también el canto litúrgico en latín. A este hombre se le paga hasta Q.0.20 por sus servicios, que duran unos diez minutos. El *ajb'ix* canta el nombre del novato y lee una lista larga de todos los nombres conocidos de sus parientes difuntos— considerados linealmente, pero con todos los cónyuges de los parientes lineales incluidos—que el maestro le da en una hoja de papel. Todo estos cantores poseen el relámpago de cuerpo y constantemente reciben mensajes con respecto a las personas nombradas; el contador del tiempo que los contrata espera que puedan dar una segunda opinión con respecto a cómo van las cosas con él mismo y con el novato, y puede discutir un sueño reciente con ellos (fig. 11).

Más tarde ese mismo día, el novato visitará a su maestro; paga de antemano las ofrendas que hay que dar al siguiente día de permiso— copal (Q.0.12), candelas (Q.0.06), y azúcar (Q.0.05)—así como también para el tiempo que el maestro dedica en el altar (Q.0.40). Entonces el novato da parte de cualquier sueño que haya tenido la semana anterior, y especialmente los de la noche anterior. El contador del tiempo interpretará estos sueños con muchos detalles y a veces le contará al novato algún sueño suyo que pudiera haber tenido un simbolismo parecido.

Además de discutir los sueños de la semana cada día de permiso, el maestro demostrará también el proceso de contar el tiempo con su propio equipo sagrado: las semillas del palo de pito *(Erythrina corallodendron)*, es decir, los tz'ites, y los cristales. Un día de permiso es conveniente para esto porque es un «día guardado»—es decir, ni el maestro ni el estudiante ha reñido o tenido relaciones sexuales y el equipo puede usarse únicamente los días guardados. En estas ocasiones, el estudiante observa repetidamente el método del maestro para mezclar, dividir, arreglar, y contar los tz'ites. Puesto que el maestro no celebra una cuenta del tiempo formal para un cliente—aunque, en efecto, pregunta si el discípulo es aceptable a los Señores de los Días, Tiox, el Mundo, y Nantat— procede más lentamente de lo normal, al repetirse constantemente mientras aparta los tz'ites como artefactos nemónicos para ayudar al estudiante a seguir la recapitulación compleja de los ocho resultados o más en determinada cuenta del tiempo. Cada tz'ite que el maestro aparta representa un día que resulta de un conteo, y el maestro repite una frase simple para cada día, frecuentemente con un juego sónico sobre el nombre del día—por ejemplo, para el día Aj, la frase es *pa ri ja*, 'en la casa', en que *ja* es una transposición o metátesis de los sonidos del nombre del día Aj (véase el capítulo __). De esta manera, el estudiante lentamente acumula un repertorio de frases para acompañar cada uno de los veinte días.

Durante estas demostraciones, el maestro le dice al estudiante cuando siente el movimiento del relámpago, que puede suceder hasta cuatro o cinco veces por cuenta del tiempo, y entonces explica cabalmente donde lo sintió en su cuerpo y qué significa en el contexto determinado. Si el estudiante siente lo que parece ser el movimiento de un relámpago, debe describírselo al maestro. Si el movimiento puede verse con los ojos o puede sentirse con la mano (como en el caso de un espasmo muscular), es mentira; el relámpago verdadero es totalmente interior; aunque se sienta cerca de la superficie. Si el movimiento es legítimo, entonces el maestro explicará los significados posibles.

Después de que los días 8 de los permisos estén bien en marcha, al novato se le instruye que recoja 150 frijoles secos o granos duros de maíz (en cada caso, es un sustituto para los tz'ites), y que comience la práctica diaria de mezclar, arreglar, y contar los días del *cholq'ij*. En este momento, al novato se le enseña una oración sencilla para contar el tiempo que lentamente se elabora conforme crezca su conocimiento del calendario. Al principio, la oración no incluye una pregunta para contar el tiempo—por ejemplo, *¿La k'o rajaw, uwinaqil wa' käx?*, '¿Tiene dueño esta enfermedad?'—porque es sólo para practicar (véase el apéndice B para una oración de este tipo). Pero después de la iniciación, el discípulo hará preguntas así y formalmente les pedirá a los Señores de los Días Tiox, el Mundo, y Nantat que envíen *saq q'alaj*, 'la luz clara' de su saber, por medio del aire, del viento frío, de la niebla y de la neblina.

La iniciación y la práctica de un *ajq'ij*

Finalmente, cuando llega el día 7 Tz'i', el maestro va a la casa del novato. Le pide al novato que presente los sueños de la noche anterior para analizarlos. El maestro puede presentar sus propios sueños también, y entonces procede a analizarlos todos juntos—*quk'am rib' ri wachik'*, 'juntamos nuestros sueños'—como si fueran episodios estrechamente relacionados, o partes, del mismo texto

11. Día 1 en Paja', el altar del día 1. Toda la gente de la foto son *ajq'ij* de varios rangos; los dos hombres que tienen misales (en primer plano a la izquierda y el tercero desde la derecha en el fondo) sirven en la capacidad adicional de cantor y pueden emplearse para suplir y completar las ceremonias celebradas por los otros.

narrativo. Si el narrativo combinado de los sueños es favorable, entonces el maestro preguntará si el novato está bastante cierto que desea iniciarse . Hasta la incertidumbre más mínima en esta etapa resulta en abandonar el asunto por otro período de 260 días.

Si todo parece favorable, el maestro y el novato tomarán un atol llamado *xchunaja'*, hecho de maíz, semillas de zapote y de la raíz de *kuchun*. Beber este atol tradicional se considera «una señal que una persona ya ha aceptado esta costumbre, porque se bebió el agua», y por eso a la bebida también se llama *uja'l patan*, 'el agua del servicio'. Después de «tomar el agua» con el novato, el maestro comienza a rezar en el altar que se ha construido en el piso ante el altar familiar. Este altar provisional se ha hecho especialmente para esta ocasión con hojas y ramas de pino; primero se riegan las hojas en el piso y luego las ramas se colocan de manera que delinean un espacio en el piso aproximadamente de 1 m de largo y 30 cm de ancho. Encima de las hojas de pino, en el centro del altar; el sacerdote pone el fajo pequeño de tz'ites y cristales conocidos con el nombre de *b'araj*, que ha preparado para el novato. Junto a este fajo, pone candelas, un pequeño recipiente de agua sagrada del nacimiento de agua de Paja', varias cajetillas de copal, y el dinero que se usará al día siguiente para pagar al cantor en la presentación pública del novato.

Comienza sus oraciones anunciando a los Señores de los Días, Tiox, el Mundo, y a todo los miembros difuntos de su propio patrilinaje, así como también a los del novato si es diferente del suyo—que está empezando la iniciación formal de su novato. Entonces despedaza una olla grande inutilizada, y convierte los fragmentos en quemadores de incienso. Los dos comienzan a poner unos pequeños discos negros de copal y candelas de sebo en los fragmentos de cerámica, que encienden con una antorcha de ocote mientras recitan oraciones especiales para esta ocasión (véase el apéndice B). Durante estas oraciones, el maestro rocía el fajo sagrado del novato con el agua sagrada del nacimiento de agua.

Después de que se haya quemado la mitad del copal y de las candelas, los participantes y sus familias comparten una comida ceremonial preparada por la familia del novato, que consiste en cantidades grandes de carne, tamales, frijoles, calabazas y chile. Después del último platillo, que quizás consista en panes y chocolate, comienza la ceremonia de nuevo. Cuando todo el copal y todas las candelas se han quemado, raspan las cenizas para quitarlas de los fragmentos de cerámica y se juntan con el agua del nacimiento de agua en una pequeña jícara, una jarra de barro o de lata (en todo caso en k'iche' le dicen *mulul*, 'jícara'), y se cierra la apertura con hojas de pino del altar. Entonces este recipiente, los fragmentos de cerámica, la bolsita de tz'ites y cristales, y las ramas de pino se envuelven con cuidado en un paño cuadrado. El fajo se pone donde estaba el altar hasta el día siguiente, cuando se llevará al altar del día 8, Ch'uti Sab'al (fig. 12). Ya que está listo el fajo, los participantes y sus familias comienzan brindis ceremoniales con aguardiente y queman cohetes. Ahora el novato le paga al maestro las semanas de oración e instrucción: dos canastos de tamales, un jarro grande de caldo de cocido, dos cántaros de atol, medio galón de aguardiente, Q.0.50 de pan, más Q.20.00. Finalmente, el maestro y su familia salen, y el novato (quien debe dormir aparte de su cónyuge) se retirará hasta el día siguiente, que es 8 B'atz'.

Antes del amanecer del día 8 B'atz', el maestro y su esposa llegan a la casa del novato y llevan el novato y el fajo a Ch'uti Sab'al. Aquí, el maestro desata el fajo y pone los fragmentos de cerámica, el recipiente de agua, y las ramas de pino alrededor del borde del fogón específico donde él solo, o con su esposa, fue presentado por su propio maestro. Entonces coloca su equipo y el del novato—junto con ofrendas de copal, flores, agua, azúcar y candelas— ante el fogón semicircular de alfarería (fig. 13). Ahora reza así como rezaba cuando visitaba este altar cada día 8 antes de la iniciación, cuando pedía permiso para presentar a su novato. Habla directamente al Señor 8 B'atz', así como también a todos los miembros difuntos de su patrilinaje que se presentaron en este fogón, al seguir prendiendo sus ofrendas. La ceremonia es completada por un cantor (el mismo que el maestro empleó durante el período de los permisos), quien recita oraciones elegantes en k'iche', la liturgia latina, y una lista larga de todos los sacerdotes vivos y muertos conocidos dentro del patrilinaje del maestro (no se mencionan los *ajq'ij* vivos en las oraciones en ninguna otra ocasión). El maestro cierra la ceremonia en Ch'uti Sab'al girando de derecha a izquierda primero su propio fajo y luego el del novato, entre los últimos resoplidos del humo del copal. Entonces besa los fajos y los junta en su morral.

Ahora el maestro y su esposa, el discípulo, y el cantor salen para el altar bajo, Paja', que era el lugar visitado cada día 1 del período de permisos antes de la iniciación (fig. 14). Allí, presentan al novato en el fogón del linaje del maestro con básicamente las mismas oraciones y ceremonias que se usaron en Ch'uti Sab'al excepto que no utilizan fragmentos de cerámica, recipientes de agua, o ramas de pino. Al terminar el cantor, el maestro cierra su oración final con las palabras, *Jachtajik rech nuchaq nupatan, nub'araj nupunto chiwäch la Mundo*, 'Mi trabajo mi servicio, mi mezclar mi apuntar se han entregado ante tí, Mundo'. Entonces gira su fajo sagrado entre el humo del copal, lo besa, y lo mete en su morral. Ahora, por primera vez, el novato debe coger su propio fajo sagrado, diciendo, *Kink'amo wa' nuchaq nupatan, nub'araj nupunto*, 'Recibo este mi trabajo mi servicio, mi mezclar mi apuntar', gira el fajo entre el humo del copal, lo besa y lo mete en su morral.

Ahora el maestro y el discípulo caminan al centro de pueblo; afuera de la iglesia católica cada uno compra tres candelas votivas. Entonces entran en la iglesia y caminan por el lado derecho al altar alto, donde ponen la primera candela sobre la baranda. Rezan en voz alta y anuncian que la iniciación se ha verificado: *Xinpechinaj cho ri Mundo Paja', Mundo Ch'uti Sab'al*, 'Llegué

12. Día 8 en Ch'uti Sab'al, el altar del día 8.

ante la Montaña de Paja', la Montaña de Ch'uti Sab'al'. Luego cruzan al lado izquierdo de la iglesia, donde cada uno pone una candela para el Santo Patrono Santiago y para San Antonio Pologuá, al informarles brevemente de la iniciación. De último, pasan por un banco cerca del centro de la nave, donde los antepasados están sepultados debajo del piso, y formalmente los notifican de la iniciación.

Más tarde, después de beber socialmente en el centro de pueblo con los otros maestros y sus discípulos de todas partes, el maestro y su discípulo se juntan a fin de contar el tiempo juntos, y por primera vez usan el equipo oficial del iniciado. Antes de comenzar, rezan a los Señores de los Días, Tiox, el Mundo, y Nantat, agradeciéndoles formalmente sus bendiciones durante la capacitación y la iniciación. Entonces ruegan que se perdonen cualquier equivocación en la lengua o en el desempeño del maestro, del novato, o del cantor durante las ceremonias de los días 7 Tz'i' y 8 B'atz'. Finalmente, piden que estas deidades devuelvan los gastos económicos incurridos por el iniciado durante la capacitación (ver el apéndice B).

13. Fogón único en Ch'uti Sab'al, con una acumulación de tres metros de fragmentos de cerámica de celebraciones anteriores del 8 B'atz'.

Al día siguiente, 9 E, el iniciado y su maestro se encuentran nuevamente al alba y visitan Nima Sab'al, el altar del día 9, donde vuelven a presentar al iniciado al altar específico donde hará ofrendas en el futuro. En este caso, visitará Nima Sab'al cuatro días 9 consecutivos: 9 E, 9 Kan, 9 Tijax y 9 B'atz'. Este período de 40 días después de 8 B'atz' se considera «muy delicado», porque el «matrimonio» espiritual del nuevo *ajq'ij* y su equipo para contar el tiempo no se completa hasta que el maestro y el novato lleguen juntos a Nima Sab'al el día 9 B'atz', lo que indica el final de la capacitación. En los períodos de 260 días futuros, el iniciado terminará sus visitas a Nima Sab'al el día 9 B'atz', porque el resto de los días 9–de 9 K'at a 9 Toj–se reservan específicamente para las visitas de los sacerdotes mayas o de los madres-padres (fig. 15).

Después de 9 B'atz', el iniciado se considera sacerdote cabal o *ajq'ij* y puede comenzar a ejercer su profesión. De allí en adelante, no puede negarle a ninguna persona que le pida una cuenta del tiempo con respecto al significado

14. Fogón único en Paja', con ofrendas de copal y de flores.

de un sueño, sin cobrar, o aceptar pacientes y clientes en una escala corrediza de honorarios de Q.0.10 a Q.5.00 para consultas con respecto a los problemas familiares, las enfermedades, las defunciones, los matrimonios o los nacimientos. El nuevo sacerdote también debe visitar y hacer ofrendas—para sí mismo, para sus familiares y para sus clientes—cada día 1 y 8, de 1 y 8 Kej a 1 y 8 Toj, en los altares específicos en Paja' y Ch'uti Sab'al donde fue presentado el día 8 B'atz', así como también cada día 9 de 9 E a 9 B'atz' en Nima Sab'al.

Durante un período posterior de 260 días, el *ajq'ij* puede recibir entrenamiento adicional con respecto a *waqib'al*, el altar del día 6. Éste se ubica en Paklom, un cerro en el centro del pueblo; es el *k'ux*, 'corazón', o centro del mundo momosteco (fig. 16), espiritualmente conectado con los cuatro cerros interiores de las cuatro direcciones o esquinas, cada uno ubicado dentro de un radio de unos 3 km. Después de la presentación en Paklom y en estos cuatro cerros interiores, las obligaciones ceremoniales del *ajq'ij* se amplían para incluir ofrendas en Paklom todos los días 6, de 6 Kej a 6 Toj, así como

15. Algunos fogones en Nima Sab'al, el altar del día 9.

también en los altares de las esquinas interiores: Paturas (este) el día 8 Kej, Ch'uti Sab'al (oeste) el día 8 Junajpu, Chuwi Aqan (sur) el día 8 Aj, y Kaqb'ach'uy (norte) el día 8 Kame (mapa 2).

Más allá del conocimiento general de la cuenta del tiempo y de los ciclos de las visitas a los altares, el *ajq'ij* puede buscar entrenamiento en una o más de cinco áreas especializadas, la de comadrona *(iyom)*, la de huesero *(wiqol b'aq)*, la de cantor *(ajb'ix)*, la de casamentero (*k'amal b'e*, 'guía del camino'), y la de espiritista (*ajnawal mesa*, 'el que trabaja con la esencia espiritual de la mesa'). Cada una de estas especialidades requiere una iniciación adicional por miembros del grupo específico de colegas; en otras palabras, las parteras inician a las parteras, etc. Cada de estos cinco grupos cuentan con cien a doscientos miembros; la única imbricación en sus membrecías respectivas es de unos cuantos hueseros y comadronas, que también son espiritistas iniciados.

Solamente las mujeres ejercen el oficio de comadrona; todos los hueseros son hombres. La capacitación y la practica en ambos casos combina habilidades ceremoniales y médicas. Los oficios de casamentero y cantor los ejercen

16. Cuatro fogones sobre Paklom, el altar del día 6 en el centro del mundo.

únicamente hombres, aunque no hay una prohibición específica contra las mujeres. Ambos oficios requieren gran pericia en habilidades verbales. El cantor tiene que recordar horas de liturgia latina y oraciones complejas en k'iche', así como también listas de los nombres de los parientes de sus clientes. El casamentero puede recitar horas de oratoria formal para pedir que una mujer y su familia acepten un pretendiente y para finalizar las nupcias en caso de éxito. Estas dos especialidades pagan tan bien que permiten que un profesional especialmente exitoso pueda mantener a su familia de los ingresos (fig. 17).

El oficio de espiritista, *ajnawal mesa*, a diferencia de las otras especialidades, se considera muy peligroso. Estas personas conducen sesiones de espiritismo a medianoche en cuartos totalmente oscuros, durante las cuales los ancestros y las montañas sagradas *(mundos)* llegan y hablan a través de ellos. Generalmente se cree que envían enfermedades y hasta la muerte a sus enemigos y a los enemigos de sus clientes y así muchos momostecos creen que son *aj'itz*, 'brujos'. A la vez, son muy respetados y frecuentemente son elegidos como sacerdotes del linaje o del cantón así como también líderes civiles. El puesto de jefe, *ilol*

17. Cinco contadores del tiempo momostecos, de izquierda a derecha: una comadrona; su esposo, el jefe de la Auxiliatura (en 1979); el jefe anterior (sacerdote del linaje y huesero) inclinándose enfrente de él; un casamentero (con sombrero); y un cantor.

qatinimit, de la Auxiliatura tiende a darse al espiritista cada tercer mandato.

El reclutamiento, la capacitación, la iniciación y la práctica de un madre-padre

Un *ajq'ij* llega a ser el primer «madre-padre» o primer sacerdote de su propio patrilinaje como resultado de una cuenta del tiempo celebrada por lo menos un año, o quizás dos años, después de la muerte de su predecesor. Una serie de sueños perturbadores, enfermedades, y otros percances pueden haber ocurrido en el linaje. Además, uno de los *ajq'ij* varones del linaje puede haber tenido un sueño de vocación como el siguiente:

Había dos mujeres al otro lado del barranco hondo que nos separaba. Yo estaba de un lado, y ellas del otro, y se reían de mí. Quise pasar al otro lado pero no pude a causa del barranco. Unos cuantos días después se reunió el patrilinaje. «¿Qué vamos a hacer? Nos está arruinando el altar de fundación. «Muy bien, vamos a buscar alguien que se encargue de esto». Y cuando llegó la hora, yo tuve que hacerlo. Yo sabía que el anuncio ya había venido, pero no sabía qué era. Yo había dicho que sería algún servicio: una mujer significa el altar de fundación, o los tz'ites, o servicio en el ejército o en el gobierno.

En este caso, los tres sacerdotes mayas de los linajes vecinos inmediatamente acordaron en que tenían la persona indicada, y lo aceptaron de novato. Pero si nadie en el linaje hubiera tenido un indicio tan claro, los sacerdotes mayas habrían presagiado simultáneamente, nombrando a cada *ajq'ij* varón en el linaje en orden de antigüedad hasta que la cuenta de los tz'ites convergiera en algunos de los días en que se celebran las ceremonias principales del linaje: Aq'abal, Kame, Kej, Q'anil, E, Aj, I'x, Tz'ikin, o Ajmaq. Entonces se habrían puesto de acuerdo sobre el candidato así indicado, si el relámpago de sangre hubiera confirmado unánimemente la selección.

Entonces un sacerdote de uno de los linajes vecinos comenzará los permisos y la capacitación del sacerdote novato, *ëkomal rech awas*, 'carga del pecado'. Los permisos, que se llaman *chajb'al awas*, 'lavar el pecado', incluyen quitar todas las cenizas de copal del altar del linaje y lavar los fragmentos de cerámica, así como también horas de oraciones y montones de ofrendas. Los días específicos de permiso son los mismos que los que usaron para la capacitación de un *ajq'ij*, con los días 1 para los altares del linaje del lugar del agua, *uja'l*, ubicados sobre las tierras del linaje cerca de los lugares de filtración y de los manantiales, y los días 8 para los *ujuyub'al*, los altares de linaje, ubicados en unas lomas empinadas de las montañas. Modelos analógicos se siguen para el nuevo sacerdote de un cantón, quien es seleccionado y entrenado por el sacerdote de un cantón vecino, y para el sacerdote del pueblo, quien es seleccionado después de la muerte de su predecesor por los sacerdotes de los cantones y entonces entrenado por uno de ellos.

Los deberes religiosos del sacerdote del linaje incluyen la obligación de hacer visitas periódicas a los altares donde recibieron sus oficios de *chak patan* y *b'araj punto* por primera vez. Las visitas obligatorias a Paja' se extienden en una serie de 1 Kej a 1 Toj, los a Ch'uti Sab'al de 8 Kej a 8 Toj, y los a Nima Sab'al de 9 Kej a 9 Toj (fig. 18). Además, algunos visitan el altar de Paklom una serie de días 6. Cada visita sigue el mismo plan general como el que se describió arriba para los permisos: se ofrecen oraciones y las ofrendas se dan en nombre del sacerdote, su familia, y cualquier paciente o cliente quien le pueda haber pedido rezar por su salud y por sus negocios.

Los sacerdotes mayas también visitan los altares tanto públicos como los de los linajes en días específicos a fin de conmemorar nacimientos, casamientos, defunciones, siembras, y cosechas dentro del linaje. Los lugares de los linajes idealmente consisten en nueve *awexib'al tikb'al*, 'lugares para sembrar, lugares para plantar'. Se dividen en tres grupos diferentes: el *warab'alja*, 'dormitorio [cama o fundación] de la casa', que consiste en cuatro lugares separados dedicados al crecimiento animal y humano, a la salud y a la prosperidad; el *winel*, con tres altares para el éxito agrícola; y el *meb'il*, con dos altares para el éxito económico y comercial.

Los cuatro altares de fundación se dividen en dos pares. Un par se llama *warab'alja rech winaq*, 'fundación de la gente', y se conoce también como 6 E, 7 Aj, 8 I'x (porque éstos son los días más importantes para hacer ofrendas allí); se dedica a la salud y a la prosperidad de los miembros humanos del linaje (fig. 19). Un miembro del par, el lugar del agua, está cerca de un lugar de filtración o manantial en un hueco o valle, y el otro, el altar de la montaña, se ubica en la cima de un cerro o de una montaña. En los mismos dos lugares hay un par de altares que se conocen como *warab'alja rech awaj*, 'fundación de los animales', también llamado 4 E, 5 Aj, 6 I'x (según los días principales de su uso ceremonial). Está dedicado a la salud de todo los marranos, los pollos, los chompipes, los patos, las vacas, los caballos, y los otros animales domésticos que un linaje pueda tener.

Cada 260 días, cuando el sacerdote del linaje abre estos altares de fundación, específicamente suplica que no les pase nada a las casas, ni a los habitantes ni a los animales de su linaje. Durante su oración, enumera una lista de desastres posibles, pidiendo que no vengan: *mä k'o ta relámpago, mä ko ta ja', mä k'o ta jul, mä k'o ta siwan, mä k'o ta q'aq'*, 'que no haya relámpago, que no haya agua [inundación], que no haya hoyo, que no haya barranco [derrumbe que pueda botar la casa al barranco], que no haya incendio'. También agradece que ninguna casa, ningún familiar y ningún animal de su patrilinaje se dañó durante los últimos nueve meses. Si algo malo sucedió, dará parte del hecho y pedirá que ya no suceda nada más. Como un sacerdote maya me lo explicó, «Estos altares son como un libro donde se apunta todo—todos los nacimientos, los casamientos, las defunciones, los éxitos y los fracasos».

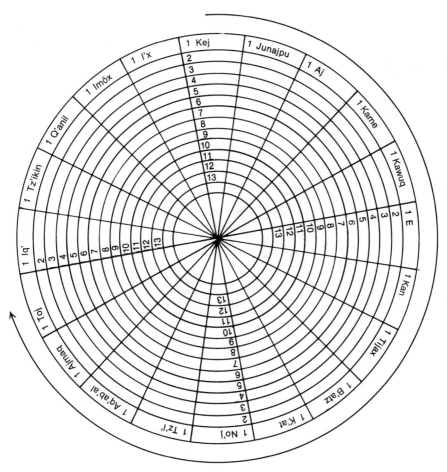

18. El *cholq'ij* arreglado por número

Cuando una mujer del patrilinaje está embarazada, el sacerdote del linaje va un día Kej de número bajo, primero al altar de fundación bajo y entonces al alto, a fin de avisar a los antepasados de este suceso y metafóricamente para sembrar, *awex,* o para plantar, *tikon,* el niño dentro de la familia. Después, cuando nace el niño, va nuevamente a fin de dar gracias por este nuevo miembro del linaje. Los días principales de la fundación de la gente—6 E, 7 Aj, 8 I'x— da gracias colectivamente por todos los bebés nacidos de su linaje durante los últimos 260 días.

19. Altar de fundación de linaje.

Los tres altares *winel* de un patrilinaje, también llamados 7 Kej, 8 Q'anil, están todos ubicados en las milpas o en sus bordes. Consisten en un *uja'l*, 'lugar de agua' bajo, un *ujuyub'al*, 'lugar de montaña' alto, y un *uk'ux*, 'centro', también conocido en español como *sacramenta*. En estos lugares, el sacerdote pide (y luego agradece) la abundancia de todos los árboles frutales y de las cosechas de la milpa. Esto se hace cada día 7 Kej y 8 Q'anil, así como el Kej y el Q'anil más próximo antes de cada siembra y después de cada cosecha, excepto que el *uk'ux* o *sacramenta* se usa únicamente al tiempo de la cosecha. Un día Kej inmediatamente después de la cosecha, el sacerdote lleva unas cargas de caña de maíz en los brazos de cada una de las casas de su patrilinaje, así como también una colección de maíz manchado, insectos, y las otras pestes del maíz, y arregla éstos alrededor del altar para mostrarles a Tiox, al Mundo, y a Nantat que el linaje ya ha cosechado y que hubo problemas con la cosecha. De cada casa también toma cuatro mazorcas—una de 'cara amarilla', *q'an wäch*, una de 'cara blanca', *saq wäch*, una de 'cara azul', *rax wäch* y una de 'maíz pinto', *xolo'b'*— y los sostiene sobre su fuego de ofrenda para bendecirlas. Después de hacer esto, cada familia coloca sus cuatro mazorcas en el centro de su propia cosecha a fin de alentar la cosecha a abundar aun mientras está en el troje.

El *meb'il* del linaje, también llamado 7 I'x, 8 Tz'ikin, y *uk'ux pwaq*, 'corazón del dinero', consiste en dos partes. La parte alta está adentro de la casa del sacerdote del linaje, y la parte baja está afuera, cerca de los altares de fundación bajos. El sacerdote primero quema copal en el altar alto, luego lo saca para depositarlo en el altar bajo; pide una abundancia de plata o dinero *(pwaq)* para su linaje. Sobre una mesa en el lugar alto, guarda una cajita de madera llena de objetos que él y los otros miembros de su patrilinaje han encontrado mientras trabajaban en la milpa o caminaban por algún lado: fragmentos de cerámica, figurines de piedra, cabezas de hacha, monedas extranjeras o antiguas, y concreciones de piedra en la forma de animales, vegetales y frutas. Estos objetos se quitan solamente una vez cada 260 días, el día 7 I'x, y se dejan fuera sobre la mesa durante la noche. Al agregarse más artículos, la caja se reemplaza con una más grande, idealmente sólo de un tamaño suficiente para contener todo lo que ya se ha acumulado. A diferencia de los casos de los altares de fundación y *winel*, las familias individuales dentro de un patrilinaje pueden tener sus propios *meb'il*, pero únicamente la parte del interior de la casa..

A veces los altares del linaje se ubican sobre las tierras del linaje que actualmente son de su propiedad, pero otras veces pueden estar ubicados en tierras reclamadas por otro linaje o en tierra abandonada. Los altares pueden estar hasta 6 ó 9 km de distancia de cierto segmento del linaje, tal vez en un cantón diferente de donde viven actualmente sus miembros. Sin embargo, los altares suelen estar más cerca que 2 km y se ubican en los terrenos del linaje o cerca de ellos. A algunos linajes les falta el complemento completo de nueve altares; hay otros que tienen más de nueve por haber adquirido tierras que eran poseídas anteriormente por otros linajes o por medio del descubrimiento de altares olvidados de antigüedad desconocida. Si un linaje descuida u olvida cualquiera de los altares de sus tierras, esos altares pueden tener hambre de ofrendas y causar enfermedades y la muerte o invasiones de las milpas y las casas por los animales del Mundo (como el coyote). Pueden llamar a tres o cuatro sacerdotes mayas de linajes vecinos a ayudar a encontrar algún altar descuidado. Hacen esto por medio de cristales, mirando una pequeña luz amarilla oscilante dentro de un cristal al estar en el área de un supuesto altar. Cuando esta luz repentinamente sube a la derecha o a la izquierda, indica la ubicación exacta del altar abandonado (fig. 20).

Los altares de los patrilinajes en parte se duplican al nivel tanto de cantón como de pueblo, de modo que los catorce sacerdotes de los cantones y los dos del pueblo presentan oraciones y ceremonias similares muchos de los mismos días. Por ejemplo, los días 6 E, 7 Aj y 8 I'x, el sacerdote del pueblo de Los Cipreses quema copal y reza en el altar de fundación bajo del pueblo, ubicado en la plaza junto a las oficinas de la Auxiliatura (dentro de una sala cerrada con llave donde únicamente él puede entrar), y en el altar alto, ubicado en Paklom, el cerro en el centro del pueblo. En ambos lugares, dedica sus ofrendas específicamente a los antepasados que eran los líderes religiosos y políticos de Momostenango durante el período colonial, así como también los alcaldes y los administradores municipales más recientemente difuntos. Esos mismos días, el sacerdote de Pueblo Viejo celebra las mismos ceremonias en los altares de fundación ubicados detrás de la iglesia y en un pequeño cerro cercano, en Pueblo Viejo, el centro antiguo del pueblo. Los dos rezan por el bienestar, la salud y la prosperidad de todos los momostecos.

No hay *winel* para el pueblo, pero hay un *meb'il*, ubicado en el Sierra de los Cuchumatanes (40 km al norte). El sacerdote maya de Pueblo Viejo visita este altar cada día 8 Kej y 9 Q'anil. La parte superior se ubica en la basílica de Chiantla y la parte inferior en Minas, al pie de los Cuchumatanes.

El sacerdote maya del pueblo de Los Cipreses hace una peregrinación de 40 días con cuatro escalas, que lo lleva a cada de una de las montañas de las cuatro direcciones, ubicadas en los límites del municipio o cerca (véase el mapa 2). Primero, el día 11 Kej, visita Kilaja', montaña del este; trece días más tarde, el día 11 Junajpu, visita Sokob', montaña del oeste; después de otros trece días, el día 11 Aj, visita Tamanku, montaña de las «cuatro esquinas del cielo», *kajxukut kaj*, o sea, el sur; finalmente, trece días más tarde, el día 11 Kame, visita Pipil, montaña de las «cuatro esquinas de la tierra», *kajxukut ulew*, o sea, el norte. Este circuito sagrado se llama *awexib'al tikb'al,* 'siembra y plantación' del pueblo y *chak'alik*, 'estabilización' del pueblo. El término k'iche' *chak'alik*, que en el uso cotidiano se refiere a la colocación firme de algo sobre cuatro patas (de una mesa o de un animal) o sobre cuatro ruedas, aquí se refiere a la colocación firme del pueblo dentro de sus cuatro montañas, de modo que no tambalée o vuelque durante una revolución, terremoto, derrumbe, u otro catástrofe. Durante sus visitas a las montañas, el sacerdote del pueblo se dirige a los Señores de los Días, a los Antepasados, Tiox, y el Mundo, pidiendo salud, suficiente lluvia, y protección de relámpagos, inundaciones, granizo, terremotos, derrumbes e incendios.

20. Altar de fundación de linaje abandonado.

El contexto k'iche'ano más amplio

La documentación de los otros pueblos k'iche's nos deja en lo incierto con respecto hasta qué punto la jerarquía sacerdotal de Momostenango representa un modelo k'iche'ano más general. Hay mucha información sobre los especialistas llamados *chuchqajaw* o *ajq'ij* y que hacen la cuenta del tiempo con tz'ites, pero hay desacuerdo con respecto a su naturaleza chamánica o sacerdotal. Bunzel (1981:357, 193-194) afirma que los *chuchqajawib'* de Chichicastenango ni tienen «dones especiales» ni ninguna relación especial con lo sobrenatural. En efecto dice (en términos culturales) que ellos no son chamanes ni sacerdotes. Pero en otra parte de este mismo trabajo, dice que tienen el mismo don chamánico que los contadores del tiempo de Momostenango: son los «dueños de la sangre» y tienen «sensaciones indescriptibles en las venas de los brazos» En sus apuntes sobre Chichicastenango, Tax (1947:386-399) identifica a estos mismos profesionales

21. Altar en Turukaj en Chichicastenango; nótese la imagen de piedra entre los tallos de las flores.

como chamanes, y lo único que dice de su papel sacerdotal es que sus «deberes» incluyen rezar. Por otra parte, Rodas, Rodas y Hawkins (1940:68) los llaman sacerdotes a base de su oficio de mediadores entre la gente lega y lo sobrenatural. Schultze Jena (1954) describe varios papeles mediadores, pero evita el problema sacerdote/chamán al usar coherentemente el término «contador del tiempo». Puesto que trabajó en Chichicastenango y también en Momostenango pero informó sobre la existencia de un altar «familiar» (*guarabaljá* en su transcripción) únicamente con respecto a éste, puede que buscó altares similares en Chichicastenango y no los pudo encontrar. Aunque no descubrió ni el patrilinaje ni el término *alaxik* en Momostenango, dio parte del uso de esta palabra (*alxik* en su transcripción) en Chichicastenango, donde le dijeron que se refería a los figurines de piedra guardados en los fajos sagrados de ese pueblo. Permanece un misterio con respecto a si estos figurines (o sus propietarios) tienen alguna conexión con las ceremonias de linaje, pero Carmack (1971:139)

22. Sacerdote en un altar de lugar de agua de linaje en Chinique.

nos informa que la organización del linaje es una parte importante de cultura rural en Chichicastenango.

Si hay o no hay sacerdotes mayas en Chichicastenango que actúan en nombre del linaje, del cantón, o del pueblo, de todos modos hay contadores del tiempo que sirven de mediadores y son sacerdotes en ese sentido. Acompañado por un sacerdote maya de Momostenango, visité Turukaj, el altar mejor conocido de Chichicastenango, y puedo afirmar que únicamente la gente local que tiene los *b'araj* puede presentar ofrendas allí, actuando en nombre de los que no pueden (fig. 21).

En San Cristóbal Totonicapán, una comunidad k'iche' al sur de Momostenango, hay casas con un *meb'il* adentro. Además, he visto ejemplos de *uk'ux* o *sacramenta*, la porción central del *winel*, en las milpas allí. De todos modos, si los contadores del tiempo de este pueblo se organizan en una jerarquía completa o no, la existencia de estos altares sugiere actividades sacerdotales al nivel de linaje. En Chinique, al este de Chichicastenango, no hay jerarquía formal, pero el *ajq'ij* más destacado local ha emparejado altares de «lugar de agua» y «lugar de montaña» en su propia tierra, donde reza y hace ofrendas no solamente por su propia casa sino también por las casas de todos sus hermanos. Una vez al año, en estos mismos altares, da ofrendas en nombre de los que visitan de todas partes del municipio; ladinos locales figuran entre los que contribuyen a estas ofrendas (fig. 22).

En el *Popol Wuj*, la cuenta del tiempo con tz'ites es celebrada por las deidades Xpiakok y Xmukane, que se llaman, entre otras cosas, *ajq'ij,* , así como los contadores del tiempo actuales.[7] También usan la metáfora *ixim*, 'granos de maíz', para referirse a los tz'ites, así como hacen los contadores del tiempo momostecos. Además, ellos son esposos, lo que recuerda el ideal momosteco que los dos esposos deben ser contadores del tiempo.[8] Uno de sus epítetos es *ajraxa laq, ajraxa tzel*, 'el del plato azul-verde, el de la escudilla azul-verde',[9] que sugiere el *laq*, 'plato' y la taza que son lavados para los contadores del tiempo novatos momostecos por los sacerdotes mayas del linaje. La conexión de Xpiakok y Xmukane con las ceremonias de linaje es confirmado por la historia de sus dos hijos, que llegan a ser los primeros antepasados patrilineales a venerarse en el *Popol Wuj*.[10]

•••

EL CALENDARIO

Durante la época precolombina, las civilizaciones de Mesoamérica utilizaron un calendario intrincado que consiste en ciclos tanto civiles, o solares, como sagrados, o adivinatorios; éstos se combinaban para producir la llamada «ronda calendárica» de los mayas. El año civil, llamado *haab* por los mayas de Yucatán y *masewal q'ij*, 'días comunes' por los k'iche's, era un calendario solar de 365 días que contiene 18 meses de 20 días con 5 días adicionales (Morley 1946:269; Carmack 1973:160). Al calendario sagrado generalmente se le refiera en la documentación por la palabra yukateka inventada *tzolkin*,[1] (en k'iche' *cholq'ij*); no estaba dividido en meses sino era una sucesión de designaciones de los días creada por la combinación de un número del 1 al 13 con uno de los veinte nombres posibles. Los veinte nombres a los cuales se les ponían por delante los números consecutivos se muestran en maya yukateko y en maya k'iche', en el cuadro 2. Puesto que el 13 y el 20 no tienen factor común, este proceso crea 260 combinaciones diferentes de número y nombre (fig. 23).

Los dos ciclos, uno que dura 365 días y el otro 260 días, se enlazan para producir la Ronda del Calendario. Según este calendario combinado, el primer día del primer mes del calendario solar, llamado el Mam en varios idiomas mayas del Altiplano, a quien generalmente se le refiere como el Cargador del Año en la literatura sobre los mayas de tierra baja, puede ocurrir solamente en 52 (4 x 13) días posibles del *cholq'ij*. Las razones matemáticas son como se indica a continuación: un ciclo determinado de 365 días acomodará 28 ciclos completos de 13 días cada uno, pero 13 x 28 = 364, y deja un día extra; esto significa que el *número* del día que termina el año solar será igual al número del día que lo comenzó, y que cada año el número de día que principia el nuevo año solar avanzará un día en el ciclo de 13 días numerados; vuelve a 1 después de que 13 ha pasado. Con respecto al nombre del día, el año solar acomoda 18 ciclos de 20 días cada uno; 18 x 20 = 360, y deja 5 días extras. El resultado es que el *nombre* del día que comienza el siguiente ciclo solar avanzará cinco lugares en el ciclo de 20 nombres cada año. Puesto que 20 entre 5 son 4, significa que únicamente 4 de los nombres, igualmente espaciados en el ciclo de 20, pueden comenzar un año solar. En Yucatán, durante el Período Clásico, los 4 días eran Ik, Manik, Eb, y Caban, mientras que entre los k'iche's, las mismas posiciones eran ocupados por Iq', Kej, E y No'j. Sin embargo, en cierto punto del Período Postclásico, los Cargadores del Año yukatekos avanzaron dos posiciones, de modo que en vez de comenzar con Ik, Manik, Eb, o Caban, el año comenzó con Kan, Muluc, Ix, o Cauac (Morley 1946:301).

Cuadro 2. Los Veinte Días

Números	Nombres	
	Maya Yukateko	**Maya K'iche'**
1	Ik	Iq'
2	Akbal	Aq'abal
3	Kan	K'at
4	Chicchan	Kan
5	Cimi	Kame
6	Manik	Kej
7	Lamat	Q'anil
8	Muluc	Toj
9	Oc	Tz'i'
10	Chuen	B'atz'
11	Eb	E
12	Ben	Aj
13	Ix	I'x
1	Men	Tz'ikin
2	Cib	Ajmaq
3	Caban	No'j
4	Eznab	Tijax
5	Cauac	Kawuq
6	Ahau	Junajpu
7	Imix	Imöx

El registro más antiguo de una seña del día del calendario con un coeficiente numérico, probablemente parte de un ciclo de 260 días, viene del período de Monte Albán I en al altiplano de Oaxaca con una fecha aproximadamente de 600 A.E.C. (Caso 1965:931). Se discute la ubicación geográfica del calendario original, y hay evidencia para un origen tanto en tierra alta como en tierra baja.[2] Pero se ha alegado, del hecho que varios nombres de los días conocidos de los calendarios totalmente documentados se refieren a una fauna no encontrada en el altiplano de México ni en el de Guatemala, que el calendario debe tener su origen en tierra baja. Es innegable que los monos, los cocodrilos y los jaguares (las interpretaciones lingüísticas e iconográficas más comunes de tres de los

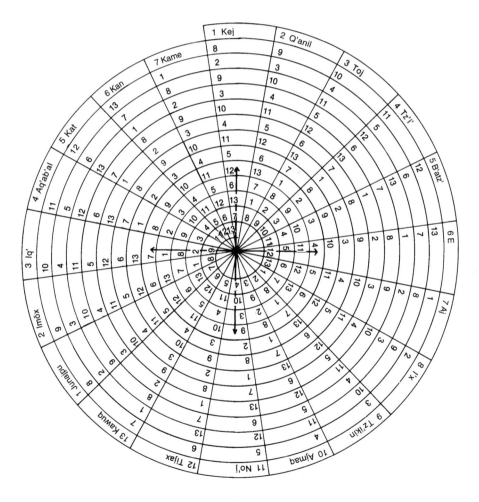

23. El *cholq'ij*

veinte nombres de los días) no viven actualmente en el altiplano de México ni de Guatemala. Sin embargo, en el caso de los jaguares, por lo menos, es una situación relativamente nueva ocasionada por la ocupación humana masiva del altiplano. Además, no hay ninguna razón por qué los conocimientos de la fauna de los que originaron el calendario hubieran sido exclusivamente del altiplano o exclusivamente de tierra baja; varias comunidades lingüísticas modernas centradas en las áreas del altiplano, incluyendo los k'iche's, ocupan territorios que incluyen una parte de tierra baja, aun dentro del territorio de un solo municipio.

Después de la invasión española, gran parte del sistema calendárico maya se mantenía clandestinamente durante toda la época colonial. En algunas áreas, parece que el saber calendárico se mantenía principalmente sobre una base estrictamente oral mientras en otras, se mantenía con la ayuda de las ruedas escritas de calendario, quizás modeladas según las ruedas calendáricas encontradas en los códices o quizás según los símbolos del la cruz picoteada y del círculo encontrados en muchos sitios arqueológicos de Mesoamérica. Hoy, este sistema calendárico, o partes del sistema, existen en muchas comunidades de Veracruz, Oaxaca y Chiapas, así como también por todo el altiplano guatemalteco. Miles (1952) informó sobre ochenta y siete comunidades en estas áreas que se sabe retienen los calendarios indígenas; de éstas, ochenta y dos se describieron con bastantes detalles para los propósitos de su análisis. Pudo dividir setenta y ocho de los ochenta y dos en tres tipos estructurales: los que tienen únicamente el ciclo de 260 días, los que tienen únicamente el ciclo de 365 días, y los que combinaban ambos ciclos.

En el altiplano guatemalteco, hay treinta y cuatro pueblos ixiles, mames y poqomchi'es que han conservado el ciclo de 365 días con dieciocho meses de 20 días nombrados y un período final de 5 días, el ciclo de 260 días con sus 20 nombres y 13 números, y el sistema de los Cargadores del Año que vincula estos dos ciclos. Sin embargo, Miles notó que siete de estos pueblos no tienen ceremonias ni privadas ni públicas para el Cargador del Año, sino que en sus calendarios se incluyen los Cargadores del Año de una manera automática sin celebración de ceremonia alguna. También, treinta y uno de estos calendarios han perdido los nombres de los meses. Un segundo tipo de calendario, encontrado en veintiuna comunidades de Oaxaca, Veracruz y Chiapas, retiene el año de 360 días con dieciocho meses nombrados y el período final de 5 días, pero han perdido los nombres de los 20 días y los 13 números de la cuenta sagrada. En

1969, Gossen (1974) hizo el descubrimiento importante de una representación gráfica de este tipo de calendario en forma de un cuadrado rectangular marcado en uso en la comunidad tzotzil de Chamula. El tercer tipo de calendario ocurre en veintitrés comunidades del altiplano meso-occidental guatemalteco que incluye únicamente la cuenta de los 260 días, calculado sin respecto al año solar. Miles mencionó Momostenango, así como también otras comunidades k'iche's que son conocidas por tener el *cholq'ij* bajo este último tipo; pero se equivocó. Momostenango y Santa María Chiquimula comparten con la comunidades ixiles, mames y poqomchi'es los Cargadores del Año del año solar maya clásico: Kej, E, No'j e Iq' (Lincoln 1942:121). Las investigaciones futuras probablemente ampliarán la lista de comunidades k'iche's conocidas por tener este aspecto en sus calendarios.

El *cholq'ij*

La cuestión de cómo y por qué se eligió un período de 260 días para el ciclo sagrado se disputa mucho. Algunas respuestas comunes son: (1) que este ciclo fue creado simplemente por una permutación de sus subciclos 13 y 20, porque los dos son números importantes en el pensamiento mesoamericano (Thompson 1950:99); (2) que el período de 260 días es el intervalo entre los tránsitos cenitales del sol cerca de la latitud 15^0 Norte (Nuttall 1928; Apenes 1936; Larsen 1936; Merrill 1945:307); (3) que un *cholq'ij* doble (520 días) equivalía a tres medios años de eclipse (Thompson 1954:173); y (4) que los 260 días equivalían a nueve lunaciones, al consistir cada una en un poco menos de 29 días—o el mismo número de meses que dura el embarazo de una mujer (Bowditch 1910:267; Schultze Jena 1954:75). Thompson (1950:98) específicamente atacó este punto de vista, al encontrar que no era «una explicación muy feliz, porque no hay ninguna razón lógica para considerar el período de embarazo al establecer un almanaque adivinatorio». No obstante, los momostecos así como también los maxeños (la gente de Chichicastenango) explícitamente consideran el período de gestación humana como una explicación para el ciclo de 260 días, mientras que las explicaciones numerológicas y astronómicas del ciclo son especulaciones sin el apoyo directo de evidencia arqueológica, etnohistórica o etnográfica. Además, como el capítulo siguiente muestra claramente, un modelo humano para el *cholq'ij* es bastante consistente con la conexión explícita en el sistema sagrado más grande, entre el cosmos externo y el microcosmos humano interno. Una segunda controversia importante acerca del *cholq'ij* se relaciona con el día inicial del ciclo. Las listas para el centro de México de los veinte nombres de los días comúnmente comienzan con Cipactli (equivalente a Imöx en k'iche' e Imix en yukateko), pero la situación maya es menos clara.[4] Morley (1915:42) notó que «puesto que la sucesión de los nombres de los veinte días era continua, es obvio que no tuvo no principio ni fin, como un borde de una rueda: por consiguiente, cualquier nombre de día puede elegirse arbitrariamente como el punto de partida».[5] Por contraste, Thompson (1950:101) afirmó que «no hay razón para dudar que el ciclo comenzó con el día Imix, y poca razón por no suponer que el número que lo acompañaba era el uno». Basó sus afirmaciones en la evidencia siguiente:

> El ciclo incompleto de 260 días que se extiende a través de [las páginas] 13-18 del [Códice] Madrid comienza con el día Imix, pero no se dan los números; Núñez de la Vega dice que Imox encabezaba la cuenta, y Ximénez abre sus 20 días con Imox, y lo compara con el día del Nuevo Año; La Farge . . . nota que en Santa Eulalia recibió una impresión muy fuerte que Imox encabezaba la lista (Thompson 1950:102).

Pero hay problemas con las dos fuentes guatemaltecas de Thompson, Ximénez y La Farge. Lo que Ximénez (1929-31:101) realmente dijo era que «su año comenzaba el 21 de febrero, y éste era como el día de año nuevo. Este día tiene la marca de Imöx». Su discusión subsiguiente hace bastante claro que pensaba que él hablaba del año solar, no del *cholq'ij*; éste no pudo haber tenido un primer día del año fijo que correspondiera al 21 de febrero o cualquier otra fecha solar. Después de dar el resto de los nombres de los veinte días, pasa a afirmar que después de 360 días, los siguientes 5 días no se contaban. Si éste fuera el caso, entonces cada año solar podría desde luego comenzar con Imöx, porque 360 es divisible por 20, pero de hecho es la cuenta de los dieciocho meses de 20 días que se para por 5 días al final del año solar; no la cuenta de los veinte días y los trece números. Ximénez, quien recurrió extensamente a las fuentes no guatemaltecas, aparentemente confundió el año de 365 días con el *tun*, el ciclo de 360 días de los mayas de tierra baja, que siempre comenzaba el día en tierra baja equivalente a Imöx. Un ciclo de 400 días que se conoce del altiplano guatemalteco, específicamente documentado para los kaqchikeles, comenzaba el día Aj, no Imöx (Recinos y Goetz, trads. 1953:31-32). En suma,

Ximénez se enredó tanto con sus ciclos como con sus fuentes, y un argumento que el *cholq'ij* guatemalteco comenzaba el día Imöx no puede basarse en su testimonio confuso. Aparentemente La Farge (1994:212) ha basado su «impresión fuerte que Imöx encabezaba la lista» en las fuentes escritas y no en su propia investigación etnográfica excelente:

> Creo que hay razón para concebir a los señores de los días como arreglados en una sola sucesión que comienza con Imox y que no es pura casualidad que la costumbre de enumerar estos nombres con Imox a la cabeza se nos haya transmitido de las fuentes antiguas. Un sacerdote maya que enumera los días comenzará siempre con los corrientes, pero recibí una impresión muy fuerte que Imox encabezaba la lista y que Ajaw la finalizaba.

Parece que como muchos etnógrafos, La Farge ha sentido que había fracasado en encontrar algo que el peso de erudición previa le dijo debía de estar allí. Si bien sus propios consultores comenzaban a enumerar los días con el día que compartían con él, eligió comenzar su discusión de los veinte días con Imox. Así asumió una posición «objetivista» más bien que una «intersubjetivista» y dio la prioridad a un «objeto construido», no a la práctica legítima.[6] Esta actitud contrasta con la manera en que Lincoln (1942:172) trató información similar: «Hasta donde he podido comprender, los ixiles no reconocen un punto de partida para este conteo de 260 días, pero entre los mayas de Yucatán y entre la gente de México central, los puntos de partida eran los equivalentes de 1 Imux». Tal vez los ixiles han «perdido» el sentido de un día inicial para el *cholq'ij*, o tal vez simplemente son diferentes de los mayas de Yucatán y la gente de México central. De todos modos, Lincoln decidió no seguir una trayectoria objetivista. Como él mismo explicó, como el *cholq'ij* ixil no tiene un día inicial fijo, eligió comenzar su discusión de los días el día E porque en 1939 el calendario solar comenzó el día 5 E.

Algunos etnógrafos modernos declaran haber encontrado un día inicial para el ciclo de 260 días que no es Imöx o su equivalente. Oakes (2001:154) dice que en Todos Santos, «los sacerdotes reconocen un día inicial en el uso del calendario, que siempre es «Qman E'» que, como ella notó, era el mismo que Ee de los ixiles y que Lincoln usó como su primer día. Bunzel (1981:335) también declara haber encontrado un día inicial en Chichicastenango: «Aunque los días corren en ciclos interminables, todo los calendarios antiguos principian el día 1 imux (el 1 Cipactli azteca). Sin embargo, los adivinos quichés todos principiaron todos en 1 bats, y los manuscritos de calendarios que me mostraron principiaban con este día». Así comenzó su lista de 260 días, que ella marcó «Tonalamatl Quiché», con «1 Bats». Schultze Jena (1954:29-30) informa que el *cholq'ij* principiaba con «1 Mono» (1 B'atz') en Chichicastenango y con «8 Mono» en Momostenango. Sin embargo, comienza su propia lista de los veinte días con Imöx. Goubaud (1935:7), en su artículo sobre Momostenango, también afirma que 8 B'atz' era el primer día del calendario; pero asimismo principia su discusión calendárica con Imöx. Por otra parte, Saler (1960:114, 122), quien trabajó en El Palmar (una comunidad habitada por momostecos), principia su lista de los veinte días con B'atz', aunque no nos dice por qué.

De la evidencia disponible, parece que aunque las cuentas de 260 días de los mayas de tierra baja y de los aztecas pueden haber comenzado con Imöx, no hay razón para creer que lo hacía la cuenta de los mayas del altiplano. Los datos de Girard del altiplano complican aun más el cuadro, porque afirma que hay días iniciales diferentes en diferentes comunidades k'iche's. Enumera 8 B'atz' como el primer día para Momostenango, 8 Kej para Santa María Chiquimula, y 1 B'atz' para Chichicastenango.[6] Si agregamos el hecho de que el *Calendario de los Indios de Guatemala* de 1722, recopilado en el área de Quetzaltenango, principia con 1 Kej,[7] parece que cada comunidad k'iche' tiene su propio modelo. Por otra parte, podríamos formar un hipótesis que hay únicamente 4 días primeros posibles—1 o 8 Kej, o 1 o 8 B'atz'—para todas las comunidades k'iche's. Sin embargo, mi propia experiencia en obtener varias listas de los días y después que me enseñaran el calendario formalmente, me hace dudar seriamente que cualquiera de estos 4 días pudiera decisivamente llamarse el primer día del *cholq'ij*, aun en una comunidad dada.

Cuando obtuve descripciones del calendario de varios contadores del tiempo, en las primeras etapas de mi estudio, principiaban de tres maneras diferentes. El primer método era comenzar con el día actual y luego seguir contando, discutiendo los veinte días siguientes. El segundo método era principiar con el primer día o Mam del año solar actual, por ejemplo 4 Iq' en 1977-78, y contar para adelante para incluir los veinte días (y así los nombres de los cuatro Mam posibles). El tercer método era principiar con el día más reciente que llevaba el número 1 (a donde se llegaba contando hacia atrás) y entonces contar adelante desde ese día, pasando por tres series completas de trece días cada uno y agregando un día cuadragésimo para terminar con el número 1. Parece que

Rodríguez (1971:92-94), quien también obtuvo los nombres de los días en Momostenango, ha experimentado este tercer método, porque su presentación del calendario comenzó con 1 E y continuó con tres grupos de 13 días y números. Este método de presentar el calendario es bastante efectivo porque cada uno de los nombres se repite dos veces.

Ninguno de mis consultores creía que 8 B'atz' fuera el «día inicial», aunque reconocidamente era un día muy importante del calendario. Cuando yo insistía en pedir el primer día, una persona me dijo, «Este año comenzó con 3 No'j»— es decir, con el Mam—indicando que el calendario solar de 365 días tocó el calendario ceremonial de 260 días en este día en 1976. Después, cuando me entrenaban a contar los números y los días (para atrás y para adelante) en las secuencias correctas, yo preguntaba frecuentemente cuál era el día inicial y siempre se reían de mí y me decían que no había «primer día», aunque quizás había un «día medio». El día medio mencionado por mi maestro variaba: a veces era 8 B'atz'; en otras ocasiones era 8 Kej. Realmente, 8 Kej es un día casi tan importante en Momostenango como 8 B'atz', porque un sacerdote debe llegar el día 8 Kej al altar donde presentará a un novato el próximo 8 B'atz'. Si no vive muy lejos, debe llegar también el día 1 Kej, pero este día no es absolutamente obligatorio como lo es 8 Kej. Observé que el día 8 Kej, a diferencia de cualquier otro día con la excepción de 8 B'atz', hay muchos peregrinos de las otras comunidades k'iche's que ponen docenas de puestos para vender comida para servir a los viajeros.

El período que se extiende de 1 Kej y 8 Kej (que están 20 días aparte) a 1 B'atz' y 8 B'atz' (también 20 días aparte) es un período intensivo para los permisos para las ceremonias personales y de los patrilinajes en Momostenango (véase el capítulo anterior). Bunzel (1981:334) notó que 8 Kej es un «gran día de obligación» en Chichicastenango, parecido al 8 B'atz' en Momostenango. Aunque es claro que 1 y 8 Kej y 1 y 8 B'atz' son días religiosos importantes en varias comunidades k'iche's, si no en todas, no hay razón para concluir que cierto día realmente es el «primer día» del *cholq'ij*. Entre los k'iche's, y probablemente entre los mayas del Altiplano en general, la cuestión de un día inicial para este ciclo permanece solamente teórica. Cuando yo quería sonsacarle tal día, un consultor simplemente proporcionaba el nombre de un día importante dentro del ciclo de 260 días, o hacía una petición de principio acudiendo al ciclo que tiene un día inicial, como cuando se da un Mam como respuesta. De manera similar, cuando los códices de los aztecas y de los mayas de tierra baja principian las listas de los días con Imöx, probablemente no es porque el ciclo de 260 días hubiera tenido su propio día inicial, sino a causa de la necesidad de principiar una cuenta escrita ha ocasionado el uso de un ciclo diferente. En el caso de los mayas de tierra baja, sería el *tun* de 360 días mencionado antes, que siempre comenzó un día Imöx. Así que el sentido general de Morley del ciclo sagrado como continuo, ininterrumpido permanece bastante verosímil.

Una tercera área problemática en la discusión del *cholq'ij* es la caracterización, en la documentación antropológica del pasado, de cada uno de los 20 días con un augurio «bueno» o «malo». Thompson (1950:90, 88), quien afirmó que «el calendario maya de hoy es una supervivencia triste», y que permanece únicamente su estructura rasa ya que todos los «adornos» han desaparecido, basó esta evaluación en el «desacuerdo llamativo [de hoy] relacionado a los valores de los días con respecto a la benevolencia y la malevolencia». Su ejemplo principal era la falta de acuerdo que él percibía entre las presentaciones del *cholq'ij* k'iche' de Sapper y el de Schultze Jena; en que «un día es afortunado en un pueblo k'iche' y no en otro». Sin embargo, al resumir estos datos de las fuentes primarias, Thompson se equivocó en registrar e interpretar algunos, lo que aumentó el caos y los desacuerdos evidentes. Por ejemplo, muestra que los datos de Sapper (1925:402) de Quetzaltenango y de Momostenango contradicen los datos de Schultze Jena (1954:29) de Chichicastenango y Momostenango sobre los augurios de los días Q'anil y To'j: en el caso anterior, estos dos días contrastan, siendo «bueno» y «malo» respectivamente, mientras en el posterior, son iguales, porque pertenecen a una tercera categoría de días que Thompson describe como «favorable para las oraciones por algún asunto especial, comúnmente de naturaleza secundaria». Pero un examen de las fuentes muestra que Q'anil es tan «bueno» y To'j es tan «malo» en los datos de Schultze Jena como en los de Sapper. La única diferencia es que Schultze Jena explicó las ceremonias apropiadas verificadas estos días mientras que Sapper no lo hizo.

Más fundamental que la cuestión de la interpretación de Thompson de los datos etnográficos es la cuestión si en primer lugar es útil pensar en los términos de días «buenos» o «malos». Como yo he aprendido, los consultores de la misma comunidad, cuando les pedía que separaran los días «buenos» de los «malos», frecuentemente se contradecían unos a otros y aun a sí mismos. Mis primeros datos están llenos de declaraciones conflictivas con respecto a si cierto día es bueno o malo, junto con casos en que el consultor describía una buena ceremonia que se celebró un día que de otra manera se caracterizaría como malo. Rodríguez encontró este mismo problema en Momostenango donde le dijeron que 3 I'x era malo si bien el consultor describió este día sencillamente «para pedir buenas cosechas y buenos cultivos de Dios Mundo» (Rodríguez 1971:92). A causa de este tipo de problema y por otras razones que aparecerán en la discusión de los días individuales en el próximo capítulo, he decidido no imponer una oposición analítica bueno/malo en mis datos, sino dejar a cada día con su complejidad completa.

El calendario solar

Durante sus dos temporadas de trabajo de campo en Momostenango (julio de 1959 y mayo de 1960), Girard (1962:330) registró los días siguientes de los Cargadores del Año, o Mam: 11 Kej (1958-59), 12 E (1959-60) y 13 No'j (1960-61). Informó que sus consultores podían contarle los números y los nombres correspondientes completos de los dos años anteriores (1958 y 1959), pero que cuando era cuestión de proyectar el calendario solar hacia adelante, sólo conocían el orden apropiado sin el número del día: Iq' (1961), Kej (1962), etc. En otras palabras, no sabían que en 1961 el Mam caería en 1 Iq' y que en 1962 sería 2 Kej. Éste no era el caso con las personas que consulté; podían proyectar hacia adelante y hacia atrás indefinidamente. Por ejemplo, en 1976 el Mam era 3 No'j, y todos los contadores del tiempo con que hablé sabían que en 1977 el Cargador del Año caería en 4 Iq', en 1978 en 5 Kej, en 1979 en 6 E, etc., al pasar por los 13 números uno por uno y siempre guardando el mismo orden de los cuatro días posibles: Kej, E, No'j, Iq'.

Kej se considera el primero y el más importante de los Mam, y luego siguen E, No'j, Iq'. El Cuadro 3 muestra que el Cargador del Año 1 Kej es seguido trece años después por 1 No'j y por último por 1 Iq'. Estos cuatro períodos de trece años constituyen un ciclo de cincuenta y dos años, después de que 1 Kej vuelve a entrar como el Cargador del Año. Todavía no he logrado saber si hay oraciones o ceremonias adicionales durante la celebración anual del Mam que específicamente conmemora el período de trece años o el ciclo de cincuenta y dos años.

El Mam de primer rango, Kej, se recibe (o se saluda) en Kilaja, la montaña del este. Las otras montañas sagradas, para los propósitos del calendario solar, son Tamanku, Joyan, Sokob', Paklom, y Pipil (fig. 24). Después de que Kej termine su año de servicio, E, el Mam segundo en importancia, entra y es recibido en Tamanku, y lo sigue el tercero año el Mam No'j en Joyan (fig. 25), al sursudoeste; finalmente, el Mam Iq' es recibido en Sokob', la montaña del oeste. Como puede verse en la figura 24, estos Mam se mueven, durante un período de cuatro años, a lo largo de un arco de derecha a izquierda que se extiende del este al oeste.

Cuadro 3. Los Cargadores del Año

Kej	*1*	5	9	13	4	8	12	3	7	11	2	6	10
E	2	6	10	*1*	5	9	13	4	8	12	3	7	11
No'j	3	7	11	2	6	10	*1*	5	9	13	4	8	12
Iq'	4	8	12	3	7	11	2	6	10	*1*	5	9	13

Los cuatro Mam, también llamados *alcaldes*, son ayudados por dos *ajtz'ib'*, 'secretarios', K'at y Tz'ikin. El Secretario K'at entra en Joyan y sirve a No'j y a E, mientras que el secretario Tz'ikin entra en Pipil y sirve a Iq' y a Kej. Por ejemplo, el 2 de marzo de 1977, el Mam 4 Iq' entró en Sokob' y lo sirvió el Secretario 4 Tz'ikin, quien, el 15 de marzo, entró en Pipil. Ahora, para complicar aun más el esquema a la manera característica de los k'iche's, se doblan un Mam y su Secretario, dando cuatro días como líderes cada año solar. El primer Mam y el Secretario son las primeras ocurrencias de los nombres apropiados de los días durante el año solar, y el segundo Mam y el Secretario son las segundas ocurrencias (Cuadro 4). Durante 1977, el primer Mam o Nab'e Mam (4 Iq') llegó el 2 de marzo, mientras el segundo Mam o Ukab' Mam (11 Iq') llegó veinte días después el 22 de marzo; el primer Secretario (4 Tz'ikin) llegó el 15 de marzo y el segundo (11 Tz'ikin) llegó veinte días después el 4 de abril.

Cada uno de los cuatro Mam afecta el año que rige. El Mam Kej, quien entró durante 1974 y nuevamente en 1978, es un Cargador del Año bravo a quien le gusta «tirar su cargo», «montar», y también «pisotear» a la gente bajo sus pies. Hay muchas pérdidas comerciales y muchas enfermedades durante un año Kej. El Mam E, que entró en 1975 y en 1979, es tranquilo, calmado, y perdurable. Un año E es bueno para los negocios y la salud. El Mam No'j (1976 y 1980), que «tiene buena cabeza, y muchos pensamientos», es un año creativo; tanto para el bien como para el mal. Finalmente, el Mam Iq' (1977 y

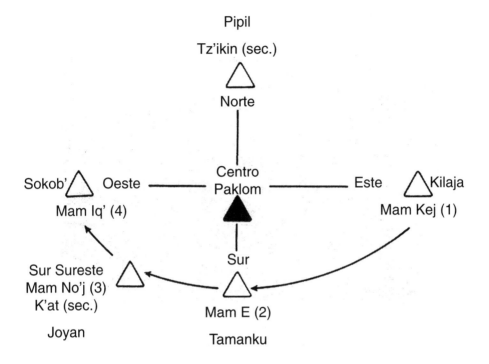

Pipil

Tz'ikin (sec.)

Norte

Sokob' Oeste — Centro Paklom — Este Kilaja
Mam Iq' (4)   Mam Kej (1)

Sur

Sur Sureste
Mam No'j (3)
K'at (sec.)   Mam E (2)

Joyan   Tamanku

24. Las montañas sagradas.

1981) es muy bravo, y trae aguaceros violentos o nada de agua. Mucha gente muere al ser golpeado por un relámpago, se ahoga, o muere de hambre.

Dentro de cada año solar, los cinco días entre la última ocurrencia del Mam que sale y la entrada del nuevo Mam es un tiempo peligroso; se reduce la actividad comercial y social. Entonces, al mediodía de la víspera *(mixprix)* del día que se espera la llegada a medianoche del primer Mam, la conmemoración comienza con amarrar hilo rojo alrededor de la muñeca izquierda y del tobillo derecho. Este hilo se queda hasta que el segundo Mam llegue veinte días después. Es una protección del Mam, que se considera (a varios grados) dominante, hechizante, y peligroso. Sin el hilo, no se acuerda uno de las cosas, se despierta tarde, y está sumamente débil. Durante este período de veinte días, todos deben abstenerse de tener relaciones sexuales y de los vegetales verdes; las dos cosas debilitan a la persona. También los vegetales verdes son prohibidos porque están llenos de agua fría, que le molesta al calor ardiente de los Mam, que viven cerca del sol. Las comidas incluyen un tamal especial, llamado *ub'en* en k'iche' y *tayuyo* en español, que incluye partes iguales de frijoles negros y masa; da fuerza a la gente para resistir el poder del Mam.

Cuando el día que sigue el *mixprix* llega a su fin, a la medianoche entra el primer Mam. Las celebraciones, que incluyen la quema de copal y cohetes, se verifican en la montaña apropiada, así como también en cada cantón, en Nima Sab'al, y en el centro del pueblo en Paklom. La celebración en el centro incluye el acto importante, celebrado por el sacerdote del pueblo de Los Cipreses, como pasar la vara de consulta de todas las autoridades civiles mayas por el humo del copal. Aunque los alcaldes de cada uno de los catorce cantones entran en sus puestos según el calendario gregoriano, el 1° de enero, su investidura espiritual espera la entrada del Mam al principio del año solar k'iche'.

Cuadro 4. La llegada del Mam en 1977

4 Iq' (Mam)	2 de marzo	8 Kawuq	19 de marzo
5 Aq'ab'al	3 de marzo	9 Junajpu	20 de marzo
6 K'at	4 de marzo	10 Imöx	21 de marzo
7 Kan	5 de marzo	11 Iq' (Mam)	22 de marzo
8 Kame	6 de marzo	12 Aq'ab'al	23 de marzo
9 Kej	7 de marzo	13 K'at	24 de marzo
10 Q'anil	8 de marzo	1 Kan	25 de marzo
11 Toj	9 de marzo	2 Kame	26 de marzo
12 Tz'i'	10 de marzo	3 Kej	27 de marzo
13 B'atz'	11 de marzo	4 Q'anil	28 de marzo
1 E	12 de marzo	15 Toj	29 de marzo
2 Aj	13 de marzo	6 Tz'i'	30 de marzo
3 I'x	14 de marzo	7 B'atz'	31 de marzo
4 Tz'ikin (Sec.)	15 de marzo	8 E	1 de abril
5 Ajmaq	16 de marzo	9 Aj	2 de abril
6 No'j	17 de marzo	10 I'x	3 de abril
7 Tijax	18 de marzo	11 Tz'ikin (Sec.)	4 de abril

Durante todo el año, el Mam se conmemora, en el centro y también en los cantones, cada ocurrencia de su día con cohetes, copal, y oraciones especiales. En este sentido, los dieciocho meses de veinte días todavía se celebran, aunque únicamente los nombres de los primeros dos meses—Nab'e Mam y Ukab' Mam—se retienen claramente, según lo que he podido determinar. Hay una excepción a la celebración mensual del Mam: el Mam Iq', que está tan poderosamente conectado a la muerte y a la dirección occidental, es únicamente conmemorado los días que llevan los números más comunes para la ceremonia religiosa, específicamente 1, 6 y 8.

El Mam actual tiene una influencia en las cuentas del tiempo que utiliza el *cholq'ij*. Por ejemplo, un diagnóstico negativo en parte durante un año Iq', a causa del poder de este Cargador del Año, se hace sumamente negativa. Si es cuestión de la vida de un cliente en general, el contador del tiempo puede preguntarle a cada uno de los cuatro Mam y a los dos Secretarios, uno por uno, de su destino, empezando con el Mam y el Secretario actuales y se adelantan cuatro años.

Ya hemos puesto en claro que Momostenango, lejos de carecer del calendario solar, como se había informado anteriormente, tiene observancias solares elaboradas. Queda la cuestión por qué los elementos solares del calendario se presentan con diferencias entre las comunidades mayas del Altiplano. Nash (1957:151) ha sugerido que los elementos solares se perpetúan dondequiera que «la estructura social institucionaliza el papel del experto calendárico». Aparentemente quiere decir que los pueblos que tienen un experto al servicio de la comunidad en conjunto guardará el calendario solar, mientras que las comunidades que carecen de tal experto retendrán únicamente el *cholq'ij*. Esto parece ser consistente con la situación descrita en el mito del origen de las costumbres de Momostenango (véase el apéndice A). Según este mito, la tarea de instituir las costumbres del Mam (y por consiguiente el calendario solar) se la encargó directamente a los funcionarios civiles del pueblo y a los sacerdotes de los pueblos, mientras que las costumbres reglamentadas únicamente por el *cholq'ij* se las encargaron a los sacerdotes que actúan en nombre de los linajes. Pero esto apenas constituye la oposición polar, vista por Nash, entre el calendario «cronológico» o solar del «sacerdote» y el calendario «sagrado» del «chamán». Más bien, como hemos detallado en el capítulo anterior; hay una jerarquía de papeles sacerdotales entre los contadores del tiempo momostecos, pero los que celebran estos papeles también son chamanes. Con respecto al calendario que todos comparten, los años «solares» toman sus nombres del calendario «sagrado»; y la interpretación sagrada toma en cuenta el año solar actual.

25. Altares en la punta del cerro de Joyan para el calendario solar

LOS SEÑORES DE LOS DÍAS

Los nombres de los veinte días k'iche's no sólo son nombres propios sino divinos (Estrada Monroy 1973:folios 12 recto a 32 verso). Cuando se le dirige a un día determinado se le antepone al nombre el título de respeto, *Ajaw*, v.g. *Sa'j la, Ajaw Wajxaqib B'atz'*, 'Pasa adelante, Señor 8 B'atz'. En el Popol Wuj, 1 B'atz', 1 y 7 Junajpu, y 1 y 7 Kame figuran como protagonistas divinos, pero entre los k'iche's modernos, únicamente los Señores que sirven de Mam o de Secretario a un Mam celebran papeles en los mitos (véase el capítulo anterior y el apéndice A).

Los nombres de los días han sido «traducidos» a sustantivos comunes alemanes, españoles, e ingleses por los investigadores anteriores, pero sólo pueden glosarse adecuadamente como los nombres de los días. Hasta los nombres aparentemente traducibles como B'atz', 'mono', Tz'ikin, 'pájaro', I'x, 'tigre' y K'at. 'red', son considerados por los contadores del tiempo k'iche's como nombres propios que no se pueden traducir dentro del contexto de la cuenta del tiempo. Los nombres de los días como se entienden y se usan en las comunidades k'iche's no se interpretan al vincularlos a un inventario fijo de símbolos estáticos mediante glosas o etimologías; más bien, cierto nombre se interpreta por medio de frases nemónicas que combinan los significados de los días de acuerdo con las acciones sociales que los caracterizan. Estas frases frecuentemente incluyen los sonidos del nombre del día pero no necesariamente incluyen el nombre mismo. Los intentos previos de interpretar el ciclo ceremonial de 260 días según las asociaciones simbólicas y metafóricas supuestas de cada nombre han considerado los nombres como si fueran, en efecto, pictógrafos en un sistema de escritura que carece una dimensión fonética. Al contrario, en la práctica real los nombres se «leen» no como palabras en sí mismos, sino como un tipo de glifo oral para otras palabras muy distintas; estas otras palabras se vinculan al nombre del día por medio de la paronomasia—es decir, por medio del juego sónico poético.

Antes de discutir cada uno de los nombres de los días, hace falta una advertencia con respecto a los números de los días. Aunque es cierto que el número del día afecta el significado de cierto nombre, la declaración de Thompson (1950:66) que «la combinación del número y el día [es] una unidad, y una sola parte [queda] sin sentido, como si quedara el número de la casa sin el nombre de la calle, no puede aplicarse a los k'iche's. Bunzel (1981:340) notó que en Chichicastenango (y pasa lo mismo en Momostenango) que los números bajos—1, 2 y 3 son «benignos» mientras que los números altos—11, 12 y 13 son «violentos»; los números intermediarios—7, 8, y 9 son «indiferentes», ni benignos ni violentos. Éstos forman «los días de fuerza moderada», que se usan para «las ceremonias que se repiten regularmente para asegurar una vida tranquila». En Momostenango, y tal vez en Chichicastenango también, los números bajos se consideran benignos o débiles porque indican algo joven o nuevo, mientras que los números más altos son potentes y aun violentos, porque indican asuntos más viejos, más maduros, más serios. Además, el número designa un altar específico que hay que visitar los días que llevan ese número. Por ejemplo, en el nivel de las ceremonias celebradas por los contadores del tiempo en nombre de su familia inmediata o de sus clientes privados, el día 1 Aq'ab'al indica una visita al *junab'al* , el altar del día 1, que es Paja'; 6 Aq'ab'al indica que el *waqib'al*, o altar del día 6 en Paklom es el lugar que hay que visitar; 8 Aq'ab'al indica el *wajxaqib'al*, altar de los días 8, conocido como Ch'uti Sab'al; y 9 Aq'ab'al corresponde al *b'elejeb'al*, o altar de los días 9, o sea, Nima Sab'al (véase el capítulo **...**).

Mucho antes de que yo comenzara la capacitación formal en la cuenta del tiempo, obtuve los veinte días y sus significados de varios *ajq'ij*. La primera vez que hice esto, la lista comenzó con Aq'ab'al, porque era el 22 de junio de 1975, que era 9 Aq'ab'al. En el capítulo anterior declaré que no hay un «primer» día fijo para el *cholq'ij*; por eso simplemente voy a comenzar mi discusión de los veinte días con Aq'ab'al. Para cada día, primero voy a mencionar la frase o las frases nemónicas para ese día. Entonces enumeraré las ceremonias celebradas o regularmente u ocasionalmente ese día, según el lugar y el número que lo acompañan. Luego ampliaré este mapa cognitivo y del comportamiento de los días mostrando algunos de los significados posibles del día en las ocasiones sagradas más frecuentes: durante una enfermedad o después de una muerte, o antes de un casamiento, un trato comercial, o la selección de un líder religioso. Finalmente, explicaré *uwäch uq'ij*, 'cara de su día', o sea el «carácter» de un niño nacido ese día. Presentaré los nombres de los veinte días, compararé los datos momostecos con otras comunidades k'iche's y hablaré de la importancia de mis hallazgos para el desciframiento de los glifos mayas .

Los veinte días

Aq'ab'al.—Las nemónicas para Aq'ab'al son *aq'ab'il,* 'al alba', *k'ab'al,* 'apertura' y *¡chaq'ab'aj!,* '¡Tú culpas!', que en sentido más amplio significa 'mentira, truco, difamación' (de *ch-* imperativo, *a-* tú, *qab'aj,* de *q'ab'anik* 'culpar, ocultar').

Los días 1, 8 y 9 Aq'ab'al, el maestro de un sacerdote nuevo celebra una ceremonia de apertura *(k'ab'al)* para los altares del patrilinaje de su discípulo; saca todas las cenizas acumuladas por el predecesor del discípulo. Durante los días que las ceremonias del linaje se celebran en estos altares, cualesquier sentimientos malévolos expresados dentro del patrilinaje entraron en el altar, que como un «pequeño volcán» conectado con todos los otros volcanes y montañas, colocaron estas palabras directamente ante el Mundo. Éste es el origen de la nemónica *chaq'ab'aj,* 'trucos, mentiras, difamación y culpa'; la remoción de las cenizas borra los antecedentes del discípulo y le proporciona un fogón limpio. También el día Aq'ab'al, un joven y su familia planifican su casamiento, primero dirigiéndose al Mundo mediante el sacerdote de su linaje, quien abrirá *(k'ab'al)* los altares del linaje el día 1 Aq'ab'al, y luego— los días 2, 3, 4, 5, 6, 7, 8, o 9 Aq'ab'al—visitará la familia de la muchacha. Esta visita comúnmente se hace al alba, por eso la nemónica *aq'ab'il,* 'al amanecer'. Un día Aq'ab'al también se elige para presentar (mediante la oración) un nuevo bebé a los antepasados en el altar del linaje.

Cuando el día Aq'ab'al aparece en una cuenta del tiempo, el *ajq'ij* debe seleccionar de la tres nemónicas y sus asociaciones ceremoniales una respuesta coherente pero inspirada a la pregunta del cliente. Por ejemplo, si 1, 8, o 9 Aq'ab'al aparece al averiguar por qué una persona está enferma, el contador del tiempo explorará con el cliente (si el cliente es miembro de su propio patrilinaje) la posibilidad que un familiar peleó con él o habló mal de él a espaldas de él uno de los días de las ceremonias del linaje. Pero si el contador del tiempo es de otro patrilinaje, explorará la posibilidad de que el sacerdote del patrilinaje del cliente— quien aun puede ser hasta el padre, el hermano, o el tío del cliente— tenía razón para quejarse de él ante el Mundo. ¿No estaba dando el cliente dinero a este sacerdote? ¿O de borracho abusó del sacerdote, su esposa, hermana, hija?, etc.

Si se pregunta si cierta mujer se casará con el cliente, y un Aq'ab'al de cualquiera número de 1 a 9 aparece primero, entonces la respuesta es sí. Si los sacerdotes de un patrilinaje, de un cantón, o de un pueblo entero se juntan para presagiar si cierta persona debe llenar un vacante en la organización, y si la gran mayoría, si no todos, llegan el día Aq'ab'al en la primera ronda, entonces la respuesta es sí. Si la pregunta es si cierto viaje debe emprenderse y la primera respuesta es Aq'ab'al con un número bajo o intermedio, entonces la respuesta es sí, el camino está abierto. Pero si el resultado es 10, 11, 12, o 13 Aq'ab'al, la respuesta es no: hay algo escondido en el camino. El número alto llama la atención al aspecto negativo de Aq'ab'al.

Aq'ab'al, como cualquier otro día, imparte su *nawal*,[1] también llamado *uwäch uq'ij*, 'cara de su día' o 'su carácter', al niño nacido ese día. En el caso de Aq'ab'al, a causa de las asociaciones diversas mencionadas, el niño (de ambos sexos) será femenino, adinerado, verbalmente hábil, y posiblemente mentiroso, embustero, o quejoso. Aq'ab'al es uno de los diez días que también le dan al niño un cuerpo-alma extra llamado *koyopa'*, 'relámpago'. Esta alma específicamente le permite al niño comunicar directamente con los mundos naturales y sobrenaturales, como explicaré con más detalles en el capítulo siguiente. Como resultado, un niño nacido un día Aq'ab'al podría llegar a ser sacerdote del linaje (o de un nivel superior) o un *k'amal b'e*, 'guía del camino', o casamentero; ambos celebran ceremonias importantes los días Aq'ab'al.

K'at.—- Las nemónicas para K'at son *k'atik*, 'quemar', *pa k'at, pa chim*, 'en redes, en montones' y *k'asaj k'olik*, 'estar endeudado'. K'at sirve de Secretario (y Tesorero) para Mam E y Mam No'j. Como tal, es el día para pagar las deudas *(k'asaj)* al Mundo y a Nantat (los antepasados). Se pagan estas deudas ofreciendo redes o grandes montones *(pa k'at, pa chim)* de copal, que se queman *(k'atik)*.

Durante los dos años consecutivos cuando K'at sirve de Secretario— por ejemplo, en 1975 y 1976—dan grandes montones de ofrendas los días 1, 6, 8, y 9 K'at a fin de compensar cualquier negligencia de los deberes al Mundo o a los antepasados. En este momento, la gente también atiende las deudas monetarias, del trabajo, u otras, tanto dentro de la familia inmediata como en los comercios locales. El verbo *k'atik*, aparte de significar 'quemar', lleva el significado metafórico que una persona casada está cometiendo el adulterio con una virgen de cualquier sexo, expresado completamente por el modismo *k'atik raqan*, 'quemarse la pierna'. Este tipo de inmoralidad sexual es un delito serio ante el Mundo, quien mete la persona «en la deuda» *(k'asaj)*; si la deuda no es cancelada, traerá la enfermedad y aun la muerte al delincuente.

Cuando el día K'at aparece en la cuenta del tiempo, el *ajq'ij* tiene una idea bastante buena de que, sin tomar en cuenta la pregunta, el cliente de algún modo está fallando en sus deberes al Mundo o a los antepasados, o en el mundo social cotidiano. Por eso el número que antecede K'at indica la antigüedad de esta deuda y por consiguiente la seriedad. Por ejemplo, 3 K'at indica una deuda bastante reciente e insignificante, mientras que 10 K'at indica *nimalaj k'asaj* (una deuda grande, seria y antigua o muchas deudas). Como el contador del tiempo dice, el cliente «lleva una red o una maleta pesada». Para cancelar estas deudas, el cliente debe darle al sacerdote redes o montones *(pa k'at, pa chim)* de copal, que entonces se ofrecerá en su nombre al Mundo y a los antepasados.

Una persona cuyo natalicio es K'at, a causa de las asociaciones de este día, será fornicador o deudor o las dos cosas. Tal persona no se entrenaría como contador del tiempo y se considera inadecuado para cualquier puesto civil, político, militar, o religioso.

Kan.—Las nemónicas para Kan son *kab'an ri mes*, 'es la mesa', *kab'an mes*, 'barrer' y *ri k'ulel*, 'el enemigo'.

Kan se asocia con las acciones de un contador del tiempo quien se ha entrenado como *ajmes*, o *ajnawal mes*. Estos profesionales son simultáneamente los curanderos más exitosos y una causa de la muerte y de las enfermedades serias. A causa de su poder; algunos patrilinajes en Momostenango hasta han seleccionado un *ajmes* como el sacerdote de su patrilinaje. Los días Kan con números altos—11, 12, 13— estos contadores del tiempo poderosos visitan las montañas sagradas de Momostenango y hasta los volcanes distantes, y hablan directamente al Mundo para causar o curar enfermedades específicas según los deseos de los miembros de su patrilinaje o de los clientes privados. Los días Kan con números bajos—por ejemplo, 1, 6, y 8—los contadores del tiempo que no son *ajmes* solicitan al Mundo que no permita que éstos envíen enfermedades a su linaje, a sus clientes, o a ellos. El día 9 Kan, los *ajmes* vienen de varios municipios k'iche's al pie de una cascada alta cerca de San Cristóbal Totonicapán, que se conoce como *B'elejeb Siya B'elejeb Mes*, 'Nueve Sillas Nueve Mesas'. Allí primero barren *(kab'an mes)* los altares (los altares de «silla» son altares individuales pequeños y los altares de «mesa» son altares públicos grandes) y entonces sacrifican pollos para curar las enfermedades enviadas a sus clientes por brujos de la costa y del municipio de Cobán. Los *ajmes* pueden usar los números de Kan intermedios y altos para celebrar sesiones de espiritismo, en que el Mundo habla directamente por él al cliente.

Cuando Kan aparece en una cuenta del tiempo, el *ajq'ij* inmediatamente pregunta al cliente quién podría ser su enemigo *(ri k'ulel)*. Entonces puede explorar la posibilidad de que un *ajmes* pueda haber sido contratado por este enemigo para enviar una enfermedad o la muerte. Si el cliente ya está enfermo, el contador del tiempo ayudará al cliente a determinar a cuál *ajmes* contrató para trabajar contra él; entonces lo ayudará a escoger otro *ajmes* de igual poder para defenderlo ante el Mundo. Si la cuenta del tiempo se refiere a un casamiento, a un trato comercial, o la selección de un líder religioso, el día Kan significa que la mujer, el socio del negocio, o el sacerdote en cuestión es enemigo *(ri k'ulel)* o puede hacerse uno, y todos los planes deben abandonarse inmediatamente.

Una persona cuyo natalicio es Kan será una persona fuerte, poderosa, mala; entre más alto el número, más extremo el carácter. También, puesto que Kan es uno de los diez días que dan el relámpago al cuerpo del niño, debe domesticar y dirigir su poder por hacerse *ajnawal mes*.

Kame.—Las nemónicas para Kame son *kamej lal rutz'il*, 'pedir lo bueno', *kamikal*, 'el difunto' y *k'ulanem*, 'matrimonio'. El día Kame principalmente se asocia con *kamej lal rutz'il*, 'pedir lo bueno', para uno mismo así como también para su familia y sus clientes.

Los días 1 y 8 Kame, días de permiso para los tz'ites, un sacerdote que tiene un discípulo quema copal en los altares de tierra. Pide la tranquilidad entre sus discípulos, él mismo y todos los *ajq'ij* difuntos, así como también entre él y su propio equipo profesional, y entre él y todos los otros miembros, vivos y muertos, de su propio patrilinaje. Los días Kame con números bajos también se usan para propuestas de matrimonio, así como también para la ceremonia de casamiento maya. Puesto que el matrimonio *(k'ulanem)*, que es una alianza importante entre los miembros vivos de diferentes patrilinajes, también es una alianza entre los familiares difuntos *(kamikal)* de ambos patrilinajes, estos familiares difuntos deben estar de acuerdo, porque si no, enviarán problemas, enfermedades, y hasta la muerte al nuevo hogar. El día 11 Kame el sacerdote del pueblo de Los Cipreses visita Pipil, la montaña sagrada del norte, para pedir la tranquilidad entre las mujeres y los hombres, entre los indígenas y los ladinos y entre el pueblo guatemalteco y el gobierno de Guatemala, y entre la nación de Guatemala y todas las otras naciones del mundo.

Cuando una cuenta del tiempo concierne si cierta mujer será buena esposa para el cliente, un día Kame con número alto significa un afirmativo enfático, mientras que un número bajo es claramente menos afirmativo. Puesto que el dinero, los negocios, y los viajes se consideran análogos a un cónyuge, la pregunta si se debe emprender cierto viaje o hacer cierto negocio se contesta afirmativamente cuando aparece Kame. En este momento, el contador del tiempo puede decir, *Kamej lal mayij toq'ob*, 'Hay un favor'. El tamaño del favor depende del tamaño del número; 13 Kame representa un éxito tremendo o una gran fortuna. Sin embargo; si la cuenta del tiempo es con respecto a la causa de una enfermedad, 13 Kame puede significar que un miembro del patrilinaje del cliente difunto *(kamikal)* desde hace mucho envió la enfermedad, y que el cliente probablemente no se recuperará.

Un niño que nace un día Kame (a causa de las asociaciones con el patrilinaje y específicamente con las alianzas matrimoniales), como un niño que nace un día Aq'ab'al, será adinerado, algo afeminado, y locuaz. Puesto que una persona que nace este día también recibe el relámpago de cuerpo, podría llegar a ser un sacerdote de linaje o casamentero. En este caso les solicita a los miembros vivos y muertos de un patrilinaje que le den sus mujeres vivas en matrimonio.

Kej.—Las nemónicas para Kej son *kejaj*, 'montar', *ch'awanel*, 'hablante' y *chuchqajaw*, ' madre-padre' [sacerdote]. Kej, uno de los cuatro Mam, es un día fuerte, dominante que fácilmente puede montar *(kejaj)* una persona débil, inmoral, o enferma.

A causa de la fuerza de Kej, hay muchas ceremonias a nivel del individuo, del clan, del cantón, y del pueblo celebradas por *ch'awanel*, 'hablantes' [sacerdotes], este día. Un día Kej siempre se selecciona para las reuniones de octubre y enero de los mayores del pueblo. Los días 1 y 8 Kej, que son los días de permiso más importantes para los nuevos *ajq'ij*, el sacerdote va a los altares y avisa al Mundo del nombre de cualquier novato que va a presentar el próximo 8 B'atz'. Los días 6 y 7 Kej, la ceremonia de la escoba *(meseb'al)* se celebra en el altar de linaje llamado el *winel*. En esta ocasión, el sacerdote del linaje limpia las tres partes del *winel*, primero la parte baja, entonces la parte alta, y por último la parte de en medio, el *k'ux*, 'corazón', también llamado *sacramenta*. Entonces, dependiendo si es la época de la siembra o de la cosecha, simbólicamente «siembra» y reza por una cosecha buena, o simbólicamente corta y da gracias por la cosecha. Si 8 Kej cae un poco después de la siembra, entonces el sacerdote del pueblo visita Kilaja, la montaña sagrada del este, para pedir lluvia para el nuevo cultivo; el día 11 Kej, comienza su circuito regular de las cuatro montañas sagradas yendo a Kilaja. El día 1, 2, 3, o 4 Kej, los niños nonatos de las esposas actualmente embarazadas del patrilinaje son «sembrados» y «plantados» *(awexib'al tikb'al)* en el «altar de fundación» *(warab'alja)* por el sacerdote del linaje (véase el capítulo ...).

En la advinación, el día Kej indica un *ajq'ij* de algún tipo. Por ejemplo, si un grupo de sacerdotes de un patrilinaje, de un cantón, o del pueblo presagian a fin de llenar un vacante en la organización, y un día Kej con número mediano o alto llega en la primera ronda, entonces han encontrado al candidato apropiado. Si la pregunta se refiere a la causa de una enfermedad y aparece el día Kej, el contador del tiempo ha «montado» al paciente al enviarle la enfermedad. Si la enfermedad es seria, el contador del tiempo contratado por el paciente (o por su familia) puede comenzar una serie de 9 o 13 ceremonias consecutivas (una cada día) en que él «montará» al contador del tiempo malévolo a fin de devolver la enfermedad a su origen.

Un bebé que nace el día Kej será físicamente, psíquicamente, y verbalmente fuerte, dominante, y masculino. Este niño, después de su iniciación como sacerdote, llegará a ser un líder en los asuntos religiosos y mundanos, o tal vez un brujo perverso que irá por la vida «montando» *(kejaj)* a otros, ocasionando problemas y penas para todos los que lo conocen. Finalmente, después de que bastantes *ajq'ij* le hayan devuelto estos problemas y enfermedades, se debilita y se muere.

Q'anil.—Las nemónicas para Q'anil son *q'anal*, 'se madura, tener maíz y dinero'—literalmente 'amarillismo', *kaq'anarik uwäch ulew*, 'cosecha'—literalmente, 'la faz de la tierra se pone amarillo', *awexib'al tikb'al*, 'sembrar [y] plantar', *tzuqunel*, 'el que alimenta' e *ixq'anil*, 'puesta del sol'.

Las ceremonias de linaje llamados «sembrar y plantar» comienzan los días 6 y 7 Kej en el *winel*, tienen su «día grande» o final *(nima q'ij)* el 7 y el 8 Q'anil, respectivamente. Estos días, el sacerdote del linaje, dependiendo de que si está más cercana la temporada de sembrar o la de cosechar, pasa semillas guardadas del año anterior; o mazorcas frescas que se han seleccionado para semilla para el próximo año, por el humo del copal. Al hacer esto, simbólicamente alimenta *(tzuqunik)* al Mundo y a sus propios antepasados. Así, un nombre para el sacerdote es *tzuqunel*, 'el que alimenta'.

Si se pregunta si una mujer se casará con un hombre y aparece Q'anil, significa que ella ya está madura *(q'anarik)*, lista para casarse con él. Si la pregunta es para un comerciante y el día Tz'ikin (que indica plata) aparece en combinación con Q'anil, significa que el trato comercial está maduro, listo para cosechar. Si la pregunta es por qué una enfermedad vino al cliente, Q'anil significa que él no alimentaba *(tzuqunik)* al Mundo o a los antepasados, y entonces le enviaron la enfermedad. Si la pregunta es si el enfermo se aliviará, Q'anil significa puesta del sol *(ixq'anil)*. Así como las nubes se ponen un rojo amarillento o anaranjado y entonces se obscurece, así la enfermedad del paciente ya está bien madura, y pronto morirá.

Un bebé que nace el día Q'anil debe llegar a ser *ajq'ij*, *tzuqunel*, 'alimentador' del Mundo y de los muertos. Si un hombre acepta estos deberes, él podría transformarse finalmente en sacerdote, encargándose de las ceremonias de cosecha para su patrilinaje.

Toj.—Las nemónicas para Toj son *tojonik*, 'pagar', y *k'äx*, 'enfermedad, pena'. Como K'at, Toj es tesorero para el Mundo.

Los días 1, 6, y 8 Toj, los contadores del tiempo individuales visitan los altares comunitarios Paja' (1), Paklom (6), y Ch'uti Sab'al (8), a fin de compensar para cualquier día 1, 6 u 8 a que faltaron desde la apertura del ciclo de las visitas obligatorias a los altares los días 1, 6 y 8 Kej. En esta ocasión, queman todo el copal y todas las candelas que han omitido, más una multa por no haber hecho las ofrendas los días apropiados. Dado que estos días Toj son cada uno la decimotercera ocurrencia de un día obligatorio de un número determinado, son los días sumamente potentes, tanto para los malos como para los buenos. En Nima Sab'al, 9 Toj se reserva para los sacerdotes de los linajes. Si un sacerdote de linaje descuidara sus deberes en estos días Toj, especialmente el 9 Toj, alguien en su patrilinaje sufriría un castigo serio en forma de una enfermedad o una herida *(k'äx)* del Mundo.

En la cuenta del tiempo, un día Toj con un número bajo indica que hay una deuda *(tojonik)* a las costumbres del Mundo o de los antepasados, y por extensión se puede deber un favor, trabajo, o dinero a otra persona. Si el cliente está enfermo, significa que el dolor *(k'äx)* es un castigo para esta deuda; la única manera de curarla es pagar *(tojonik)* al Mundo, a los antepasados, o al acreedor lo que se debe, más una multa por negligencia. Como el número es bajo, la persona se aliviará después de cancelar su deuda. Un día Toj con un número intermedio—como 7, 8, o 9 Toj—indica que algún familiar del cliente morirá, y, como consecuencia, el cliente tendrá que pedir dinero prestado para celebrar un velorio apropiado. El día 13 Toj indica que un *ajmes roq'ej ri kamikal, roq'ej ri sachikal, roq'ej ri mak*, 'llora por la muerte, llora por la desaparición, llora por el pecado' por el cliente. Es un asunto que el contador del tiempo entregará al *ajmes*, quien comenzará ceremonias contra la brujería de parte del paciente. Un niño que nace el día Toj estará crónicamente enfermo y endeudado gran parte de su vida. Tal persona va a ser un cliente constante de los contadores del tiempo, incluyendo los *ajmes*, que pueden ayudarlo a vivir una vida normal a pesar de las deudas con que nació.

Tz'i'.—Las nemónicas para Tz'i' son *tz'ilonik*, 'ensuciarse'— con la connotación de hacer el amor inapropiadamente, con respecto a la persona, el tiempo o el lugar; *tz'iyalaj tzij*, 'palabras celosas' (entre esposos), y *katz'iyarik*, 'no es cierto'.

El único día Tz'i' usado para los propósitos ceremoniales es 7 Tz'i', que es la *mixprix* o víspera de 8 B'atz'. Este día crucial, se le interroga al novato formalmente sobre sus sueños recientes, y el maestro cuenta alguno de los suyos; entonces éste hace su decisión final si va a seguir adelante con la iniciación. Pregunta si el novato ha perdido la confianza *(katz'iyarik)*, o si está dispuesto a seguir con la iniciación. Cuando se ha asegurado que el novato es decisivo, inmediatamente comienza la ceremonia de iniciación, que públicamente se completará los dos días siguientes, 8 B'atz' y 9 E.

En la cuenta del tiempo, un día Tz'i' con un número bajo indica *katz'iyarik chi, katz'iyarik wäch*, 'se pierde confianza'—literalmente 'la boca está incierta, la cara está incierta'. Indica que la persona quiere hacer algo en un momento y no lo quiere hacer al momento siguiente. La persona es incierta y desalentada. Un día Tz'i' con un número intermedio indica que el novato se ha ensuciado *(tz'ilonik)* porque hizo el amor uno de los días de permiso, o porque una pareja le lanza palabras celosas *(tz'iyalaj tzij)* a causa de una carencia de fidelidad de parte de uno o de los dos. Un día Tz'i' con número alto indica que la persona ha cometido un pecado sexual serio *(tz'ilonik)* como el incesto, el adulterio, o la sodomía. En una cuenta del tiempo para un casamiento, Tz'i' indica que la mujer ya tiene amante; por consiguiente, todo los planes para el casamiento se anulan. Ningún trato comercial y ningún viaje se iniciaría el día Tz'i', que es un día débil, indiferente.

Un niño que nace un día Tz'i' será una persona confusa, débil, desafortunada que siempre buscará alguien para tener relaciones sexuales. Tal persona podría fácilmente llegar a ser homosexual, fornicador, o prostituta. A causa de la impureza y de la debilidad que traen las relaciones sexuales libertinas, tal persona no podría entrenarse como un contador del tiempo.

B'atz'.—Las nemónicas para B'atz' son *kab'ätz'inik*, 'hilar', *kab'otz'ik*, 'enrollar', *b'otz'oj*, 'envolver' y *tz'onoj*, 'pedir'.

Dos ceremonias celebradas el día B'atz' son parte del pedido de la novia *(tz'onoj)* y la iniciación de un *ajq'ij*. Cuarenta días antes del casamiento *(k'ulanem)*, el novio, su *k'amal b'e*, 'guía de camino', y su familia van a la casa de la novia futura, llevando palos, llamados *b'otz'oj*, que están enrollados esmeradamente con flores. Esta ceremonia, que incluye horas de oratoria formal llamada *tz'onoj*, frecuentemente se celebra un día B'atz' con un número bajo, aunque Kame, Aq'ab'al, y Aj también son posibles. El casamiento mismo se celebrará un día del mismo nombre, pero con el número siguiente; así un *tz'onoj* exitoso que cae en 1 B'atz' es seguido por una boda cuarenta días luego, el día 2 B'atz'. El 8 B'atz', un contador del tiempo novato se presenta públicamente con sus tz'ites, primero en Ch'uti Sab'al y entonces en Paja', en los fogones donde el maestro y su esposa recibieron su propios equipos profesionales. Es paralelo al pedido de novia en que el nuevo contador del tiempo y su equipo profesional de ahí en adelante se consideran esposos. Cuarenta días después, el día 9 B'atz', el casamiento» del contador del tiempo y los tz'ites se completa al dar las gracias formalmente en Nima Sab'al.

En la cuenta del tiempo, si la pregunta es con respecto a si se debe hacer cierto viaje, un trato comercial, o pedir una mujer, B'atz' de cualquier número es afirmativo: uno hilará *(kab'ätz'inik)* o enrollará *(kab'otz'ik)* la suerte, un negocio, o un arreglo matrimonial. Entre más alto el número; más afortunada y mejor será la situación. Si se pregunta por qué una persona está enferma, B'atz' significa, *At falta cho ri chak patan, at falta cho wa Mundo*, 'Te falta ante los tz'ites, te falta ante el Mundo'. Entre más alto el número, mayor será la falta de ofrendas y oraciones apropiadas. Un niño que nace el día B'atz' tendrá suerte en los negocios, en el matrimonio y en la vida. Fácilmente enrollará *(kab'otz'ik)* todo: dinero, animales, cosechas, hijos. Tal persona automáticamente será rica y respetada sin la necesidad de iniciarse formalmente como contador del tiempo.

E.—Las nemónicas para E son *ri E*, 'el E', que se refiere al altar de fundación, *warab'alja, ri b'e*, 'el camino', *ri utzilaj b'e, ri kalominaj b'e, ri nimalaj b'e*, 'el camino bueno, el camino derecho, el camino largo', *k'ama la qab'e*, 'que nos guíen en nuestro camino', y *xasachom ub'e*, 'él ha perdido su camino'. E, como uno de la cuatro Mam, indica un año tranquilo, calmado, bueno para la gente y para los animales.

En un año E, cada una de las dieciocho ocurrencias del día E se celebra con cohetes, copal, y festejos en muchos lugares del municipio. Los días 4 y 6 E son la víspera *(mixprix)* de las ceremoniales en el altar de fundación *(warab'alja)* del cantón y del patrilinaje. La ceremonia en el altar de fundación para la gente comienza el día 6 E, mientras que en la fundación para los animales comienza el día 4 E. Estos días, el sacerdote del patrilinaje va primero a Paja', el altar bajo, pantanoso y público, y entonces a la parte baja del altar de fundación de su propio linaje. El día 9 E es el día final o *nima q'ij*, 'gran día' para la iniciación de un contador del tiempo novato, que se celebra en Nima Sab'al. Este día, el novato formalmente comienza *ri utzilaj b'e, ri kalominaj b'e, ri nimalaj b'e*, 'el camino bueno, el camino derecho, el camino largo', de su servicio a la gente.

En la cuenta del tiempo, E generalmente indica el camino *(ri b'e)*, que, como explicó mi maestro, significa más que 'el camino que usted puede ver con los ojos', porque es el camino de la vida. En una cuenta del tiempo con respecto a un destino, el significado de E depende de los otros días que aparecen con él. Por ejemplo, si Imöx—que indica una condición confusa, loca, poseída— inmediatamente antecede E en los resultados, significa 'él ha perdido su camino', *(xasachom ub'e)*. Por otra parte, una combinación de E y Kej indicaría o que 'nos guiaran en nuestro camino', *(k'ama la qab'e)* por el sacerdote del linaje, o que el destino del cliente es hacerse sacerdote. Sin embargo; si la persona está enferma y se pregunta quién causó la enfermedad, entonces la combinación de Kej y E indicaría que un sacerdote del linaje puso una trampa en el camino del cliente.

Un niño varón nacido el día E, especialmente si resulta ser un año E también, podría hacerse sacerdote de linaje, celebrando ceremonias en los nueve altares de la familia. Una niña nacida el día E, especialmente en un año E, podría llegar a ser comadrona *(iyom)*, ayudando a las mujeres y a sus bebés en el camino de la vida. De todos modos, un niño de cualquier sexo nacido un día E tendrá una vida, buena, sana y larga.

Aj.—Las nemónicas para Aj son *pa ri ja, pa ri k'olib'al*, 'en la casa, en el lugar', *pa ri alaxik*, 'en el patrilinaje', y *b'araj*, 'mezclar'; éste último se refiere a los tz'ites.

Los días 1 y 8 Aj, como 1 y 8 Kej, Ajpu, y Kame, son días de permiso específicamente para el equipo profesional—el *ajq'ij* visita los altares públicos para pedirles a los antepasados que ayuden a su discípulo a aprender a contar el tiempo adecuadamente. 5 y 7 Aj son los días segundos o de la limpieza, *(meseb'al)* que siguen 4 y 6 E en las ceremonias respectivas de las fundaciones de los animales y de la gente. El día 7 Aj, en la ceremonia para la gente, el sacerdote del linaje visita primero Ch'uti Sab'al, donde deja candelas de parafina para todos los sacerdote difuntos conocidos de su patrilinaje; entonces va y deja veladoras en la iglesia para estos mismo difuntos. Los días 8 y 9 Aj (y 8 y 9 Ajmaq) las cofradías hacen el *ch'ajb'al atz'yaq*, 'lavado de ropas', para los santos en la iglesia parroquial y en la capilla del cementerio. El día 11 Aj, el sacerdote del pueblo de Los Cipreses visita Tamanku, la montaña sagrada del sur, y entonces regresa para ofrecer candelas de parafina en Paklom (en el centro) a todos los sacerdotes difuntos del linaje, del cantón, y del pueblo.

En la cuenta del tiempo, Aj comúnmente indica que la respuesta se encuentra *pa ri ja, pa ri k'olib'al*, 'en la casa, en el lugar'. Por ejemplo, si la pregunta busca la causa de una enfermedad, un día Aj con número bajo indicaría que un pleito reciente dentro del patrilinaje *(pa ri alaxik)* fue la causa, mientras que un número alto indicaría un pleito en el pasado lejano, tal vez aun antes de que el enfermo hubiera nacido. Si aparece 7 Aj, específicamente significa que un sacerdote difunto del linaje del cliente ha sido descuidado o ha sido ofendido y ha enviado la enfermedad a la víctima.

Cualquier niño nacido un día Aj tendrá suerte en el amor, en los negocios, y en la vida familiar. Un niño varón nacido este día debería hacer un buen sacerdote del linaje, del cantón, o del pueblo, y cuidará concienzudamente los altares de fundación apropiados. Una niña nacida un día Aj será una esposa y madre responsable, especialmente afortunada en la cría de animales y niños.

I'x.—Las nemónicas para I'x son *jix*, 'retirar, quitar, librarse', y *chu wa Mundo*, 'ante el Mundo'.

6 y 8 I'x son los días terceros y finales o grandes, *nima q'ij*, que siguen 4 y 6 E *(mixprix)* y 5 y 7 Aj *(meseb'al)* en las ceremonias de los altares de fundación. Este día final, el sacerdote del linaje primero va a Ch'uti Sab'al, que se considera la madre y el padre de todos los altares de fundación. Allí, reza y ofrece copal al Mundo, porque I'x es el día específicamente dedicado al Mundo. Después de esto, va a la parte alta del altar de fundación de su propio linaje y da gracias *(k'amowal)* al Mundo que los animales (6 I'x) o la gente (8 I'x) de su patrilinaje están sanos. 6 y 7 I'x son los «días de limpieza» para la ceremonia del *meb'il*. Estos días, el sacerdote del linaje abre los altares *meb'il* de abajo y de arriba, donde le pide al Mundo dinero para comprar tierra y los materiales necesarios

para construir una casa. Si se construye una casa actualmente en algún lugar dentro de su patrilinaje, entonces va al sitio para celebrar las ceremonias para «sembrar» que protejan la casa de un relámpago, para que no se disuelva en un tormenta, que no se derrumbe en un terremoto, y que no se la lleve una inundación.

En una cuenta del tiempo con respecto a un cliente enfermo, un día I'x con un número bajo indica que el Mundo retirará *(jix)* la enfermedad o el problema económico que ha infligido a la persona. Sin embargo, un día I'x, con un número intermedio o alto, indica que el problema fue enviado por el Mundo, que el Mundo es el enemigo. En este caso, la única manera de retirar la enfermedad es cambiar la relación que uno tiene con el Mundo. Puesto que I'x es un secretario del Mundo, el mejor modo de hacerlo es pagar una multa al secretario, quien dará el dinero—en forma de copal, candelas, azúcar y flores—a los dos secretarios-tesoreros, K'at y Tz'ikin. Solamente de esta manera puede el enfermo librarse *(jix)* de la cárcel del Mundo. Al presagiar si una persona debe hacerse *ajq'ij*; I'x en combinación con Kej indica que el Mundo está de acuerdo, mientras que I'x en combinación con Iq' indica que el candidato es un enemigo del Mundo.

Un niño nacido un día I'x tendrá una relación estrecha con el Mundo. Como resultado de esto, será adinerado, porque todo el oro, toda la plata y todas las piedras preciosas pertenecen al Mundo. Sin embargo, este niño sufrirá también muchos achaques físicos, que el Mundo infringe repentinamente por causas pequeñas. Como resultado de estos achaques, finalmente llegará a ser *ajq'ij* o si no se morirá. Un niño varón nacido este día podría avanzar hasta ser sacerdote del linaje, cuidando el *meb'il* así como también otros altares para su patrilinaje, su cantón, o aun para el pueblo entero.

Tz'ikin.—Las nemónicas para Tz'ikin son *oq'etalik sik'italik*, 'llorar por, pedir' y *pwaq*, 'dinero, plata'.

7 y 8 Tz'ikin son los «grandes días» para los altares *meb'il*. Estos días, el sacerdote del linaje llora por, pide *(oq'etalik sik'italik)* bendiciones materiales en forma de dinero *(pwaq)* para comprar las necesidades de la vida para todos los miembros de su patrilinaje. Tz'ikin, como K'at, es secretario–tesorero para el Mundo, pero Tz'ikin consecutivamente sirve de secretario a los dos Mam más poderosos y violentos, o sea, Kej e Iq', quienes no solamente crean el bienestar material, sino que también lo destruyen. Llorar y pedir *(oq'etalik*

sik'italik) en los altares los días 1, 6, y 8 Tz'ikin durante un año Kej o Iq' sirven para protegerse de estos Mam poderosos y crueles.

En la cuenta del tiempo con respecto a la causa de una enfermedad, Tz'ikin indica que la persona tuvo un enemigo quien lloró por o pidió *(xasik'italik, xatz'onotalik)* la ruina económica del cliente, una arruinación que la enfermedad causaría si no se cura pronto. Un día Tz'ikin con un número bajo indicaría que el cliente tuvo un enemigo reciente, mientras un día Tz'ikin con número alto indicaría un enemigo de hace algunos años. Si la cuenta del tiempo es con respecto a un viaje de negocios, Tz'ikin indicaría el éxito económico; entre más alto el número, más grande el éxito. Al contar el tiempo durante la capacitación de un *ajq'ij* novato, Tz'ikin significa que esta persona desea y llora por *(oq'etalik, sik'italik)* el saber.

Un niño nacido el día Tz'ikin llorará por, deseará *(roq'em usik'in)* todo lo necesario para una buena vida, tanto material como espiritual. Tal niño, si lo llama el Mundo, se entrenará como *ajq'ij*. Como contador del tiempo, será un rezador elegante, y muy solicitado por los deseos tanto buenos como malos. Si el niño es varón, podría ser seleccionado por su patrilinaje como su sacerdote para cuidar los *meb'il* y los otros altares. Después podría llegar a ser sacerdote a un nivel más alto, y ayudar a la gente a prosperar.

Ajmaq.—Las nemónicas para Ajmaq son *pa ri alaxik,* 'en el patrilinaje' y *sachb'al ajmaq, chila'chi kaj, chuwäch ri Tiox, chuwäch ri Mundo, chikiwäch ri Nantat,* 'perdonar sus pecados allí ante el cielo, ante Dios, ante el Mundo, ante los Antepasados'.

1, 6, 8, y 9 Ajmaq son los días cuando los sacerdotes visitan los altares comunitarios para pedir perdón *(sachb'al ajmaq)* ante Tiox, Mundo, y Nantat por haber peleado dentro del patrilinaje. Ajmaq, como Aj e I'x, es un buen día para «sembrar» en el altar de fundación un niño nuevo del patrilinaje que no ha nacido todavía. 8 y 9 Ajmaq (como también 8 y 9 Aj) los miembros de las cofradías deben lavar las ropas de los santos.

En la cuenta del tiempo para una enfermedad, Ajmaq indica que la persona ha pecado contra un miembro de su propio patrilinaje y que debe pedir perdón ante su cónyuge y sus padres. Entre más bajo el número, más reciente o menor es el pecado, mientras que entre más alto el número, más antiguo o más serio es el delito. Si se pregunta si cierta mujer se casará con el cliente, Ajmaq es una respuesta positiva: ella se unirá al patrilinaje *(pa ri alaxik)*. Ajmaq también es un buen día para los viajes y para el dinero; entre más alto el número, mejor será el resultado económico.

Un niño nacido un día Ajmaq tendrá suerte en los negocios pero será irresponsable como cónyuge o padre. No obstante, su adulterio u otros pecados cometidos contra la familia se perdonarán, a diferencia de los pecados cometidos por la gente nacida otros días, para que su familia prospere.

No'j.—Las nemónicas para No'j son *utzilaj no'j xuchomaj, itzel no'j xuchomaj,* 'pensaba buenos pensamientos, pensaba malos pensamientos', y *no'jinik chomanik,* 'pensar, meditar, alegar, resolver, o preocuparse'. No'j, uno de los cuatro Mam, tiene buena cabeza y muchos pensamientos, buenos y malos.

En un año No'j, se espera que los miembros del gobierno civil propongan un nuevo plan de construcción o de impuestos, que podría ser una idea excelente o una estúpida. Cada caso de No'j durante un año No'j el sacerdote puede pensar en soluciones novedosas para los problemas de antigüedad con respecto a la familia, al cantón, o al pueblo. Aunque no hay visitas obligatorias a los altares familiares o comunitarios los días No'j, se podrían visitar los altares comunitarios cualquier día No'j con un número bajo para agradecer la solución de un problema o un nuevo diseño para las chamarras.

En la cuenta del tiempo el día No'j, en combinación con otros días, significa tanto *chomanik,* 'pensar' en el sentido de una serie de pensamientos calculativos, argumentativos, inquietos y *no'jinik,* 'pensar', en el sentido de pensamiento creativo o meditativo. Por ejemplo, en una cuenta del tiempo con respecto a la enfermedad, Kan y No'j indicarían que uno debe pensar cuál *ajnawal mes* pudiera haber causado esta enfermedad. Aj y No'j o Ajmaq y No'j dirigirían el pensamiento a los familiares, mientras que K'at y No'j dirigirían el pensamiento a la deudas que uno tiene con otra persona o con el Mundo.

Un niño nacido un día No'j será un pensador creativo e innovador y por consiguiente un excelente *ajq'ij.* Tal niño, a causa de su capacidad para resolver problemas podría llegar a ser también un líder religioso o civil. No'j es un día masculino, y el niño nacido este día, sin distinción de sexo, tendrá un carácter masculino.

Tijax.—Las nemónicas para Tijax son *xaq'ab'al chi'aj,* 'contar mentiras, calumnias'—literalmente 'pisotear labios', *q'abanik,* 'esconder' (de su propia familia), y *ch'oj,* 'pelear'.

1 y 8 Tijax son dos de los veintiún días de permiso para el *ajq'ij* novato. En estas ocasiones, al estudiante se le recuerda los infames labios de sus amigos que pisotean, *xaq'ab'al chi'aj,* que podrían llamarlo tonto o brujo por emprender la capacitación. Hacen esto porque tienen celos de que el Mundo no los haya

elegido, o porque los misioneros evangélicos o el sacerdote católico los han llenado de mentiras sobre los «paganos» cada día domingo. Los días 1, 6, 8, y 9 Tijax, los *ajq'ij* que visitan los altares comunitarios pueden pedir que los difamadores religiosos se peleen *(ch'oj)* entre sí y no con ellos. En la misma visita, también piden que no haya ni celos o encubrimiento *(q'abanik)* con respecto a los asuntos económicos o sexuales entre los miembros de su propio patrilinaje.

En la cuenta del tiempo, Tijax indica que un misionero está tratando de meter una persona en una disputa religiosa *(ch'oj)*, o que el cónyuge de uno está enojado y celoso por las atenciones hechas a otra persona. Entre más alto el número, más seria es la disputa, que termina (en 13) con el encarcelamiento de uno o ambos partidos y un escándalo público. Al presagiar por un casamiento, viaje, o negocio, Tijax indicaría que va a haber una pelea. En una cuenta del tiempo con respecto a una enfermedad, Tijax indicaría que la difamación, por un enemigo o por el paciente mismo, es la causa.

Un niño nacido el día Tijax irá por la vida como víctima y promotor de mentiras religiosas, sexuales, políticas, difamaciones, y pleitos. Tal persona no se entrenará como *ajq'ij* porque estará tan debilitada como resultado de las disputas que no va a poder actuar de representante de un enfermo ante el Mundo.

Kawuq.—Las nemónicas para Kawuq son *remelik tikilik*, 'detener agua, sembrar o sacar' en el sentido de poner puchero en una escudilla en la mesa o dejar ofrendas de las frutas recién cosechadas en la iglesia para Santiago y para San Antonio Pologuá, y *mulom quchum*, 'juntar chismes, problemas u hostigamiento'.

Los días 1 y 8 Kawuq, días de permiso para el *ajq'ij* novato, el maestro le recuerda al estudiante que las ceremonias ya han comenzado y que las ofrendas se han puesto sobre la mesa del Mundo *(remelik tikilik)* en su nombre. Los días 1, 6, 8 y 9 Kawuq, los *ajq'ij* visitan los altares para colocar las ofrendas en la mesa del Mundo, así como también para pedir que cualquier problema *(mulom quchum)* puesto allí por sus enemigos regrese a esos mismos enemigos.

En una cuenta del tiempo con respecto a una enfermedad, Kawuq indicaría que alguien puso una mesa *(remelik tikilik)* de ofrendas ante el Mundo y los antepasados, pidiéndoles que envíen la enfermedad al cliente. Entre más alto el número, es más antiguo y más serio el resultado de este pedido. Sin embargo, al contar el tiempo con respecto al resultado de un trato comercial, *remelik tikilik*, 'la mesa está puesta', indica que el Mundo y los antepasados aprueban que el negocio propuesto es bueno.

Un niño nacido el día Kawuq tendrá una vida inquieta y hostigada *(mulom quchum)*, llena de castigos de los antepasados. Tal persona no tendría la fuerza necesaria para ayudar a otros y por eso no se entrenaría como contador del tiempo.

Junajpu.—Las nemónicas para Junajpu son *kiq'ij ri Nantat*, 'día de los antepasados', *chikiwäch ri Nantat*, 'ante los antepasados', y *ketaman ri Nantat*, 'los antepasados ya saben'.

1 y 8 Junajpu son días de permiso para un *ajq'ij* novato. Los días 1, 6, 8, y 9 Junajpu, los *ajq'ij* individuales hacen ofrendas en los altares comunitarios ante los antepasados *(chikiwäch ri Nantat)*. El día 11 Junajpu, el sacerdote del pueblo de Los Cipreses visita Sokob', la montaña sagrada occidental de los antepasados. Aquí les pide bendiciones a los antepasados (y no las enfermedades que ellos pueden enviar también) para todos los momostecos vivos.

Los días Junajpu, como los días Aj, se seleccionan para las ceremonias para la construcción de casas; el sacerdote específicamente pregunta si los antepasados saben *(ketaman ri Nantat)* y si están de acuerdo con respecto a la nueva casa. Los días Junajpu también se seleccionan para las oraciones y las ofrendas que permiten que entre el espíritu *(nawal)* de una persona difunta en la sala obscura fría del Mundo y así juntarse con los otros espíritus. Entre más joven y menos poderosa la persona, más bajo es el número elegido. Por ejemplo, el espíritu de un bebé entra en la sala el día 1 Junajpu, una joven casada o un joven casado entra respectivamente los días 5 y 6 Junajpu, mientras que una anciana entra el día 8 Junajpu y un anciano el día 9 Junajpu. Una mujer que ha servido de comadrona y/o contadora del tiempo, entra el día 9 Junajpu, mientras que un sacerdote varón entra los días del 9 al 12 Junajpu, dependiendo de su posición en la jerarquía sacerdotal. Una persona que ha sido sacerdote del pueblo o segundo regidor (véase el capítulo ..) entra el día 12 Junajpu, y el *ajnawal mes* poderoso y caprichoso entra el día 13 Junajpu.

En la cuenta del tiempo, Junajpu indica los muertos. Si se pregunta la causa de la enfermedad, el número de Junajpu indica la edad y el estatus (a la hora de la muerte) del difunto que envió la enfermedad. Si se pregunta si el cliente va a aliviarse, y si aparece el número de Junajpu que se seleccionaría para la ceremonia de entrada del espíritu de este cliente, significa que el cliente no se va a aliviar, porque su espíritu ya está con los muertos. En una cuenta del tiempo con respecto a un casamiento, Junajpu indica que la propia hermana del cliente u otra familiar se perderá a su patrilinaje, al ir a juntarse con el patrilinaje del esposo. Si un sacerdote muere un día 9, 10, o 11 Junajpu, indica que estaba destinado a morir: los antepasados deseaban su presencia entre ellos. Pero si la muerte ocurre el día 13 Junajpu, éste fue un sacerdote malévolo que sacaba dinero a sus clientes y se quedaba con él en vez de usarlo para las ofrendas necesarias.

Un niño nacido un día Junajpu tendrá una relación cercana, quizás malsana con los muertos. Hasta puede llegar a ser *ajnawal mes*, actuando como médium para las voces de los muertos.

Imöx.—Las nemónicas para Imöx son *kamöxirik*, 'se posesiona o se vuelve loco', *nimalaj k'ulel*, 'gran enemigo', y *kumatz rib' chikiwäch Mam,* 'humillarse ante el Mam'.

Los días 1, 6, y 8 Imöx, un *ajq'ij* visita los altares públicos apropiados, donde se humilla *(kumatz rib')* ante los Mam (Kej, E, No'j, Iq') para que no sea dominado por su poder; que lo vuelve loco *(kamöxirik)*. Los días Imöx con números altos, los *ajq'ij* poderosos van a los altares en las cimas de las montañas para presentarse ante los Mam, pidiéndoles que dominen a las personas que han usado la brujería contra otros. Esta dominación llega en forma de una enfermedad con un componente mental y uno físico. El contador del tiempo que llama directamente al poder de los Mam para perjudicar a otros de esta manera es el gran enemigo *(nimalaj k'ulel)* que trae el castigo divino sobre sus enemigos. Ésta se considera una práctica muy peligrosa, porque los Mam, después de oír el caso, podrían decidir dominar a la persona que hizo la petición en vez de la víctima destinada. Los nueve o trece días consecutivos de las dos ceremonias principales de brujería siempre incluyen un día Imöx para avisar a los Mames de la víctima futura.

En la cuenta del tiempo con respecto a una enfermedad, Imöx indica que un enemigo *(k'ulel)* ha pedido la enfermedad; entre más bajo el número, menos seria va a ser la enfermedad. Cuando es uno de los primeros resultados en una cuenta del tiempo con respecto a un matrimonio, Imöx significa que la mujer deseada podría enloquecer *(kamöxirik)* al cliente; mediante su infidelidad u otras acciones maléficas, dominaría al hombre. Al presagiar para un viaje o un trato comercial, Imöx indica tantos problemas y tanta complejidad que uno se volvería loco.

Un niño nacido un día Imöx será dominado por el poder de los Mam. Como resultado, será débil, ineficiente, desorientado, aun loco. Aunque tal persona no puede efectivamente entrenarse como contador del tiempo, se interesará bastante en la brujería y tal vez compre de los vendedores ambulantes que venden oraciones impresas a San Simón y a otros santos malos, publicados en México, Honduras, y en Mazatenango, Guatemala. Se dice que la gente que depende únicamente de materiales impresos para tratar de llevar a cabo tales actos peligrosos se vuelve loca.

Iq'.—Las nemónicas para Iq' son *eyawarinaq*, 'se molestó, *kontra k'ulel*, 'enemigo está contra uno', *lawalo*, 'bravo', y *ch'u'j*, 'frenesí, furia, locura'. Iq', uno de los cuatro Mam, es muy bravo *(lawalo)*, y trae tormentas violentas o ventarrones sin lluvia.

Iq' es un Mam tan peligroso que las ceremonias usuales para el Mam actual se celebran únicamente los días 1, 6, y 8 Iq' durante un año Iq'. Estos días, los sacerdotes piden que a ellos, a sus familias, y a los clientes no los aplaste la violencia de Iq'. Específicamente piden que el relámpago, el terremoto, la inundación, o el derrumbe no les destruya ni sus casas, ni sus animales domésticos. También piden que las emociones humanas negativas fuertes de odio, enojo, furia *(eyawarinaq)*, y frenesí *(ch'uj)* no les caigan, ni a su familia, ni a sus clientes. Un *ajq'ij* o *ajnawal mes* poderoso y malévolo usa un día Iq' con un número alto para inducir estas furias destructivas negativas, en la naturaleza así como también entre los humanos. Tales días, la gente puede ser dominada hasta cierto punto por pasiones violentas, no importe los esfuerzos que haga para no serlo.

En una cuenta del tiempo para una enfermedad, Iq' indica que el cliente tiene un enemigo en contra de él *(kontra k'ulel)* quien indujo una furia *(eyawarinaq)* o frenesí *(ch'u'j)* dentro de él. El resultado fue una enfermedad. Entre más bajo el número, más reciente es la furia y menos será la enfermedad que resulta. En una cuenta del tiempo para un casamiento, Iq' es una respuesta negativa, e indica que la mujer nombrada es enemiga *(k'ulel)*, porque está demasiado apasionada y emocional *(lawalo)* y traerá el frenesí *(ch'u'j)* y la destrucción a la casa y a la familia. Iq' es un día tan malo para un trato comercial o viaje que la mayoría de los comerciantes momostecos evitarán las transacciones completamente los días Iq' con números altos. Un niño nacido un día Iq' será una persona brava, fuerte, salvaje, hasta violenta que podría entrenarse como *ajnawal mes*. Aunque temen mucho y hasta odian a esas personas, los hombres

Iq' frecuentemente desempeñan puestos militares o civiles superiores a causa de su poder personal.

Implicaciones para la epigrafía maya

Esta presentación de las nemónicas, de las ceremonias, de los significados sagrados, y del carácter de cada uno de los veinte días, como se enseñan y se practican en Momostenango, debe haber hecho evidente que aunque algunos días tienen tendencias fuertes de una manera u otra, no hay días absolutamente «buenos» o «malos». Por ejemplo, si bien Iq' tiene un sabor generalmente negativo, 1, 6, y 8 Iq' se usan para el propósito positivo de protegerse contra los desastres. Segundo, la nemónica para cada día, que frecuentemente personifica semejanzas sónicas al nombre del día, no debe, como sugirió Thompson (1950:70), ignorarse como «fortuita» o acrecentamientos «fortuitos» o «espurios» porque son centrales al sistema oral de la instrucción calendárica y la práctica de la interpretación calendárica. Las nemónicas típicamente conectan los días con las ceremonias por medio del juego de sonidos o paronomasia más que conectar los días con símbolos estáticos por medio de la etimología. Por ejemplo, B'atz' se interpreta por medio de b'otz'oj, 'enrollar', que se refiere a una vara con flores enrolladas encima, que lo conecta con el pedido de la novia. No debería glosarse como 'mono aullador', como Thompson desearía. En otras palabras, la «teoría» de los significados de los días se basa en la «práctica» viva, más que en lo que Thompson vería como los fragmentos decaídos o maltratados de un sistema simbólico que otrora era perfecto.

Las nemónicas, como los nombres de los veinte días, son k'iche's más que estrictamente momostecos; he encontrado personas en Chichicastenango, Santa Catarina Ixtahuacán, y Chinique que están familiarizados con estas nemónicas y otras. Townsend (1979) ha encontrado nemónicas parecidas entre los ixiles de Cotzal. También hay que notar que la interpretación de los nombres de los días por medio de la paronomasia ocurre en el *Chilam Balam de Chumayel*, un libro maya yukateko del siglo XVII (Roys 1967:116-118).

Además, las nemónicas, las ceremonias, y los significados sagrados de estos días, combinados con el conocimiento de sus modificaciones por el número anterior, resuelven muchas diferencias aparentes que aparecen en la documentación existente con respecto a los valores de los días en diferentes pueblos k'iche's. Quizás los dos mejores ejemplos de tales días son Iq' y Aq'ab'al. Sapper (1925) caracterizó Iq' como un día malo en Quetzaltenango y Momostenango—el día que un enemigo enviaría una enfermedad, mientras que Schultze Jena (1954:68) lo caracterizó como un día sagrado, un buen día para celebrar las ceremonias para las imágenes familiares en Chichicastenango. Este desacuerdo aparente se resuelve bastante fácilmente por la discusión del consultor de Bunzel (1981:337) de los significados ceremoniales y sagrados del día Iq' en Chichicastenango:

> Éste es un día malo, un día peligroso. Éste es el día que es sagrado a los ídolos. Yo, por ejemplo, tengo ídolos en mi casa. Cuando llega este día los honro realizando en mi casa un rito. Esto se hace en la noche, con un poco de incienso, aguardiente, rosas, y agujas [hojas] de pino y dos candelas de cinco pesos cada uno que permanecerán prendidas toda la noche.
>
> Si las cuentas del tiempo salen en iq' es una señal de pecado ante los ídolos. La advinación en iq' y en aq'b'al significan calumnias, tal vez por parte de un enemigo, ante los ídolos. Las hinchazones dolorosas, y el cáncer se atribuyen a este día.

Una discusión más completa armoniza con los datos de Schultze Jena de que Iq' es un día sagrado para celebrar las ceremonias para las imágenes de la casa y también con los datos de Sapper que el enemigo puede enviar una enfermedad este día. Yo encontré una interpretación de Iq' similar en Chinique (una comunidad cerca de Chichicastenango), donde Iq' es buen día para darles licor a las imágenes de piedra (en la casa y en los altares) a fin de recibir sus favores. Pero a la vez, es un día cuando estas imágenes pueden enviar la destrucción.

En el caso de Aq'ab'al, Schultze Jena sacó lo que el creía eran unas diferencias irresolubles en los significados de este día entre Chichicastenango, donde es un día de brujería, y Momostenango, donde es buen día para llevar a cabo un casamiento. En Momostenango, *aq'ab'il*, 'al amanecer', que indica el tiempo para un pedido de novia, se puede decir que es una nemónica central. Esto se comprueba claramente por la presentación mínima de Rodríguez (1971:92) del significado del día en Momostenango como bueno para pedir una mujer, y la afirmación de Saler (1960:127) que en El Palmar (una comunidad fundada por momostecos), «cualquier Aq'ab'al, no importe el número de día con que se combina, es 'buen día para buscar una muchacha'».

Como ya he explicado con bastantes detalles, los momostecos también asocian a Aq'ab'al, a través de la nemónica *k'ab'al*, 'apertura', con los malos sentimientos que pueden entrar en los altares de linaje los días de las ceremonias. La forma más común de la brujería k'iche' es expresar el descontento ante un altar de linaje abierto u otro altar. Yo misma he sido la víctima de esto en Momostenango. También he estado presente en Chinique cuando un *ajq'ij* se quejaba de un vecino al Mundo; esperaba que su queja resultara en una enfermedad para este hombre. En ambos casos, los mismos *ajq'ij* sabían que practicaban la brujería, aunque sentían que era autodefensa justificable. Esta práctica de quejar al Mundo y a los antepasados de las injusticias con el fin de vengarse se llama *¡chaq'ab'aj!*, '¡echas la culpa!', que es una nemónica para este día tanto en Momostenango como en Chichicastenango. La descripción de Bunzel (1981:338) de Aq'ab'al indicaría que esta nemónica es la central de Chichicastenango:

> Aq'bal (oscuridad). Símbolo del mal en el corazón de los hombres. Aq'bal es un día malo, el día de los calumniadores. 8 aq'bal es un día para pedir protección contra los calumniadores, si uno no desea mal. Pero el día 'fuerte', 12 o 13 aq'bal son los días para trabajar el mal contra otros; para pedir justicia ante los Señores de la Justicia para que los enemigos sean castigados por sus calumnias y sus difamaciones.
>
> Si las advinaciones salen en aq'bal es malo; quiere decir que algún enemigo está haciendo brujerías contra uno. Entonces uno debe defenderse con ceremonias intensas.

Parece que esta comunidad ya no usa un día especial del calendario k'iche' para las ceremonias del matrimonio. En vez de eso, los contadores del tiempo buscan un lunes o jueves del calendario gregoriano (*ibídem*:157). Esto puede explicar porque los maxeños aparentemente usan únicamente la nemónica *¡chaq'abaj!* '¡echas la culpa!', mientras que los momostecos también piensan que *k'ab'al*, que se refiere a la apertura de los altares de linaje para pedir permiso para casarse con una mujer y *aq'ab'il*, 'al amanecer', la hora del pedido mismo. La diferencia entre las dos comunidades surge no de una confusión en un sistema simbólico, sino de una diferencia en las prácticas sobre las cuales se basan las teorías del significado de los días.

Las acciones sociales, que principalmente consisten en prácticas ceremoniales que apoyan y limitan las nemónicas seleccionadas para ciertos días, tienen prioridad sobre la paronomasia en el caso de cinco de los veinte días: Ajmaq, Tijax, Kawuq, Junajpu, e Iq' carecen del aspecto de paronomasia en sus nemónicas. Sin embargo, la interpretación de los nombres de los otros quince días, une la práctica y la paronomasia. No importa los cambios que hayan podido surgir en las prácticas ceremoniales asociadas con los días desde la época precolombina, es probable, desde un punto de vista lingüístico, que las limitaciones fonéticas de la paronomasia han permanecido iguales. Por esta razón, cualquier evidencia con respecto a las reglas que rigen los juegos de sonidos en los idiomas mayas es de bastante importancia para el desciframiento de la escritura jeroglífica maya, en que una palabra determinada podría escribirse no con su propio glifo, sino utilizando glifos de otras palabras con sonidos similares. Thompson afirmó que en esa clase de escritura, una consonante glotalizada nunca sería reemplazada por una no glotalizada, y viceversa, una regla que se confirma (con una complicación) por las nemónicas de los días k'iche's: Aq'ab'al = *aq'ab'il, k'ab'al, chaq'ab'aj;* K'at = *k'atik, k'at, k'asaj;* Kan = *kab'an;* Kame = *kamej, kamikal;* Kej = *kejaj;* Q'anil = *kaq'anarik, ixq'anil;* Toj = *tojonik;* Tz'i'= *tz'ilonik, tz'iyalaj, katz'iyarik;* y B'atz' = *kab'ätz'inik, kab'otz'ik, b'otz'oj, tz'onoj.* La complicación es que una de las nemónicas para Tz'ikin es *sik'italik,* pero aquí podría argumentarse que la *k* en la nemónica ha recobrado su glotalización mediante metátesis, es decir, por la transposición de *tz'* en el nombre del día—y no por una contradicción completa de la regla que las consonantes glotalizadas no son jugadas aceptables de las sencillas. Otra regla de Thompson es que la *k* y la *q* no son intercambiables; la evidencia del k'iche' es una vez más principalmente confirmatoria (véase los ejemplos arriba), excepto donde Aq'ab'al = *k'ab'al.* Thompson (1972:29) también prohibe los cambios de vocales; otra vez la evidencia del k'iche' está principalmente de acuerdo, como puede verse en los ejemplos ya dados y en I'x = *jix,* excepto que todas las nemónicas para B'atz' (véase arriba) demuestra un cambio de vocal, aunque el cambio en B'atz' = *kab'ätz'inik,* es pequeño.

En resumen, la regla de Thompson con respecto a la glotalización queda en pie, pero los casos de Aq'ab'al = *k'ab'al* y las nemónicas de B'atz' sugieren que sus reglas con respecto a *k/q* y los cambios de vocal no deben considerarse como absolutos, como parecía insistir, sino como tendencias fuertes. Los datos del k'iche' sugieren una nueva posibilidad que Thompson no menciona, el metátesis, ejemplificado no solamente por la transposición de la glotalización en Tz'ikin = sik'italik sino por la inversión de vocal y consonante en Aj = *ja.*

Aunque los sonidos de las nemónicas k'iche's para los nombres de los días pueden dar indicios para las reglas para leer los pasajes en los textos mayas antiguos que de casualidad se escriben fonéticamente en vez de logográficamente,[2] estas nemónicas deberían servir también para recordarles a los epígrafos que el método antiguo de leer un texto jeroglífico en su totalidad puede haber incluido mucho más que asignar en serie cierto fonema, sílaba, morfema, o palabra a cada glifo. El lector antiguo, al encontrar un glifo logográfico por el nombre de un día u otra palabra cargada con mucho significado, no puede haberse satisfecho simplemente pronunciando esa palabra (y luego seguir con el glifo siguiente), sino puede haberse dado cuenta de sus implicaciones más amplias mediante la narración de precisamente las palabras y las frases interpretativas como las que usa el *ajq'ij* k'iche' hoy en día.[3]

LA SANGRE HABLA

En una área amplia de Mesoamérica, que se extiende desde Sonora y Michoacán por Oaxaca y Chiapas hasta el Altiplano guatemalteco y Belice, la sangre se considera una sustancia animada, capaz, en algunos individuos, de enviar señales o «hablar». La recepción de sus mensajes toma dos formas, la interna y la externa. En el caso de la lectura interna, encontrada a lo largo del Altiplano guatemalteco, el chamán tiene una sensación dentro del cuerpo, diversamente descrita en la documentación existente como un estremecer, saltar, sacudir, o punzar de la sangre o de los músculos. Esta sensación transmite información sobre el pasado o el porvenir de los pacientes o de los clientes del contador del tiempo. En el caso de la lectura externa, encontrada en las demás áreas, el chamán recibe información directamente de la sangre del paciente por medio de «pulsar», tocando el cuerpo del paciente en diversos puntos del pulso. En ambos casos, se puede decir que la sangre «habla», pero de otra manera estos dos fenómenos parecen ser transformaciones radicales una de la otra, con una distribución geográfica mutuamente exclusiva. Para la comunidad mam de Todos Santos, en el altiplano guatemalteco pero muy cerca de la frontera con Chiapas, Oakes (2000:149) describió lo que parece ser un caso intermedio. Un chamán puso la mano izquierda en la pantorrilla de la pierna derecha, debajo de la rodilla, mientras se preguntaba quién había hechizado al paciente; en otros términos, se puede decir que se pulsó a sí mismo más bien que al paciente. En el caso del «estremecer» o «brincar» de la sangre que se siente internamente, el chamán no toca su propio cuerpo.

Aunque nunca se ha descrito sistemáticamente, el hablar interno de la sangre ha recibido mención frecuente en la documentación etnográfica sobre el altiplano de Guatemala. Un ixil le contó a Lincoln (1942:121) que aunque todavía no había recibido la llamada cabal para hacerse *ajq'ij*, tenía cierta sensación o señal en la parte superior e inferior de los brazos que le avisaban cuando alguien venía, lloraba, o estaba en la cárcel. Saler (1970:136) notó en la comunidad k'iche' de El Palmar, «una punzada 'de la sangre' en las piernas de personas especialmente talentosas, y las pulsaciones se interpretaban según algún esquema que producía respuestas binarias—'sí' o 'no'—a cualquier pregunta». Falla (1975:81) mencionó que una calidad innata de los chamanes del municipio k'iche' de San Antonio Ilotenango era una sensibilidad muy fina para sus propias señales de la sangre y del cuerpo. En Chichicastenango, Bunzel (1981:348) encontró que durante la cuenta del tiempo, el *ajq'ij* hacía una serie de preguntas al paciente o al cliente hasta que repentinamente «se anuncia por una sensación de retintín en los antebrazos, que se dice ser localizado en las venas, y que es la voz de la sangre». Dicen que esta capacidad para contar el tiempo con la sangre es un don directo de los ancestros. En esta misma comunidad, Tax (1947:517) notó la existencia de personas que experimentaban «espasmos de los músculos» y Rodas, Rodas, y Hawkins (1940:71) mencionaron que cuando un contador del tiempo reza, «si la axila izquierda se crispa, es una mala señal, pero si la axila derecha se crispa, es buena». Schultze Jena (1954:95) también informó de esta oposición izquierdo/derecho, y malo/ bueno. Cosminsky (1977:3) notó que las comadronas del pueblo k'iche' de Santa Lucía Utatlán experimentan «punzadas o estremecimientos» en la mano izquierda si el parto se demorará, y en la mano derecha si será rápido.

Esta misma esquema de izquierdo/derecho y malo/bueno fue notado por Hinshaw (1975:128) en la comunidad kaqchikel de Panajachel, donde un brazo izquierdo, pierna, o ojo que se estremece es una señal de una desgracia inminente; al lado derecho es buena suerte. Su encuesta con respecto a esta propuesta específica indicó un nivel muy alto de acuerdo entre los otros municipios kaqchikeles y tz'utujiles alrededor del Lago Atitlán, así como también en diez de otros doce municipios guatemaltecos del occidente.

Entre los ch'orti'es, el contador del tiempo mastica tabaco y refriega la saliva en la pierna derecha, al interrogar al espíritu chamán en la pantorrilla. Si el espíritu contesta que sí, recibe una agitación en la pantorrilla; si no, la respuesta es que no (Wisdom 1940:344). En Colotenango, un pueblo mam donde la mayoría de los chamanes son mujeres, la chamán está sentada con las piernas extendidas por enfrente y siente que una *tipumal,* 'fuerza', se le está subiendo las piernas, que le cuenta la causa de la enfermedad y la posibilidad de curarse. Por ejemplo, si la fuerza se le sube por el interior de las piernas, el paciente vivirá, mientras que si está afuera, el paciente morirá (Valladares 1957:219). En otra comunidad mam, Santiago Chimaltenango, Wagley (1949:126) informa que los contadores del tiempo «dan pronósticos de los movimientos de los nervios en los pies»; si el contador del tiempo tiene «un nawal masculino se le mueve el pie a la derecha», pero si «tiene un nawal femenino, se le mueve a la izquierda». La Farge (1994:213) mencionó que en la comunidad q'anjob'al de Santa Eulalia, los contadores del tiempo reciben punzadas en la pierna o perciben señales en un vaso de licor.

El habla externa de la sangre, en que el contador del tiempo recibe mensajes por medio del cuerpo del paciente o del cliente más bien que directamente por medio del suyo, parece tener un paralelo obvio con «tomar el pulso», como practican los médicos en nuestra propia cultura. Pero la práctica mesoamericana nunca es cuestión solamente de medir el ritmo del corazón. Kelly (1956:68), por ejemplo, informó que en la comunidad de Santiago Tuxtla, en el estado de Veracruz en México, «el curandero toca nuestros pulsos y declara que están muy 'altos', no en el sentido del ritmo del corazón, sino de la posición arriba de la muñeca». Beals (1945:97) declara que «en todos los pueblos Mixes [del occidente] hay curanderos que primero diagnostican por palpar las muñecas, los codos, y la frente. Inmediatamente saben la causa de la enfermedad». Mak (1959:140) encontró que entre los mixtecas, «el latido del pulso da a conocer cosas como cuáles espíritus son los responsables de la enfermedad, cuál es el nawal del paciente, cuál animal debería asarse y aplicarse». El pulsar también se ha reportado entre los zapotecos de Mitla. Allí, «el diagnóstico normalizado para cualquier achaque, es *ver la sangre*, o pulsar» (Parsons 1936:137).

Los datos más detallados sobre el pulsar en Mesoamérica vienen de Chiapas. Vogt (1969:422) dice que en la comunidad tzotzil de Zinacantán, el chamán siente el pulso de un paciente en la muñeca y el interior del codo, de ambos lados, y que «la sangre 'habla' y provee los mensajes que el chamán puede comprender e interpretar». En esta comunidad, según Fábrega y Silver (1973:151), «la sangre no solamente le indica al *h'ilol*, el chamán, la etiología de la enfermedad, sino también cuántas candelas se necesitan, y cuáles montañas y altares deben visitarse, etc».

Al pulsar en la comunidad tzeltal de Tzonatahal, Nash (1967:133, 134, 132) lo llama «un tipo de 'sociopsia' comparable a la biopsia de la medicina moderna»; el pulsar depende de «la noción que el brujo deja su firma en la sangre y el curandero la 'oye'». En esta comunidad, los puntos para pulsar que se usan con más frecuencia están en la muñeca, en el interior del codo, en la parte anterior del tobillo, en la articulación interior de la rodilla, y en las sienes. La teoría de pulsar es que dado que «la sangre pasa del corazón y 'habla' en las articulaciones, da a conocer las condiciones y las necesidades del corazón», el curandero sólo necesita «escuchar lo que quiere la sangre» a fin de determinar si la enfermedad es «buena», el resultado de relaciones sociales desordenadas, o «mala», el resultado de brujería. Nash notó también que «el pulsar no es simplemente un monólogo del paciente sino más bien un diálogo en que el pulso del dedo pulgar del curandero al prensar sobre el del paciente habla al paciente y le obliga a revelar sus inquietudes».

La naturaleza dialógica del pulsar queda aun más clara en la comunidad tzeltal de Oxchuc, donde, si se encuentra un pulso abnormalmente despacio (una señal de brujería), el chamán interroga al paciente y a sus familiares—su cónyuge, sus padres, y sus hijos—y nombra a las personas con quienes puede haber tenido una disputa. Mientras hace esto, espera que la sangre «hable», para que el pulso brinque cuando menciona a la persona responsable (Wahrhaftig 1960:14). Asimismo, en la comunidad tzeltal de Pinola, el curandero primero escucha el pulso en varias partes del cuerpo—las muñecas, los codos, la nuca, el empeine del pie, los tobillos y la frente—y entonces pasa a interrogar al paciente: «¿Ha ofendido a alguien? ¿Ha peleado?» Sin embargo, como se le explicó a Hermitte (1964:94) el curandero no necesita realmente elicitar la información: ya sabe la respuesta, porque el pulso contesta sí o no cuando menciona la enfermedad que pueda estar afligiendo al paciente y su causa.

En la comunidad tzeltal de Tenejapa, Metzger y Williams (1963:217, 222, 227) han descrito el pulsar como «la característica más destacada de los curanderos». Esta habilidad, que es un «don de Dios», permite al curandero aprender la etiología de la enfermedad, qué medicinas usar, y dónde hay que hacer las oraciones específicas. El pulsero también puede indicar a la persona, comúnmente un padre o antepasado, cuyo delito sexual, fornicio o adulterio, ha resultado en la enfermedad. Todo es posible porque «la sangre del paciente bien sabe qué [son los] pecados de los padres, y se lo «dice» al curandero. Sin embargo, un curandero que hace intentos obvios de obtener del paciente o de su familia la información que sólo el pulso debe revelar no es muy respetado; en otros términos, la dimensión dialógica de pulsar es minimizada en esta comunidad y el don chamánico individual es maximizado.

Para los tzeltales y para los tzotziles, la sangre es donde se encuentra el espíritu de la persona. Villa Rojas (1947:584) encontró que el «curandero [tzeltal] platica con el espíritu del paciente por tomar el pulso». Hermitte (1964:83) informó que «un curandero dijo que chupar en las sienes, en la corona de la cabeza, en la nuca , en los codos, en las muñecas y en los pies del paciente sería para curar el *espanto* a fin de 'despertar el espíritu de la sangre.'»

Holland (1962:139, 135) encontró que «el pulso es la expresión material y tangible del espíritu humano» y que «los tzotziles contemporáneos mantienen la antigua creencia mesoamericana que la sangre es la sustancia de la persona». Aunque el procedimiento de «escuchar» lo que la sangre «dice» es diferente en Chiapas y Guatemala, en que el chamán atiende a la sangre del paciente en un caso y a su propia sangre en el otro, los mensajes en que las oposiciones binarias indican el bien o el mal frecuentemente salen como los resultados en ambas áreas. A causa de estas oposiciones dualísticas y porque los mensajes se enfocan en el individuo, parece fácil asignar el hablar de la sangre a su propio lugar en el esquema de Turner (1975:15-16) para la clasificación de los métodos para explorar el tiempo no presente. Restringe el término «cuenta del tiempo» a uno de estos métodos, mientras que asigna el término «revelación» a la otra. La advinación, en su sentido, es analítica y dualística, un sistema taxonómico que «trata de descubrir la malignidad privada que infecta el cuerpo público». La revelación, por otra parte, es holística y no dualística, y usa conjuntos conectados de «imágenes autoritarias y metáforas de raíz» para afirmar «la salud fundamental de la sociedad íntegramente comprendida». En estos términos, el hablar de la sangre, hasta donde lo hemos discutido, parece ser una especie de cuenta del tiempo, que usa un plan dualístico para investigar la malignidad privada y que carece de las afirmaciones simbólicas más grandiosas de la revelación. Pero unas investigaciones recientes entre los q'eqchi'es de Belice apreciablemente complica este cuadro y sugiere la posibilidad de que las investigaciones más detalladas podrían cambiarlo en otro lado.

Los datos para los q'eqchi'es vienen de San Pedro Columbia (Belice) donde la sangre hablante, que en este caso se registra por medio de pulsar, directamente se conecta al «símbolo autoritario» o «metáfora de raíz» de las cuatro direcciones de la religión y de la cosmovisión mesoamericanas. En el trabajo de campo llevado a cabo entre los chamanes en San Pedro Columbia, Boster (1973:166, 155) encontró que los puntos principales del pulso, ubicados en las muñecas y en los tobillos, se llaman *kaxkutil akwe*, 'los cuatro lados de tu ser', analógicos a los cuatro lados o rincones de la milpa, de la casa y del mundo. En el sentido de Turner, el acto de pulsar en San Pedro es holístico, y directamente vincula el paciente al conjunto conectado de imágenes que integran los mundos naturales y sociales. Sin embargo, estos mismos profesionales interpretan lo que la sangre dice en los puntos del pulso con respecto a los conjuntos de oposiciones: rápido/lento, irregular/parejo, normal/enfermo y bueno/malo. En este caso q'eqchi', parece que el hablar de la sangre incluye una combinación de la cuenta del tiempo y de la revelación de Turner, que efectúa un desenmascaramiento analítico de la malignidad privada del paciente (que infecta no solamente a sí mismo sino a su familia y hasta la sociedad) dentro del contexto metafórico más grande del sistema direccional mundial. En este proceso, el paciente es curado por la salud y el poder fundamental de la sociedad, de la naturaleza y del cosmos. Los datos que recopilé en Momostenango claramente apoyan una interpretación similar y muestran en forma detallada la naturaleza tanto adivinatoria como revelatoria (en los sentidos de Turner) del hablar de la sangre, esta vez en una comunidad donde el hablar tiene lugar en la sangre del contador del tiempo

El relámpago en la sangre

En Momostenango, *kacha' ukik'el*, 'hablar de la sangre', es causado por el movimiento rápido del *koyopa'*, 'relámpago', en la sangre y en los músculos de los contadores del tiempo. La forma fonética de este término, significa tanto 'relámpago externo' en la atmósfera y 'relámpago de sangre' en el cuerpo del contador del tiempo, varía ligeramente según el área dialectal. Momostenango, con su uso de *koyopa'*, está en el área central del altiplano. En San Cristóbal Totonicapán (al suroeste del altiplano, el término que oí es *kaypa*; en Chinique (nordeste), es *kayipa*. Tax nos informa que el término es *kwixpa* para Chichicastenango (este) (Fox 1968:191-197; Tax 1947:517).

Los momostecos cuya sangre habla, experimentan los movimientos de *koyopa'* muchas veces todos los días, si en ese momento están en vías de considerar una pregunta acerca de los sucesos pasados o futuros o no. Por ejemplo, una persona que está haciendo sus quehaceres domésticos podría recibir una señal que una visita está por llegar, o una persona a punto de ir al centro de pueblo podría recibir una advertencia que hay peligro en el camino. Como se vio en el capítulo ..., un sacerdote que reza en un altar podría recibir un indicio de la sangre si su aprendiz hace bien o no. La ocasión cuando más se esperan los movimientos de la sangre es la de la cuenta del tiempo, aunque no se sepa en qué momento esos movimientos pudieran ocurrir (véase los ejemplos del capítulo ⁙). Que algunos movimientos ocurrirán durante la cuenta del ciclo de 260 días es bastante cierto que un *ajq'ij* puede emprender la exploración de la pregunta de un cliente aun cuando el *b'araj* (que contiene el equipo profesional) se ha dejado en casa, o cuando la pregunta se hizo en plena calle y no hay a dónde ir para usar el *b'araj*. En tal caso, el contador del tiempo simplemente contará los días con los dedos (principiando con el día a que se refiere la pregunta), y se detiene para dar una interpretación cada vez que la sangre habla, hasta que todos los veinte días han ocurrido dos veces (véase el capítulo ∴ donde hay ejemplos de cómo la interpretación de los días y de los movimientos de la sangre pueden combinarse). Tal procedimiento es mucho menos completo que una cuenta del tiempo en gran escala y no se usaría para preguntas tan graves como las que se refieren a una enfermedad seria o a un pedido de novia, pero se considera adecuado para las tareas como la interpretación de los sueños o consejos con respecto a los viajes de rutina.

Koyopa' es recibido por un niño nacido un día Aq'ab'al, Kan, Kame, Kej, Q'anil, E, Aj, I'x, Tz'ikin, o No'j (véase el capítulo ...); el niño es un posible candidato para entrenarse como *ajq'ij*. Después de una serie de sueños y/o enfermedades, a veces durante la niñez pero más frecuentemente de adulto, llegará a ser novato y aprenderá a interpretar los movimientos del relámpago. La interpretación se enseña indirectamente contando mitos, haciendo oraciones, y analizando sueños, pero sobre todo por la discusión directa de los movimientos realmente experimentados por el novato y el maestro cuando están juntos

Durante el período de entrenamiento antes de la iniciación, al novato se le enseña cuidadosamente que el relámpago dentro del cuerpo es parecido al relámpago sobre los lagos sagrados de las cuatro direcciones. Cuando se ve el relámpago de noche desde estos lagos—Lemoa en el este, Pasokob' en el oeste, Najachel (Atitlán) en el sur, y Pachi'ul en el norte—los sacerdotes mayas saben si habrá lluvia o no. Si el relámpago es del este o del norte, la lluvia se parará, mientras si es del oeste o del sur, la lluvia vendrá. Sin embargo, puesto que la lluvia es deseable únicamente en ciertas ocasiones y no en otras, esta asociación no puede reducirse a una simple oposición positivo/negativo. Más bien, la cuestión es que, así como el relámpago externo en cualquier dirección cardinal da información con respecto al buen tiempo y mal tiempo, el relámpago humano interno en una de las direcciones cardinales propias del cuerpo da información humana, si buena o mala. Cuando los contadores del tiempo visitan estos lagos, que significa un viaje bastante pesado porque todos menos Pasokob' quedan muy lejos de Momostenango, juntan un recipiente pequeño de agua que llevan a su propia tierra y la depositan en una manantial o filtro de agua en sus altares bajos *uja'l*, 'al agua'. Esta agua purifica el nacimiento de agua y agrega la información de las direcciones cardinales, a las cuales se dirigen en las cuentas del tiempo y en las oraciones en nombre de los clientes enfermos.

En cuanto al significado de los movimientos del relámpago dentro del cuerpo, al novato se le enseña, al nivel más general, que un movimiento de la sangre en la parte anterior del cuerpo indica un estado, suceso, o acción presente o futuro, mientras un movimiento al dorso del cuerpo indica un estado, suceso, o acción pasado. Otra regla general es que un movimiento al lado izquierdo del cuerpo, sea la persona hombre o mujer, concierne las acciones o los pensamientos de una mujer, mientras un movimiento al lado derecho concierne a un hombre. A la vez, estas dos reglas alinean al contador del tiempo dentro del universo cuadridireccional. Cuando un *ajq'ij* reza, puede comenzar mirando al este, *chireleb'al q'ij*, 'a la salida del sol', el presente o futuro. En esta posición, la espalda está hacia el oeste, *chuqajib'al q'ij*, 'a la puesta del sol', el pasado; el lado derecho, o masculino, se alinea con el sur, *kajxukut qaj*, 'las cuatro esquinas de cielo', y el lado izquierdo, o femenino, se alinea con el norte, *kajxukut ulew*, 'las cuatro esquinas de la tierra'. En otras palabras, al orientarse, el *ajq'ij* llega a ser un epítome, o microcosmos.

La alineación simbólica de cuerpo, género, tiempo, y dirección se repite en una escala más grande cuando el sacerdote del pueblo visita las montañas sagradas de las cuatro direcciones (véase el capítulo ....). Su visita a la montaña del este se hace el día 11 Kej, día asociado con la capacidad de presagiar el futuro (véase el capítulo __). Visita la montaña del oeste el día 11 Junajpu, día asociado con los antepasados; los días Junajpu se usan para la ceremonia para la entrada del nawal o espíritu de una persona muerta en la sala obscura fría del inframundo. Con 11 Aj viene la visita a la montaña del sur; Aj es un día especial para las ceremonias celebradas por el sacerdote para su patrilinaje y así está de acuerdo con el hecho de que la montaña del sur corresponde al lado derecho (masculino) del cuerpo del contador del tiempo. Finalmente, el día 11 Kame, viene la visita a la montaña del norte; Kame, un día «femenino», especialmente bueno para pedir la novia, de esa manera se asocia con el lado izquierdo (norte) del cuerpo. La misma sucesión de días (pero con distintos números) se sigue para los permisos de un novato para determinar qué se hace los días 1 y 8 Kej, Junajpu, Aj y Kame. En efecto, estos permisos sirven para presentar el individuo al macrocosmos, mientras la enseñanza del esquema frente/dorso, derecho/ izquierdo para leer los movimientos del relámpago introduce el esquema macrocósmico en el cuerpo mismo de ese individuo. La figura 26 resume el esquema macro- y microscósmico.

Para que todo esto no parezca demasiado abstracto, hay que tomar en cuenta que las asociaciones temporales de la parte anterior del cuerpo con el presente y el futuro (hacia donde va una persona), y la parte posterior del cuerpo con el pasado (de donde ha venido una persona), tiene una base empírica obvia. A este esquema básico se agrega el tiempo biológico, que fluye de los antepasados a los descendientes quienes, a la vez, corresponden a las categorías espaciales de oeste y este y a la salida, o «nacimiento», del sol y la puesta, o «muerte», del sol cada día. Además, el *cholq'ij* se arregla de modo que Kej, el día que se pide el primer permiso del novato ante el Mundo, es seguido trece días después por el día Junajpu con el mismo número, el día que el nawal de un difunto es enviado por un sacerdote al Mundo.

La asociación de las partes anterior y posterior del cuerpo con el nacimiento y con la muerte parece indicar una reducción final a un dualismo del bien y del mal, pero la bondad o la maldad de un movimiento de la sangre depende del

Descendientes
Cuenta del tiempo
Kej/Contadores del tiempo
Mundo Kilaja
presente/futuro/nacimiento
frente del cuerpo

lado izquierdo		lado derecho
mujer		hombre
Mundo Pipil NORTE		SUR Mundo Tamanku
Kame/matrimonio		Aj/patrilinaje
Ceremonia del matrimonio OESTE		Ceremonia del patrilinaje

dorso del cuerpo
pasado/muerte
Mundo Sokob'
Junajpu/los difuntos
Ceremonia de la Muerte
Antepasados

26. La orientación del contador del tiempo

tipo de pregunta que se hace. Por ejemplo, si la preguntas es, «¿Por qué está enferma esta persona?» y si el relámpago del *ajq 'ij* se mueve en la parte inferior de la espalda, significa que un miembro difunto del patrilinaje del paciente ha causado esta enfermedad. Por otra parte, si el sacerdote le está enseñando algo a su novato y el relámpago se mueve en este mismo lugar, significa que los parientes difuntos del novato apoyan el aprendizaje.

El dorso del cuerpo se relaciona tanto al bien como al mal hecho por los antepasados cuando ellos vivían, y al bien y al mal que envían diariamente a los vivos desde su morada obscura del Mundo. Por consiguiente, si la pregunta en la cuenta del tiempo es, «¿Por qué está enferma esta persona?» y el contador del tiempo recibe un movimiento en la nalga izquierda, la interpretación es que una ancestra, (pero hace tantas generaciones que el cliente desconoce su nombre), estuvo metida en una disputa seria—v.g., sobre derechos de agua— que ella no pagó y se enfermó. Por lo tanto, la enfermedad del cliente es un resultado del residuo no resuelto de la maldad que permanece en la tierra. Otra interpretación que potencialmente puede valer también es que el cliente no se ha acordado del difunto. Específicamente, no ha visitado con regularidad las sepulturas de sus familiares difuntos con ofrendas de la luz de las candelas, agua de manantial refrescante, el olor grato y la nutrición de la flores, y la corteza de copal, que los muertos necesitan para poder sobrevivir en la vida venidera. Por otra parte, si preguntan qué representa el símbolo de un animal como el delfín en el sueño de un novato y el *ajq 'ij* recibe un movimiento en la nalga izquierda, es claro que este símbolo representa una de las ancestras del novato, quien se siente complacida de que el novato emprende el entrenamiento, porque el novato pronto se le dirigirá por su ayuda en contar el tiempo y también le va a hacer ofrendas.

En el caso del grupo lateral de términos, derecho-izquierdo, hay otras fuentes etnográficas guatemaltecas que indican una buena oposición (Uso aquí una vírgula para las oposiciones analíticas y un guión para los pares dialécticos), pero el par hombre-mujer de que hablamos aquí presenta un cuadro diferente. Es cierto que se puede decir que un movimiento de la sangre en el lado derecho del cuerpo representa las acciones de un hombre, pero también representa la masculinidad en general, no importa quién la manifiesta. Las mujeres que nacen en los dos días sumamente masculinos del *cholq 'ij*, No'j y Kej (véase el capítulo —), podrían señalarse como hombres en el lado derecho del cuerpo del contador del tiempo. Asimismo, los hombres que nacen los dos días sumamente femeninos, Kame y Aq'ab'al, podrían señalarse como mujeres en el lado izquierdo del cuerpo. Estos cuatro días son poderosos para las ceremonias, y todos son días de nacimiento posibles para los futuro sacerdotes de ambos sexos (véase el capítulo __); no pueden arreglarse en un conjunto binario positivo/negativo. Además, puesto que el lado izquierdo del cuerpo de un contador del tiempo es la ubicación para un movimiento de sangre relacionado a una mujer o a un hombre Aq'ab'al o Kame, y puesto que el lado derecho está relacionado a un hombre o a una mujer No'j o Kej, lo que pasa aquí no es una oposición binaria simple, sino una complementariedad dialéctica en que los términos hombre-mujer y derecho-izquierdo abarcan uno al otro, no se oponen (hombre/mujer, derecho/izquierdo).

Los datos de Momostenango son bastante claros en este respecto, pero mis notas de campo de Chinique y San Cristóbal Totonicapán, así como también la documentación publicada de Chichicastenango (Schultze Jena 1954:96; Rodas, Rodas y Hawkins 1940:71), sugiere que una oposición binaria simple, con el lado derecho del cuerpo bueno y el izquierdo malo, podría existir en estos otros pueblos. Este esquema parece ser un traslado del área de los augurios de animales al cuerpo humano. En estas comunidades, así como también en Momostenango, los animales del Mundo, o sea los animales salvajes, de repente pueden cruzar el camino en frente de uno; un movimiento hacia la izquierda es un augurio malo, mientras que un movimiento hacia la derecha es bueno.

Hasta en Momostenango, hay una oposición clara de bueno/malo en la direccionalidad próximo/distante de los movimientos de sangre en los dedos, pero yace en un nivel inferior, no cosmológico en el sistema del cuerpo. Un movimiento hacia afuera desde la mano hacia la punta del dedo meñique significa que un niñito—hombre si es de la mano derecha, mujer si es de la izquierda—morirá, mientras un movimiento de la punta de este dedo hacia adentro hacia la palma, significa que este niño se aliviará. Aquí, la edad de la persona es determinada por la jerarquía de los dedos. El *nima kaq'äb'*, 'dedo grande', o sea, el pulgar, representa una bisabuela en la mano izquierda y un bisabuelo en la derecha.[1] El dedo índice, *nab'e alk'walaxel*, o sea 'primer hijo', representa un abuelo o una abuela, dependiendo del lado. El dedo medio, *ukab' alk'walaxel*, 'segundo hijo', representa una persona de quince a treinta años de edad. El dedo anular, *urox alk'ualaxel*, 'tercer hijo', representa un niño de cinco a quince años de edad. Finalmente, el dedo meñique, *ukaj alk'walaxel*, 'cuarto hijo' o *ch'ip kaq'äb'*, 'último hijo', representa un niño hasta cinco años de edad. Estas designaciones, del bisabuelo hasta abajo, se interpretan bastante ampliamente, de modo que si una persona le pregunta al contador del tiempo de una tercera persona que no es pariente de él ni del contador del tiempo, pero que es de la edad de un abuelo (de cuarenta a sesenta años) o de una persona excepcionalmente importante, entonces un movimiento de sangre a la punta del dedo índice indica la muerte de esa persona.

El sistema de significados es idéntico para los dedos de las manos y para los de los pies. Por eso un contador del tiempo puede tener más confianza en un pronóstico si le pregunta a la sangre si la persona indicada de veras morirá. Si es así, entonces el relámpago debe moverse en unos cuantos segundos en el dedo del pie correspondiente. Esta doblez de locales para una respuesta es un modelo general del sistema. Por ejemplo, un movimiento que sube por el lado de la pantorrilla y también uno que sube por la frente del muslo significa que alguien va a venir; sin embargo, algunos contadores del tiempo han descubierto que una de las dos áreas es más consistente para ellos. Aunque todos los contadores del tiempo con que he hablado me informan que experimentan el relámpago en los dedos de las manos con mucho más frecuencia que en los de los pies, el hombre que me entrenó ha encontrado que comúnmente recibe el mensaje que alguien viene a verlo en la pantorrilla. Por otro lado, un contador del tiempo a quien conocí después de mi iniciación recibe este mismo mensaje en el muslo. Sin embargo, los dos me informaron que pueden preguntar nuevamente y recibir una confirmación en la otra área. Las palmas de las manos y las plantas de los pies son otra pareja, que indican que va a conseguir algo en la mano o debajo del pie (como un trato comercial), o que un enemigo lo va a agarrar o pisotear. Pisotear *(tak'alenik)* o agarrar *(majanik)* son dos maneras de decir que un contador del tiempo poderoso está hechizando a la persona, «pisoteándola» hasta la sepultura o «agarrándola, jalándola» dentro de la tierra.

La muerte puede ser pronosticada por un movimiento debajo del ojo o de la boca, que indica las respuestas emocionales principales en los velorios: respectivamente, el llanto y la embriaguez. Con sólo ver el cortejo funerario de otra persona, el movimiento será arriba del ojo o de la boca. El grado de distancia social desde cualquier situación también se registra—en los brazos, en las pantorrillas, y en los muslos del contador del tiempo—por la localización del movimiento en el interior (dentro de la familia) o en el exterior (distante de, o afuera de la familia) de la extremidad.

Como la dimensión próximo/distante en los dedos, la oposición carne/hueso expresa las oposiciones analíticas bueno/malo, vida/muerte. Un movimiento cerca de un hueso, especialmente cerca del codo o de la rodilla, puede indicar la muerte súbita de la persona para quien se adivina, de quien se está hablando, o aun simplemente que pasa por la calle. En estos mismos contextos, un movimiento en una parte carnosa, especialmente en el muslo, indica un buen resultado de las situaciones de la vida. Por ejemplo, si se pregunta si se debe hacer cierto viaje de negocios o no y el relámpago se mueve en el centro del muslo izquierdo o derecho del contador del tiempo, la respuesta es afirmativa. Pero si el relámpago se mueve a través del hueso de la canilla, la respuesta es negativa porque hay una trampa en el camino. Si el contador del tiempo pregunta si su cliente va a recuperar de una enfermedad y el relámpago se baja de la parte superior del muslo hasta la rodilla y entonces por detrás de la rodilla, la respuesta es que el espíritu de la persona pronto entrará con los difuntos. Aquí, aunque el movimiento comenzó dentro del borde de un lugar carnoso y por lo tanto es «bueno», entonces subió hacia y encima de un lugar huesudo o «malo», finalmente llegó al dorso, que es el lado occidental o ancestral del cuerpo. Cuando este movimiento es muy rápido, la persona morirá dentro de un día o dos; si es lento, la persona morirá en un período de dos semanas a un mes.

Entre todo estos ejemplos de los movimientos del relámpago, solamente dos pares de términos pueden resolverse en una oposición positivo/negativo: carne/hueso y (en los dedos) próximo/distante. Los otros términos emparejados del sistema de movimientos están en una relación dialéctica, no resoluble a una oposición positiva/negativa: anterior-posterior, izquierda-derecha, superior-inferior, interior-exterior, y rápido-lento. Aquí, cualquier término puede ser positivo o negativo; depende del contexto. Los pares anterior-posterior e izquierda-derecha forman un mapa de todo el cuerpo e incluyen todos los otros pares (incluyendo las oposiciones de positivo/negativo) dentro de un sistema más grande que a fin de cuentas se refiere a lo cosmológico.

Que el sistema de la cuenta del tiempo corporal en el fondo es dialéctico más bien que analítico es confirmado por los significados de los movimientos sobre o cerca de la línea central posterior o anterior del cuerpo, una línea que pasa desde la corona de la cabeza hasta los órganos genitales. Las oposiciones analíticas sugieren la posibilidad de términos medios, mediantes, ambiguos. Los pares dialécticos no necesitan un término medio así porque cada uno ya contiene elementos del otro. En vez de ser una escena de mediación, el medio es la escena de conflictos irresolubles, o un encuentro de diferencias irreducibles. En el sistema corporal, un movimiento en el centro de la frente indica pensamientos conflictivos; el centro de la garganta o del pecho indica un pleito verbal; y los órganos genitales indican relaciones sexuales. La palabra correcta para los órganos genitales de los dos sexos es *awas*, 'pecado', que también se refiere al fuego de un altar, que es el lugar de encuentro para el microcosmos del cuerpo del contador del tiempo y el macrocosmos del Mundo. Ya podemos ver que el hablar de la sangre, por lo menos como se interpreta en Momostenango (y entre los q'eqchi'es), no cabe dentro de ninguna mitad de la dicotomía de Turner (1975:15-16) entre la cuenta del tiempo y la revelación. En sus términos, podría decirse que el hablar de la sangre desenmascara analíticamente la enfermedad privada del paciente, que parece ser un proceso dentro del contexto de las «imágenes autoritarias o metáforas de raíz» del sistema direccional mundial. Así el hablar de la sangre levanta las actuaciones al nivel de la revelación. Esto se realiza mediante el microcosmos del cuerpo del *ajq'ij*, que en efecto presenta el caso del cliente ante las montañas y ante los lagos del mundo por medio del relámpago. El «lenguaje» de la sangre es desde luego construido de términos emparejados, que parecen hacerlo adivinatorio, pero la mayoría de estos pares no son reducibles a oposiciones binarias positivas/negativas del tipo que Turner tenía en mente. Más bien, los pares disfrutan de una relación dialéctica, y quizás la mayoría es más claramente ejemplificada por la representación de las mujeres Kej y No'j al lado derecho del cuerpo (que de otra manera les tocaría a los hombres, y de los hombres Aq'ab'al y Kame al lado izquierdo (que de otra manera les tocaría a las mujeres).

El hablar de la sangre presta su carácter combinado de adivinatorio y revelatorio a la ceremonia más grande de la cual forma parte cuando sus propios mensajes se combinan con los de los Señores de los Días en el sortilegio (el capítulo **··**). La interpretación de los días cambia el balance final del sortilegio aun más lejos de la noción básica de la adivinación de Turner, porque el lenguaje de los días (capítulo __), que a diferencia del de la sangre, en primer lugar no incluye términos emparejados.

El enano rojo

Como es propio de una metáfora de origen, el relámpago ocupa un papel central no solamente en el lenguaje de la sangre y en la cosmología sino también en los conceptos k'iche's de su propia historia y de su identidad étnica. Voy a explorar esta cuestión examinando varias narrativas y entonces el drama-baile de la Conquista.

En el mito momosteco del origen de varias ceremonias calendáricas y del relámpago de sangre, llamado *Ojer tzij*, 'palabras antiguas' (véase el apéndice A), el dueño de los animales y el guardián del Mundo es el protagonista principal. Aquí lo conocen por varios nombres: *ajyuq'*, 'pastor', Mam K'oxol, Tzimit, y Tzitzimit. En el primer episodio, representa el papel del Mam, el Cargador del Año, como el espíritu de Kilaja, la montaña sagrada del este. Encuentra un grupo de líderes políticos momostecos al pie de Kilaja y les dice que están perdiendo algunos de sus líderes al *b'alam*, 'tigre', y al *koj*, 'león', porque no tienen ni leyes apropiados ni costumbres religiosas. Entonces literalmente los azota para que conozcan las costumbres apropiadas para el altar de pueblo *(awas rech tinimit)*. Al desarrollarse la historia, tres de los cuatro Mam (los días que sirven de Cargadores del Año Kej, E e Iq') y uno de los dos secretarios del Mundo (el día Tz'ikin) conversan mientras los líderes políticos escuchan, y aprenden algunas de la complejidades del calendario solar.

En el segundo episodio, de repente empiezan a desaparecer mujeres y niños, y un grupo de hombres sale en busca de ellos. Como el grupo en el episodio anterior, ellos encuentran al dueño de los animales que les dice que tienen la culpa de que el tigre y el león estén comiendo a las mujeres, porque no tienen un altar de su patrilinaje *(awas rech alaxik)*. Una vez más, el pequeño guardián del Mundo los azota para meterles este conocimiento. Poco después, el tigre y el león comen a los comerciantes, y son establecidos aun más costumbres por el pastor enano.

En el último episodio de la historia, el K'oxol claramente se presenta enseñándoles a los momostecos individuales sus costumbres y despertando su sangre. Aquí explícitamente se transforma en enano rojo—llamado el K'oxol, Tzimit, o Tzitzimit— y usa su hacha de piedra—a veces el narrador identifica ésta con la bolsa que contiene el equipo profesional—para pegarles el relámpago hasta su sangre. Este enano, quien lleva los dos nombres *Saqik'oxol*, 'K'oxol Blanco', y *Kaqak'oxol*, 'K'oxol Rojo', se identifica como la manifestación del espíritu del cerro o del volcán por los k'iche's, los kaqchikeles, los mames y los tz'utujiles de Guatemala (Bode 1961:213). En la encuesta etnográfica excelente del siglo XVIII llevada a cabo por Cortés y Larraz (1958) en casi todas las comunidades de Guatemala, el Saqik'oxol universalmente se describe como guarda de caza. Aparece en los *Anales de los kaqchikeles*, un documento indígena escrito en idioma kaqchikel que comienza en 1573, donde se llama Saqik'oxol y se representa como niño guardián del camino en la loma de un volcán. Cuando los dos magos, Qoxahil y Qob'aqil, se le acercan y amenazan matarlo, dice, «No me maten. Yo vivo aquí. Soy el espíritu del volcán». Entonces les pide ropa y le dan «la peluca, una pechera color de sangre, caites color de sangre» (Recinos y Goetz 1953:61-62). Saqik'oxol también aparece en el *Popol Wuj*, escrito en k'iche' entre 1554 y 1558. Aquí, durante la creación final del mundo, llega a ser el guardián de los animales salvajes escondiéndose detrás de un árbol. Así escapa el destino de los animales que muerden—el tigre, el león, la culebra cascabel y la barba amarilla— que se volvieron piedra cuando aparecieron el sol, la luna y las estrellas y secaron la tierra (Edmonson 1971:180-181).

El K'oxol todavía vive hoy en día en las historias que los *ajq'ij* k'iche's cuentan sus encuentros con él o con otras personas. Este pequeño enano puede encontrarse en Los Riscos en Momostenango, en Patojil cerca de Chinique, o en Canchavox cerca de San Cristóbal Totonicapán. Un contador del tiempo que conozco posee el zapato de piedra del K'oxol o Tzimit original; lo encontró en las montañas cerca de Chinique y lo guarda con sus tz'ites y cristales. Explicó que cuando se endureció la tierra, el Tzitzimit se escondía en un árbol y dejó caer su zapato. Como los animales, se volvió piedra. Los contadores del tiempo momostecos visitan Minas, al pie de los Cuchumatanes, donde encuentran pequeñas concreciones de piedra que son los animales que se volvieron piedra por el sol durante la creación del mundo. Estas concreciones se ponen en el altar familiar llamado *meb'il*, que consiste en una cajita que contiene varios artículos antiguos (véase el capítulo ...).

Los contadores del tiempo de muchos municipios cerca de Santa Cruz del Quiché peregrinan los días 8 I'x y 8 Iq', a una cueva debajo de la ciudad sagrada de Utatlán donde esperan encontrar al Saqik'oxol o al Tzitzimit. Se llega a esta cueva primero por quemar copal y pedir permiso para entrar; se hace esto en la entrada del largo túnel artificial que conduce a la cueva. Luego, el contador del tiempo entra hasta alcanzar la bifurcación del túnel; vuelve a quemar copal y a pedir permiso para entrar. Ahora toma la vereda estrecha que va a la izquierda y continúa para abajo, abajo, abajo al corral, donde hay toda clase de animales en miniatura—cabras, venados, leones—y prueba su suerte en jalar uno del grupo. Si tiene suerte, el guardián, el pequeño Tzitzimit o K'oxol, todo vestido de plata, le permite hacerlo y hasta le da dinero. Si lo lleva a la casa y lo mete en una cajita, ese regalo multiplicará hasta que se vea obligado a comprar cajas más y más grandes. Si no tiene suerte, no encuentra al K'oxol sino una boca abierta de más de 4 m de ancho, y allí se caerá y lo tragará el Mundo. Esto nos recuerda los tigres y los leones que comieron a los momostecos ignorantes hasta que el Tzitzimit los azotó para meterles saber religioso.

Tax también ha registrado experiencias visionarias en el túnel debajo de las ruinas de Utatlán. Un hombre de Santa Cruz del Quiché le había dicho a uno de los consultores de Tax dc Chichicastenango que durante muchas noches Tekum, K'iche', K'oxol y otros príncipes de antaño se le aparecieron en sueños y le dijeron que se fuera solo de noche a las ruinas y que entrara en el túnel. Por fin entró con una antorcha de ocote y penetró más y más para adentro. En el mero fin del túnel, vio a los protagonistas de sus sueños, todos vestidos de gala como si fueran de una familia real, y platicó con ellos (Tax 1947:471).

El Tzitzimit o K'oxol se representa anualmente, en más de cincuenta municipios diferentes del centro y occidente de Guatemala, en el *Baile de la Conquista,* un drama-baile popular. El drama-baile fue escrito por misioneros españoles (con la ayuda de consultores mayas) durante los primeros cincuenta años después de la invasión de Guatemala. Aunque el texto indudablemente se destinaba para fomentar la conversión de los mayas, el drama en conjunto como se interpreta hoy en día tiene una forma fuertemente predispuesta contra los invasores y sus técnicas de conversión. Los tres protagonistas principales, en la opinión de los momostecos, son el Rey K'iche' (Kikab'), Tekum Umam y el Rey Aj'itz, el enano rojo Tzitzimit que lleva una hachuela de piedra. El Rey K'iche' se representa como aterrorizado por las fuerzas españoles; de buena gana recibe el bautismo y de esa manera sobrevive la invasión. El valiente Tekum Umam marcha hacia la batalla contra los españoles; deniega el bautismo y se muere. El K'oxol o Tzitzimit correctamente adivina la derrota; también deniega el bautismo, pero en vez de tomar las armas, huye al bosque para vivir después de que lo han maltratado los soldados españoles. Según las narrativas momostecas, el K'oxol dio a luz al hijo de Tekum, representado en el drama por un muñequito. La moraleja del drama sale claramente. El líder político aceptó el bautismo, el líder militar aceptó la muerte, y las costumbres sobrevivieron la invasión al meterse en el bosque, donde la hachuela del relámpago del Tzitzimit sigue despertando la sangre de los contadores del tiempo novatos y donde el hijo de Tekum todavía vive.

∙ ∙

LA COMPRENSIÓN

En Momostenango, el sortilegio, o sea, la cuenta del tiempo por suertes, es un evento llamado *ch'ob'onik*, literalmente 'comprender'. La comprensión se logra por una combinación de varias acciones: mezclar, agarrar, y arreglar montones de tz'ites; contar e interpretar el *cholq'ij*; y los brincos y el habla de la sangre del contador del tiempo. El contador del tiempo, seleccionado por el cliente, frecuentemente es un pariente pero no necesita serlo. Tantos los clientes como los contadores del tiempo vienen de todos los oficios tradicionales (véase el capítulo ..). Ciertos contadores del tiempo tienen mucho más clientes que otros, dependiendo de su *status* tanto logrado como adscrito en la comunidad. Por ejemplo, el sacerdote quien era el jefe de la Auxiliatura, *ilol qatinimit*, 'cuidador de nuestro pueblo', durante mi trabajo de campo, tenía tantos clientes que era imposible visitarlo en su casa en el centro de pueblo por más de una hora sin que alguien llegara con una pregunta. Era popular como contador del tiempo en parte porque en aquel tiempo servía el segundo año de su mandato de cuatro años de funcionario civil principal de la Auxiliatura y en parte a causa de su personalidad intensamente chamánica, que se manifestaba en los movimientos constantes de su sangre.

El sortilegio tiene lugar en Momostenango a todas horas del día y de la noche, cuando un cliente llega al contador del tiempo con una pregunta y el contador del tiempo decide tratar de contestarla. Estas preguntas pueden relacionarse con casi cualquier tema: la enfermedad, un accidente, las disputas sobre tierras, la construcción de casas, la herencia, la pérdida de propiedad, los tratos comerciales, los viajes, el matrimonio, el adulterio, las disputas, el nacimiento, la muerte, los sueños, o los augurios. El sortilegio suele hacerse en la casa del contador del tiempo encima de una mesa, pero las cuentas del tiempo multipersonales formales para elegir al sacerdote del pueblo se llevan a cabo dentro de un edificio municipal alrededor de una gran mesa circular. Teóricamente, un sortilegio puede hacerse cualquier día, pero suelen evitar los días con números altos porque su intensidad podría deformar el resultado. Además, un contador del tiempo no presagia el día en que haya tenido relaciones sexuales, porque hacerlo ocasionaría que el equipo profesional tuviera celos del cónyuge del contador del tiempo y así no colaboraría en dar una respuesta a la pregunta del cliente. Por consiguiente, cuando el cliente le pide al contador del tiempo, «Hágame el favor de hacer una pregunta por mí», El contador del tiempo puede decir, «Con mucho gusto, ¿cómo se llama usted y cuál es su pregunta?» o puede decir, «Por favor, venga mañana o pasado mañana con su pregunta». Puesto que los clientes comprenderán que el día que han elegido para acercarse al contador del tiempo puede ser el problema, saben que no hay que ofenderse por un rechazo; sencillamente vienen al día siguiente.

El evento formal de contar el tiempo comienza después de que el cliente haya hecho su pregunta, por ejemplo, *¿La k'o rajaw wa' k'äx?*, '¿Tiene este dolor [enfermedad] dueño?', o *¿La kel pa saq wa' wiaje?*, 'Saldrá [a la luz] bien este viaje?', o *¿La kel pa saq wa' k'ulanem?*, 'Saldrá bien este matrimonio?'. En esto, el contador del tiempo saca una pequeña mesa baja rectangular y extiende un paño limpio encima. Entonces saca la bolsa con el equipo profesional *(b'araj)* y lo pone en el centro de la mesa. Ahora el cliente pone su pago (comúnmente de Q.0.10 a Q.0.25) sobre la mesa, y permanece allí durante todo el proceso de la cuenta del tiempo. El contador del tiempo se sienta a la mesa sobre un taburete bajo, con ambos pies plantados firmemente en el suelo (se les entrena a los novatos específicamente que no se crucen las piernas y que no pongan un pie encima de otro) y «abre» su cuerpo al cosmos. El cliente está sentado directamente enfrente del contador del tiempo, en un taburete o en el suelo. En caso de ser una cuenta del tiempo para un matrimonio, el cliente puede estar acompañado por su padre; en otros casos, el cónyuge del cliente puede estar presente.

Para comenzar el mero acto de la cuenta del tiempo, algunos contadores del tiempo hacen la señal de la cruz sobre la bolsa sagrada y entonces repiten el Padrenuestro y el Salve María en español. Los contadores del tiempo que usan estas oraciones cristianas dicen que «es como pedir permiso ante Dios». Otros contadores del tiempo omiten estas oraciones cristianas por completo y, después de tocar la bolsa sagrada en las cuatro direcciones, dicen:

> *En el nombre del Padre Tekum Umam y del Rey K'iche' Mundo, K'oxol Mundo, Tzitzimit Mundo, prinsipa mundo kinwaj jun mayij jun toq'ob'—Alkalte Kej, Alkalte E, Alkalte No'j, Alkalte Iq', Sekretaryo K'at, Sekretaryo Tz'ikin—kinwaj ri toq'ob'.*

En el nombre del Padre Tekum Umam y de la Montaña Rey K'iche' [espíritu], Montaña K'oxol [espíritu], Montaña Tzitzimit [espíritu], la primera montaña [espíritus], pido una bendición, un favor—Alcalde Kej, Alcalde E, Alcalde No'j, Alcalde Iq', Secretario K'at, Secretario Tz'ikin— deseo el favor.

Aquí, a los tres protagonistas principales del Baile de la Conquista, Tekum Umam, el Rey K'iche', y el K'oxol o Tzitzimit—y a los cuatro Mam del calendario solar se les pide permiso para seguir adelante con la cuenta del tiempo, en vez de Dios, Cristo, el Espíritu Santo y la Virgen María.

Después de cualquiera de estas oraciones de enmarque (pero no ambas), el contador del tiempo tomará la bolsa sagrada en las manos y comenzará una oración larga dirigida a la mera tarea de la cuenta del tiempo. Esta oración comienza pidiendo perdón ante Dios y la Tierra—*Sachaj la numak Tiox, sachaj la numak Mundo*, 'Perdona mi pecado, Dios, perdona mi pecado, Mundo'. Entonces el contador del tiempo anuncia que va a coger la bolsa sagrada y tomar prestado el hálito del día de la cuenta del tiempo:

> *Kinqajaxtaj ri uxlab' la ri q'ij la wa' kämik. Pa wa' jun santo i laj q'ij día lunes, Jun Kame kinchapo wa' q'ani piley saqi piley, q'ani choq' saqi choq'.*

Ahora tomo prestado el hálito de este día, hoy. Este día lunes santo y grande, 1 Kame, cojo estos frijoles amarillos frijoles blancos, cristales amarillos cristales blancos.[1]

En esto, la noción de «tomar prestado» puede elaborarse para incluir no solamente tomar el poder del día de la cuenta del tiempo, sino específicamente tomar el *koyopa'*, 'relámpago', de los lagos de las cuatro direcciones:

> *Kinqajaxtaj ri q'ani koyopa' saqi koyopa', ri kasilob'ik chuwi' ri nima cho ri ch'uti cho, chireleb'al q'ij, chuqajib'al q'ij, kajxukut qaj, kajxukut ulew.*

Ahora estoy tomando prestado el relámpago amarillo el relámpago blanco, el movimiento sobre el lago grande lago pequeño, a la salida del sol (este), en la puesta del sol (oeste), las cuatro esquinas del cielo (sur), las cuatro esquinas de la tierra (norte).

En esto, al sentir que la «sangre» y los días ya están a punto de responder, el contador del tiempo, después de decir *kuyaxtaj ri jun saq q'alaj*, 'uno ya da la luz clara', procede a redactar la pregunta de la cuenta del tiempo de una manera formal. Por ejemplo, la primera pregunta formal en caso de una enfermedad sería, *¿La k'o rajaw, uwinaqil wa'k'äx?*, '¿Tiene amo, dueño esta enfermedad?' Aquí el término *uwinaqil*, 'la persona', siempre se usa para referirse al cliente, no importa si el contador del tiempo es pariente de la persona o no lo conocía antes. Ésta es la primera pregunta formal en todas las cuentas del tiempo relacionadas con la enfermedad, y la respuesta determina las técnicas curativas subsiguientes usadas por el cliente, su familia, y/o el contador del tiempo. Otro ejemplo de una pregunta formal es, *¿La kel pa saq wa' kiwiaje wa' kiwisita pa ri Chichicastenango?*, '¿Saldrá bien [en blanco] su viaje, su visita a Chichicastenango?' Este tipo de pregunta frecuentemente se hace de parte de los comerciantes momostecos, que emplean contadores del tiempo para ayudarlos a decidir sí o no, y precisamente cuando, deben emprender cierto viaje de negocios a larga distancia. En un tercer tipo se pregunta para un novio presunto y su padre antes de molestarse con el gasto de contratar un *k'amal b'e*, 'guía de camino', o casamentero: *¿La kel pa saq, wa' María, Trix, Julia, Pal, María, wa' wuqub' utzil wuqub' chomal k'aslemal ri karaj wa' Anselm, Andrés?*, '¿Saldrá esto en claro, éstos [nombre de la muchacha, de su padre, de su madre, de su abuelo paterno y de su abuela paterna], estas siete bondades siete gorduras que éstos [nombre del muchacho y de su padre] desean?' En otras palabras , ¿la ceremonia del matrimonio y la vida que este muchacho y su padre desean les caerán bien a la muchacha y a su familia?

Los parientes de los padres y de los abuelos se mencionan en la oración, sean muertos o vivos, porque su consentimiento es sumamente importante; es su patrilinaje que permanentemente pierde a la muchacha si el casamiento tiene éxito. Por otra parte, si el matrimonio falla, entonces ella acudirá a su casa, a su tierra, y a sus altares cuando encuentre problemas, especialmente si sus parientes no la soltaron completamente al patrilinaje de su esposo. Cuando una mujer se casa, la quitan de la casa, de la tierra, y de los altares donde ella «se sembró» y «se plantó» antes de nacer en la ceremonia llamada *awex tikon*. La remoción se llama *qopinik kotz'ij*, 'cortar la flor', e incluye un corte simbólico de dos geranios, uno que representa al muchacho y el otro a la muchacha.

Entonces se amarran las flores firmemente en un paño y se llevan a la casa del muchacho con los recién casados. Las 'siete bondades', *wuqub' utzil*, y las 'siete gorduras', *wuqub' chomal*, mencionadas en la pregunta de cuenta del tiempo repiten la oratoria formal presentada durante la ceremonia matrimonial no solamente en Momostenango sino también en muchos otros pueblos k'iche's. En Chichicastenango, por ejemplo, Bunzel (1981:157) notó la frase, «siete favores, siete bendiciones» en la ceremonia matrimonial, y dijo que significaba 'Que tengás seis hijas, seis hijos'. En El Palmar, Saler (1960:128) anotó «siete excelencias, siete gorduras», pero no pudo encontrar a nadie que estuviera cierto del significado de la frase. Schultze Jena (1954:22) anotó «seis favores seis beneficios», probablemente para Chichicastenango, pero también pudo haber sido para Momostenango. Algunos contadores del tiempo momostecos dicen que *wuqub' utzil chomal* se refiere a las hijas y a los hijos que la joven pareja tendrá, pero un contador del tiempo con quien hablé tenía otra explicación. Las *wuqub' utzil*, 'siete bondades', según él, son los siete sacramentos de la Iglesia Católica, mientras que las *wuqub' chomal*, 'siete gorduras', son las siete vacas gordas que predijeron siete años abundantes en el sueño del profeta José en la Biblia (*Génesis* 41:26-27).

Después de redactar formalmente la pregunta para la cuenta del tiempo, el contador del tiempo dice algo así: *Kinqajaxtaj ri uxlab' la, ri tew, ri kaqiq', ri sutz', ri mayul chireleb'al q'ij chuqajib'al q'ij, kajxukut qaj, kajxukut ulew*. 'Ahora estoy tomando prestado el hálito, el frío, el viento, la nube, la neblina a la salida del sol [este], a la puesta del sol [oeste], las cuatro esquinas del cielo [sur], las cuatro esquinas de la tierra [norte].' Aquí, se pueden enumerar cuántos términos diferentes se quiera tanto en k'iche' como en español, para el aire húmedo y frío en que viaja el saber ancestral y divino, reunido desde las cuatro direcciones. Algunos contadores del tiempo elaboran la lista de los cuatro lagos y montañas sagradas en la misma orden direccional: Lemoa (este), Pasokob' (oeste), Najachel (sur), Pachi'ul (norte); Kilaja (este), Sokob' (oeste), Tamanku (sur), Pipil (norte). Esto conduce a una mención general de las montañas y de los volcanes: *ri nima juyub' ch'uti juyub', ri nima xkanul ch'uti xkanul*, 'montaña grande montaña pequeña, volcán grande volcán pequeño'. En esta parte de la oración, algunos contadores del tiempo repiten estas últimas frases, utilizando el mismo sintaxis k'iche' pero substituyendo sinónimos españoles por los sustantivos k'iche's *juyub'* y *xkanul*—*ri nima monte ch'uti monte, ri nima volcán ch'uti volcán*. Entonces mencionan cada montaña y cada volcán de Guatemala a donde hayan hecho una peregrinación. Entre los más mencionados son Santa

María, Cerro Quemado, B'elejeb' Silla, Santiago Atitlán y Minas. Después de las montañas, en cualquier grado de elaboración, siguen los valles: *ri nima taq'aj ch'uti taq'aj, nima liana ch'uti liana*, 'gran valle pequeño valle, gran llano pequeño llano'.

Luego, los contadores del tiempo invocan a los tres altares comunitarios principales: *Nima Sab'al Ch'uti Sab'al, Q'ani Pila Saqi Pila, Q'ani Mar Saqi Mar, ri cho ri plo*, 'Gran Lugar de Declaración Pequeño Lugar de Declaración, Manantial Amarillo Manantial Blanco, Mar Amarillo Mar Blanco, el lago el océano'. A diferencia de Nima Sab'al y Ch'uti Sab'al, a Paja' nunca se le refiere por su nombre; más bien, lo invocan como representante de todos los manantiales, los lagos y los océanos. Los lagos y los nacimientos de agua son altamente curativos, mientras que el océano se considera contaminado, porque todo lo de la tierra por último baja al océano por los ríos. Paja' está cerca de un manantial de agua pura, pero el pequeño río que pasa por allí se lleva las enfermedades mencionadas en las oraciones en el altar y las baja al océano. Se termina la oración afirmando, *Kinqajaxtaj ri q'ani koyopa' saqi koyopa', ri kasilob'ik chuwi' ri nima cho ri ch'uti cho*, 'Ahora estoy tomando prestado el relámpago amarillo, el relámpago blanco, el movimiento sobre el gran lago pequeño lago'

Habiendo llamado al cosmos y tomado su hálito y su relámpago, el contador del tiempo empieza a desatar la bolsa sagrada y vacía la mezcla de *tz'ites* y *choq'*, 'cristales', en la mesa. Mezcla los tz'ites y los cristales, comúnmente con la mano derecha en sentido de derecha a izquierda, al repetir suavemente unas frases de la oración de apertura. En este momento los contadores del tiempo talentosos suelen tener la experiencia que describen como 'habla su sangre', *kacha' ukik'el*. El mensaje, que el contador del tiempo inmediatamente pronuncia en voz baja, es sumamente breve; en la mayoría de los casos consiste en el tipo más simple de oración k'iche' (un verbo seguido por un sujeto), por ejemplo: *Kape rixoq*, 'Viene la mujer'. Un mensaje de la sangre en este momento rara vez tiene que ver con la pregunta que hay que contestar, sino más bien es algo ajeno a la pregunta. Si este mensaje se recibió mientras se está contando el tiempo con respecto a una enfermedad o a un matrimonio, podría significar que el cliente está a punto de recibir un puesto alto militar o político. Probablemente no indicaría que la enfermedad fuera causada por una mujer o que la esposa presunta iba a casarse con el cliente. Este dato ajeno puede discutirse e interpretarse o no, dependiendo del cliente. Si al cliente le interesa el mensaje, puede ofrecer una posible interpretación, y entonces el contador del tiempo puede recibir un movimiento de confirmación.

El movimiento que obliga al *ajq'ij* a decir *kape rixoq*, 'Viene la mujer', sube por el lado de la pantorrilla izquierda o por la frente del muslo izquierdo. Si el cliente dice, «Tal vez mi hermana venga hoy de San Cristóbal» y la sangre del contador del tiempo se mueve por segunda vez, esta vez en el otro lugar, entonces el contador del tiempo dirá: «Sí, tu hermana viene hoy». Si no hay confirmación se acabó el asunto.

Luego, el contador del tiempo extiende sus tz'ites y sus cristales y empieza a escoger cristales. Algunos contadores del tiempo de Momostenango tienen sólo estos diez cristales en su bolsa, pero hay otros que tienen cristales adicionales más pequeños que permanecen mezclados con los tz'ites. El más grande de los diez cristales se llama *ilol*, 'contador del tiempo', en k'iche' o *alcalde* en español (pronunciado *alkalte* por los hablantes del k'iche'). El contador del tiempo se le dirige: *Sa'j la Alkalte Justisyo*, 'Pasa adelante, alcalde justicia', y entonces lo pone en el centro de la mesa. Entonces de cada lado, toca al alcalde, y pone los dos cristales que le sirven de concejales, llamados *rach'il*, 'ayudante', en k'iche' o *regidor* en español. Junto al ayudante a mano derecha viene el *ajtz'ib*, 'secretario', y junto al ayudante a mano izquierda el *k'olol pwaq*, 'tesorero'. Entre estos cinco cristales más importantes, suele haber por lo menos uno que contiene una pequeña pinta o estrella amarilla. El contador del tiempo alza este cristal hacia la luz y con cuidado lo examina para detectar cualquier movimiento antes de empezar a contestar una pregunta importante— por, ejemplo, con respecto a una enfermedad grave o a una muerte reciente. Los siguientes cinco cristales son los *taq'on*, 'mensajeros', o *ajch'amiy*, 'policías' para los otros cinco, y cuidadosamente se alinean con los otros, a su izquierda y derecha, tocándose uno al otro.

La ordenación de estos diez cristales duplica la estructura de la autoridad de la Auxiliatura del municipio (véase el capítulo ..). Además, los cinco cristales principales están íntimamente vinculados al calendario solar. El cristal de en medio, aparte de ser el alcalde, representa los dos Cargadores del Año (Mam) más poderosos, Kej e Iq' (véase el capítulo ....). Los dos concejales son los dos Mam menos peligrosos y menos poderosos, E y No'j, mientras que el tesorero y el secretario son Tz'ikin y K'at. Los diez cristales, cuando están alineados para la cuenta del tiempo, sirven de autoridades ante los cuales han llamado a los días individuales para hablar; también atraen el relámpago de las cuatro direcciones. Como lo explicó un contador del tiempo: «Estos pequeños cristales tienen contacto con el relámpago, jalan la electricidad exactamente como un radio».

Mientras se alinean los diez cristales, aproximadamente a lo largo de la línea del centro de la mesa entre el contador del tiempo y el cliente, el contador del tiempo se les dirige:

Sa'j la Alkalte Justisyo. Sa'j la nab'e rejidor ukab' rejidor. Sa'j la ajtz'ib' k'olol pwaq. Kämik q'ij, kämik ora, kaya alaq jun saq q'alaj; i xuqijelo ri kasilab'axik q'ani koyopa'saqi koyopa', q'ani relámpago saqi relámpago, kuya ri saq kuya ri q'alaj.

Pasa adelante, Alcalde Justicia. Pasa adelante, primer concejal, segundo concejal. Pasa adelante, secretario, tesorero. Hoy este día, hoy esta hora, ustedes dan una luz clara; y también que se muevan el relámpago amarillo el relámpago blanco, y que den claridad a la luz el relámpago amarillo el relámpago blanco.

Entonces el contador del tiempo comienza a mezclar los tz'ites y los cristales sobrantes rápidamente, diciendo, *Xuqijelo, ri komon Nantat, keletzijonoq jun rato chi rech wa'chanim chi rech wa'jun pregunta, chi rech wa'jun saq q'alaj.* 'También, finados ancestros, que salgan a platicar un rato por este instante, para esta sola pregunta, para esta sola luz clara.' Así los antepasados, especialmente los que habían sido sacerdotes mayas, son los últimos seres llamados por el contador del tiempo, y, a la vez, ellos son los más íntimos, separados únicamente por la muerte del contador del tiempo y su cliente.

Ahora el contador del tiempo se detiene y se sopla en la mano derecha o izquierda y agarra cuántos tz'ites y cristales pueda. Esta acción debe hacerse «sin cálculo», como se expresó mi maestro. Luego, el contador del tiempo mueve el puñado a un lado y empuja el resto hacia el lado derecho de la mesa, entonces esparce el puñado y comienza a separar los tz'ites y los cristales en grupos de cuatro sin alzarlos. Estos grupos se alinean de izquierda a derecha a través de la mesa, enfrente del contador del tiempo y se separan del cliente por la fila de diez cristales arreglados de antemano (véase la fig. 27). Serán necesarias varias filas de grupos de tz'ites para contar un puñado entero. El número de montones en cada fila varía de cinco a ocho; algunos contadores del tiempo alinean los grupos de modo que cada fila consecutiva tenga el mismo número de grupos que se eligió para la primera fila, pero otros no. La fila final

27. Se cuenta el tiempo antes de quemar las ofrendas en el Monte Tojil, un altar principal del antiguo reino k'iche'. A la izquierda, un sacerdote de linaje ha hecho su pregunta. El contador del tiempo ha sacado filas de tz'ites y cristales y está listo para empezar a contar.

(la más cercana al contador del tiempo) por supuesto, es cuestión de suerte: puede ser tan larga como las otras, o tener un solo grupo, o algo intermediario. Dentro del grupo final, puede haber uno, dos, o cuatro tz'ites y/o cristales, pero no tres. Si sobran tres unidades después del grupo completo de cuatro, entonces dos de los tres se arreglan como el penúltimo grupo, y sobra uno para el último lugar.

Este primer arreglo de los tz'ites es crucial para la cuenta del tiempo, porque se considera una prueba tanto del contador del tiempo como del cliente. Si resulta un tz'ite, significa que tal vez no salga bien clara la cuenta del tiempo, por un error del contador del tiempo o del cliente. El contador del tiempo puede haberse retrasado en sus visitas calendáricas al altar, o puede que el cliente no se fíe del contador del tiempo. Pero si el número es par, y especialmente si es cuatro, entonces el resultado probablemente será bastante confiable, aunque a fin de cuentas depende del resultado de los tres arreglos adicionales. Si del primer arreglo sale un número par, y dos o hasta tres arreglos restantes salen pares también, entonces el resultado de la cuenta del tiempo en conjunto es bastante cierto. Si dos de los arreglos restantes salen impares, el resultado es medio cierto, y si tres, es incierto. Si el primer arreglo sale impar, entonces permanecerá alguna incertidumbre aun cuando los tres resultados son pares; una serie de puros impares se consideraría la culpa del contador del tiempo o del cliente, y la cuenta del tiempo no seguirá adelante.

Cuando se han colocado todos los tz'ites del primer arreglo, el contador del tiempo se dirige al primer grupo de tz'ites por el nombre del día de la cuenta del tiempo, por ejemplo, *Sa'j la Ajaw Jun Kej, kab'ixtaj la.* 'Pasa adelante Señor 1 Kej, te hablan'. Si Kej fuera el Cargador del Año actual, el contador del tiempo podría decir, *Sa'j la Alkalte Kej, kab'ixtaj la.* 'Pasa adelante Alcalde Kej, te hablan.' En caso de enfermedad, el día que se enfermó es «tomado prestado» y se le dirige reemplazando el mismo día de la cuenta del tiempo. Después de dirigirse al primer día y llamarlo, el contador del tiempo repetirá o se referirá a la pregunta que se hace. En una cuenta del tiempo con respecto al matrimonio, se podría decir, *Jun Kej, kab'ixtaj la rech wa'wuqub'utzil, wuqub' uch'omal.* '1 Kej, te hablan con respecto a las siete bondades, las siete gorduras'. Entonces comienza la cuenta de los días según los grupos de tz'ites y cristales, al comenzar con el primer día a que se dirigió. Algunos contadores del tiempo «leen» los tz'ites como se lee un libro en la tradición occidental moderna: comienzan con el grupo izquierdo superior y entonces cuentan cada fila de izquierda a derecha; otros cambian de dirección con cada fila, y leen de acá para allá a la moda de la escritura bustrófedon de los griegos antiguos.

La cuenta puede interrumpirse por el hablar de la sangre. Luego que hable, el contador del tiempo deja de contar, y nota el nombre del día y enuncia el mensaje. Por ejemplo, si la sangre se mueve en la mano derecha el día 5 B'atz', el contador del tiempo dice en voz baja: *Uchapom rachi, kacha'.* 'Ya lo tiene agarrado, dice'. Ahora hay una pausa de un momento. Si el mensaje no vuelve al mismo lugar o al lugar emparejado—en este ejemplo, debajo del pie derecho— entonces el contador del tiempo puede preguntarle a 5 B'atz', *¿La qastzij ri kab'ij la?* '¿Es cierto que tú eres el que habla?' Si la sangre vuelve a hablar, el mensaje está confirmado. Lo «agarrado» depende de la pregunta del cliente y el punto en la cuenta de los días en que la sangre indica este agarrar. Supongamos que la pregunta es si el cliente debe contratar un casamentero para hacer el *tz'onoj*, 'pedido de novia'. En este caso, el contador del tiempo, después de recibir el movimiento confirmatorio de la sangre, anunciará en voz normal, *Tz'onoj, kacha'.* 'El pedido, dice', porque era el día B'atz', que tiene como una de sus nemónicas *tz'onoj*, 'pedir', que habló por la sangre. El contador del tiempo le comentará a su cliente que parece que ya tiene la mujer en la mano.

Ahora sigue la cuenta de los montones de tz'ites. Digamos que en este caso, llega a 4 Aq'ab'al en el último grupo (fig. 28). Esto indica que el casamiento parece cierto, porque una de las nemónicas para Aq'ab'al es *aq'ab'il*, 'al amanecer', que sería la hora para empezar el pedido. El contador del tiempo contará a través de estos diecisiete grupos otra vez, y esta vez llegará a 8 Junajpu en el último grupo. Entonces puede decir, *Ketaman ri Nantat*, 'Ya saben los antepasados', que indicaría que los antepasados están de acuerdo con el matrimonio.

En esto, el contador del tiempo quitará dos tz'ites y los colocará juntos a los diez cristales grandes como una nemónica para 4 Aq'ab'al y 8 Junajpu, los dos resultados de este primer arreglo. Entonces juntará todos los tz'ites restantes y los cristales más pequeños, y los mezclará mientras reza en voz baja para que el relámpago y los días puedan volver a hablar. El contador del tiempo también puede pedir que no lo engañen: *¡Mäk'ajisaj! ¡Mäb'än la ri mentira!*, '¡No engañes! ¡No mientas!' Una vez más, se soplará en la mano derecha y rápidamente agarrará cuantas semillas y cristales pueda, los separa y los arregla en grupos de cuatro. Si hubiera nueve semillas y cristales más que en el puñado anterior, el resultado saldría como en la figura 29. Aquí el resultado final, un tz'ite, indica menos certeza que el primer arreglo.

El contador del tiempo se dirige al primer montón de tz'ites: *Sa'j la Ajaw Jun Kej. ¿La kaya'ik?*, 'Pasa adelante, Señor 1 Kej. ¿Se dará?' En otras palabras, ¿se dará la mujer al cliente en matrimonio? Ahora comienza la cuenta. El contador del tiempo bien puede hacer una pausa al llegar a 5 B'atz', porque este día contestó antes. Pero si la sangre no vuelve a hablar inmediatamente, la cuenta continuará hasta que conteste otro día o hasta llegar al último montón, que es 7 Kame. Aquí el contador del tiempo enunciará la nemónica apropiada para Kame en este contexto: *K'ulanem kacha'*, 'Matrimonio, dice', y entonces rápidamente hará la cuenta nuevamente. Esta vez, 12 B'atz' puede contestar; *B'otz'oj kacha'*, 'Torcer, dice', lo que indica las varas florales *(b'otz'oj)* dadas a la familia de la mujer por la familia del hombre durante el pedido. Puesto que hubo veinte grupos de tz'ites esta vez, la cuenta acabará con el nombre del día

Kame otra vez, esta vez 1 Kame, que en este contexto significa lo mismo que 7 Kame, o sea *k'ulanem*, casamiento. Ahora el contador del tiempo pondrá un segundo tz'ite en la fila de cristales para recordarlo de este resultado.

La reunión y la mezcla de los tz'ites y los cristales para un tercer arreglo son acompañadas nuevamente por una oración. Podría incluir las frases siguientes: *Kaya' la ri saq q'alaj. ¡Mäb'än la ri mentira! ¿La kel pa saq wa' María?* 'Estás dando la luz clara. ¡Que no haya mentira! ¿Saldrá esto bien [en blanco] con esta María?' Si el tercer puñado de tz'ites resulta más grande que el segundo por siete tz'ites, daría el resultado mostrado en la figura 30. Ahora el contador del tiempo vuelve a saludar a 1 Kej y hace la pregunta, *Sa'j la Ajaw Jun Kej. ¿La kel pa saq wa' María?* 'Pasa adelante, Señor 1 Kej. ¿Saldrá esto bien con esta María?' Entonces comienza la cuenta. Pero esta vez, cuando el contador del tiempo llega a 4 Aq'ab'al, la sangre se mueve a través de su garganta. De repente este movimiento oscurece lo que hasta allí había sido un resultado sumamente positivo, porque indica, como un contador del tiempo se expresó, que «alguien le está cortando la cabeza sin motivo». Puesto que la sangre se movió el día 4 Aq'ab'al, indica que el pedido puede resultar en una escena donde atacarán verbalmente a su cliente o a su casamentero. El contador del tiempo probablemente no alarmará a su cliente diciendo algo aquí, sino que continuará la cuenta, llegando a 8 Kej, que indica un sacerdote. Tal vez el casamentero de la mujer o el sacerdote del linaje de la mujer hará este ataque, pero el contador del tiempo puede callarse y simplemente comenzar la segunda cuenta.

En la segunda cuenta del arreglo actual, el contador del tiempo puede hacer una pausa para dirigirse al día que lo comienza: *Sa'j la Ajaw 9 Q'anil. ¿La kel pa saq wa' tz'onoj?* 'Pasa adelante, Señor 9 Q'anil. ¿Saldrá bien la pedida?' Entonces el contador del tiempo sigue contando y hará una pausa el día 11 Aq'ab'al, y si la sangre se mueve nuevamente, o por la garganta o por en medio del pecho (éste indica un pleito), dirá, *¡Q'ab'aj!* '¡Tú culpas!' En términos generales esto indica una mentira, un truco, o una calumnia. La cuenta entonces rápidamente se reanudará y llegará a 3 Q'anil. Este día podría significar *kaq'anarik*, 'cosechar'—en otras palabras, la muchacha está lista para cosechar, o podría significar *tzuqunel*, 'el que alimenta', que es otro nombre para un sacerdote. Las dos interpretaciones indicarían que el sacerdote del linaje de la mujer y no su casamentero puede ser el origen de la «culpa» indicada por el movimiento de la sangre en 4 Aq'ab'al. Ahora el contador del tiempo les preguntará al cliente y a su padre si el sacerdote de la familia de la muchacha tuvo pleito alguna vez con alguien de su propia familia. El padre dice, «Sí, pero fue una disputa de tierras que hubo hace mucho tiempo...» Aquí el contador del tiempo lo interrumpe, al decir, *ojer tyempo*, 'hace mucho tiempo', porque se le movió la sangre en la nalga derecha, indicando que esta disputa entre varones ocurrió hace dos generaciones o más (véase el capítulo ⸱). El padre dice, «Sí, el pleito fue entre mi bisabuelo, que era el sacerdote del cantón en aquel tiempo, y el bisabuelo de la muchacha, que era el sacerdote del patrilinaje de ella». Este hombre estaba quitando el agua y la madera de la tierra de otro hombre ilegalmente para el uso de su linaje. Llamaron al bisabuelo del cliente para resolver el pleito pero resultó que se metió en el lío. El resultado fue que su esposa se murió a causa de todo el coraje.

El contador del tiempo, sin comentar, apartará dos tz'ites como un recordatorio de los resultados de este arreglo y comenzará a mezclar los tz'ites y los cristales, rezando sobre ellos, y suplica que no lo engañen los días. Entonces el contador del tiempo agarra un puñado y hace el cuarto arreglo (figura 31). Esta vez, el resultado es igual al del primer arreglo (4 Aq'ab'al), pero ahora el último grupo tiene un complemento completo de cuatro tz'ites, lo que indica una respuesta más cierta. Una vez más, 8 Junajpu indica que *Ketaman ri Nantat*, 'Ya saben los antepasados', con respecto a la propuesta matrimonial (4 Aq'ab'al). Pero ahora la combinación de los movimientos de la sangre del contador del tiempo y la revelación del cliente de un pleito entre las dos familias indica una interpretación adicional. El número de este Junajpu es 8, que específicamente indica una persona muerta de posición suficiente alta para haber sido sacerdote. Éste sería el bisabuelo de la muchacha, quien bien podría causar problemas.

A excepción del caso del sacerdote que era el bisabuelo de la muchacha, los resultados de los primeros cuatro arreglos, que comienzan todos con 1 Kej, han sido bastantes favorables para el matrimonio. Ahora el contador del tiempo, habiendo aislado un problema, buscará la solución, interrogando los días seleccionados de los resultados anteriores. En este caso, los días obvios son 8 Kej, que indica un sacerdote, y 8 Junajpu, que indica un muerto que puede haber sido sacerdote. El contador del tiempo pedirá el nombre del bisabuelo de la muchacha y lo incluye en las oraciones a estos dos días, preguntando si este antepasado podría aceptar una ofrenda y permitir que esta mujer se case con el cliente. El contador del tiempo puede dirigirse a los dos días al mismo tiempo

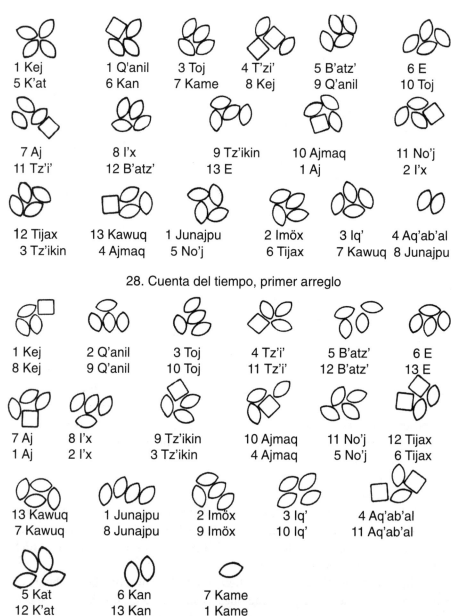

1 Kej 5 K'at	1 Q'anil 6 Kan	3 Toj 7 Kame	4 T'zi' 8 Kej	5 B'atz' 9 Q'anil	6 E 10 Toj

7 Aj 11 Tz'i'	8 I'x 12 B'atz'	9 Tz'ikin 13 E	10 Ajmaq 1 Aj	11 No'j 2 I'x

12 Tijax 3 Tz'ikin	13 Kawuq 4 Ajmaq	1 Junajpu 5 No'j	2 Imöx 6 Tijax	3 Iq' 7 Kawuq	4 Aq'ab'al 8 Junajpu

28. Cuenta del tiempo, primer arreglo

1 Kej 8 Kej	2 Q'anil 9 Q'anil	3 Toj 10 Toj	4 Tz'i' 11 Tz'i'	5 B'atz' 12 B'atz'	6 E 13 E

7 Aj 1 Aj	8 I'x 2 I'x	9 Tz'ikin 3 Tz'ikin	10 Ajmaq 4 Ajmaq	11 No'j 5 No'j	12 Tijax 6 Tijax

13 Kawuq 7 Kawuq	1 Junajpu 8 Junajpu	2 Imöx 9 Imöx	3 Iq' 10 Iq'	4 Aq'ab'al 11 Aq'ab'al

5 Kat 12 K'at	6 Kan 13 Kan	7 Kame 1 Kame

29. Segundo arreglo

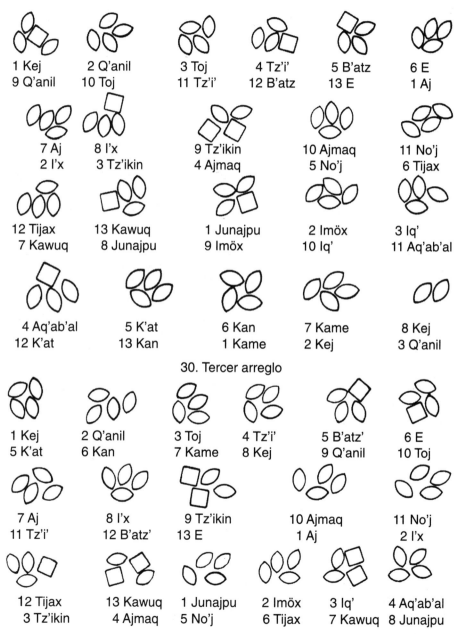

| 1 Kej | 2 Q'anil | 3 Toj | 4 Tz'i' | 5 B'atz | 6 E |
| 9 Q'anil | 10 Toj | 11 Tz'i' | 12 B'atz | 13 E | 1 Aj |

| 7 Aj | 8 l'x | 9 Tz'ikin | 10 Ajmaq | 11 No'j |
| 2 l'x | 3 Tz'ikin | 4 Ajmaq | 5 No'j | 6 Tijax |

| 12 Tijax | 13 Kawuq | 1 Junajpu | 2 Imöx | 3 Iq' |
| 7 Kawuq | 8 Junajpu | 9 Imöx | 10 Iq' | 11 Aq'ab'al |

| 4 Aq'ab'al | 5 K'at | 6 Kan | 7 Kame | 8 Kej |
| 12 K'at | 13 Kan | 1 Kame | 2 Kej | 3 Q'anil |

30. Tercer arreglo

| 1 Kej | 2 Q'anil | 3 Toj | 4 Tz'i' | 5 B'atz' | 6 E |
| 5 K'at | 6 Kan | 7 Kame | 8 Kej | 9 Q'anil | 10 Toj |

| 7 Aj | 8 l'x | 9 Tz'ikin | 10 Ajmaq | 11 No'j |
| 11 Tz'i' | 12 B'atz' | 13 E | 1 Aj | 2 l'x |

| 12 Tijax | 13 Kawuq | 1 Junajpu | 2 Imöx | 3 Iq' | 4 Aq'ab'al |
| 3 Tz'ikin | 4 Ajmaq | 5 No'j | 6 Tijax | 7 Kawuq | 8 Junajpu |

31. Cuarto arreglo

(pero comienza su cuenta solamente con uno de ellos) o preguntarles en arreglos separados. Si la respuesta es favorable, entonces la próxima pregunta estará relacionada con el día (o los días) y los lugares en que se aceptarían estas ofrendas. Lo más probable es que el contador del tiempo proponga, si es posible, los días y los lugares que ya figuran dentro de su propio programa de ceremonias obligatorias, y que empiece el próximo día con el número 1 y cubrir un total por lo menos de cuatro días ceremoniales consecutivos. Puesto que la cuenta del tiempo se desempeñó el día 1 Kej, el próximo día para empezar a componer las relaciones con el bisabuelo de la muchacha sería 1 Junajpu y el lugar sería Paja' (véase el capítulo ...), y seguirán ofrendas el día 8 Kej en Ch'uti Sab'al, el día 1 Aj otra vez en Paja', y el día 8 Junajpu en Ch'uti Sab'al nuevamente (fig. 32). Siguiendo procedimientos como los usados para preguntar a 1 Kej, el contador del tiempo le pregunta a 1 Junajpu, la fecha inicial, si aceptaría tal agenda de ofrendas.

Una vez que se haya encontrado una agenda aceptable para las ofrendas, el contador del tiempo les pregunta a 4 Aq'ab'al, a 1 y 7 Kame, y a 3 Q'anil (los resultados restantes de los cuatro arreglos iniciales) para averiguar cuál de estos cuatro días favorecería el pedido mismo. En estas preguntas suplementarias, es probable que el adivino haga solamente uno o dos arreglos por cada día interrogado en vez de cuatro, especialmente si los resultados parecen claros.

Ya que se haya recibido respuestas a todas las preguntas, el contador del tiempo junta todos los tz'ites y los cristales (incluyendo los grandes) y rezan sobre ellos: *Maltiöx che ri Tiox Mundo*, 'Gracias a Dios Mundo', por haber contestado las preguntas. Entonces agarra un puñado, lo besa y mete todos los tz'ites y todos los cristales de nuevo en la bolsas, tuerce la pita alrededor la apertura y la amarra.

En esto, si la cuenta del tiempo había exigido ofrendas los días especiales del *cholq'ij* a fin de corregir algún cualquier problema descubierto durante la cuenta del tiempo (esto resulta con frecuencia), el contador del tiempo recauda dinero para las ofrendas (aproximadamente Q.0.40 por día) y para sus servicios de oración (Q.0.20 a Q.0.40 por día). El contador del tiempo también instruye al cliente, quien ya es su *ëqomal*, 'carga', que no haga el amor o dispute los días de ofrenda. Ahora el cliente dirá, *Kuje'b'a na*, 'Ya nos tenemos que ir,' y el contador del tiempo contestará, *Jat b'a', chab'ana kwenta*, 'Váyase pues, cuídese.'

Esta narración detallada de una cuenta del tiempo modelo parece ser el único resumen apropiado para los procesos diversos que se reúnen en el sortilegio de los tz'ites. Juntos, constituyen un proceso más grande de *ch'ob'onik*, 'comprensión', que sale por medio de entretejer, en el sortilegio, la cuenta del calendario, el hablar de la sangre, los hechos del caso, y la relación del contador del tiempo con el cliente. Precisamente es esta combinación completa, polisistémica que los etnógrafos que han trabajado en Guatemala no han reconocido o la han que considerado prueba de error o fraude. Tanto Wagley como La Farge han presentado ejemplos en que los contadores del tiempo mames malinterpretaron lo que ellos aceptaban ser los significados fijos de los nombres de ciertos días. Wagley (1949:68-75) se pregunta sobre una posible «falsificación». La Farge (1994:213) indica que el contador del tiempo puede equivocarse, y ninguno de los dos exploró la posibilidad de que el resultado de

32. Varios fogones en Ch'uti Sab'al, el altar madre-padre para todos los altares de los linajes del municipio. Regados se ven la envolturas de hojas para los paquetes de copal; a la izquierda entre los fragmentos de cerámica se ve a brotar un palo de pito.

una cuenta del tiempo puede depender de más de un proceso monosistémico de la cuenta de los días. En la comunidad k'iche' de El Palmar, Saler (1960:82) se preguntó si un contador del tiempo podría ser influenciado, en el caso de un matrimonio, si sabe de antemano que el padre de la novia se oponía, pero pensaba que preguntarle esto a un contador del tiempo podría tomarse como una acusación de engaño. Ahora podemos ver que tal pregunta no se habría considerado inoportuna. La información con respecto a la opinión del padre de la novia sería totalmente pertinente a la conversación del contador del tiempo con el cliente, algo que hay que sacar en *saq q'alaj*, 'claridad blanca', y no ocultarlo detrás de una cuenta de los días «engañosa». No se espera que los participantes se porten como si no supieran nada, totalmente rindiéndose a un procedimiento automático. La advinación es la epistemología *aplicada*: no funciona independientemente de la pregunta ante el contador del tiempo y el cliente.

●●●

LA ASTRONOMÍA Y LA METEOROLOGÍA

El universo maya consiste en un mundo superior de muchos niveles, un mundo intermedio, y un inframundo de muchos niveles. El sol, la luna, las estrellas, los planetas, y (desde la invasión española) los santos y las deidades cristianas residen en los mundos superiores. La humanidad, *winaq* o *winik* en varios idiomas mayas, reside en el mundo intermedio. El inframundo, *xib'alb'a*, 'lugar de miedo', es un lugar malo donde entran los seres humanos cuando se mueren, por una cueva o por las aguas estancadas de un lago o del océano. El Sol es el soberano del cosmos para la mayoría de los pueblos mayas, tanto contemporáneos como antiguos, y sus dos pasajes anuales a través del cenit se usan para fijar las fechas para sembrar y cosechar.[1] Hoy, como en el pasado, las direcciones oeste y este se establecen mediante la observación de la intersección de la trayectoria diaria del sol con el horizonte, y el tiempo es marcado por el progreso del sol a lo largo del horizonte. Además, ya que el movimiento del sol define el espacio y el tiempo en todos los idiomas mayas, las categorías espaciales oeste y este no se distinguen de las categorías de amanecer y atardecer.

Las direcciones

Las descripciones del simbolismo direccional maya clásico se refieren a la trayectoria diaria del sol por el cielo y por el inframundo (este, cenit, oeste, nadir) más bien que a las direcciones cardinales (norte, sur, este, oeste). En el centro de esta propuesta están los grupos de pirámides gemelas de Tikal, que representan el cosmos maya. Cada uno de estos grupos consiste en pirámides al este y al oeste, un cercado de estelas al norte, y un edificio de nueve puertas al sur. El grupo representa un cosmograma horizontal de la trayectoria diaria del sol, en que sale en la pirámide al este, pasa el cenit en la estela de retrato real en el cercado al norte, se pone en la pirámide al oeste, y pasa el nádir en el edificio al sur de nueve puertas (Coggins 1980).

Los glifos direccionales en las inscripciones clásicas y en los códices postclásicos se han descifrado y leídos fonéticamente en maya yukateko como *lak'k'in, chik'k'in, yax,* y *mal,* que se traducen 'este, oeste, cenit y nadir'. Una prueba adicional para esta interpretación ha salido de las pinturas murales recientemente descubiertas en una tumba de Río Azul, en que cada una de las cuatro paredes tiene un glifo direccional. Directamente arriba de cada uno hay un glifo que los epígrafos llaman el «superfijo ben-ich», o T168, y otro glifo que indica, el día, la noche, la luna, o Venus. El glifo que indica día, o sol *(kin),* es un infijo en el superfijo ben-ich arriba del glifo direccional en la pared del este (véase el afijo de la flor con cuatro pétalos al lado izquierdo superior del glifo superior en la fig. 33), mientras que el glifo que indica la noche, o la obscuridad *(aqb'al),* se encuentra como infijo en el superfijo ben-ich en la pared oeste (véase el afijo izquierdo superior en el glifo superior en la fig. 34).[2]

En las otras paredes, el glifo que indica la luna es un infijo en el superfijo ben-ich arriba del glifo direccional en el norte (véase el afijo sobre el lado izquierdo superior del glifo superior en la fig. 35), mientras el glifo que indica Venus es un infijo en el superfijo ben-ich arriba del glifo direccional en el sur (véase el afijo al lado izquierdo superior del glifo superior en la fig. 36). Estos dos glifos pueden representar la luna y Venus en oposición, arriba y debajo del horizonte, durante la noche cuando el inquilino de la tumba, Soberano 6 Cielo, está enterrado. El hecho que la tumba contiene una inscripción que da la fecha del entierro como 8 Ben 16 Kayab de la Ronda del Calendario (véase el capítulo ....), combinado con el estilo de la pintura, sugieren tres fechas históricas posibles para este evento. Sólo un día de estos, 6 de marzo, 502 E.C. (según el constante correlativo de 584,283), la luna estaba a menos de 5° del cenit exacto y Venus dentro de 4° del nadir exacto. Durante esta noche, Venus y la luna nunca se veían simultáneamente. Además, en ninguna ocasión estaba la luna en la parte norte del cielo, y Venus no pudo haber estado en el sur. Así, los glifos direccionales asociados con la luna y Venus no pueden leerse refiriéndose únicamente al norte y al sur, sino deben incluir el cenit y el nadir. Estos mismos glifos direccionales mayas clásicos puede también leerse en Ch'ol como *hok' k'in,* 'este/salida del sol', *k'ah k'in,* 'oeste/puesta del sol', *xin chan,* 'cenit/ norte', y *mal puy,* 'nadir/sur' (Stross 1991).

La evidencia de una interpretación de cenit y no de norte, también puede encontrarse en otras inscripciones mayas clásicas en los paneles norte de las puertas este y oeste del Templo 11 de Copán, Honduras. En este templo inusitado, que consiste en dos bóvedas excepcionalmente amplias sin corbeles,

33. Conjunto de glifos en la pared este de la Tumba 12, Río Azul.

34. Conjunto de glifos en la pared oeste de la Tumba 12, Río Azul.

35. Conjunto de glifos en la pared norte de la Tumba 12, Río Azul.

36. Conjunto de glifos en la pared sur de la Tumba 12, Río Azul.

que van de este a oeste y de norte a sur, que atraviesan por el centro, la inscripción glífica se divide en dos sucesiones de discurso que comienzan en la puerta norte, enfrente del edificio. Mientras que el tema de la inscripción en el pasillo que va de norte a sur tiene que ver con la accesión del soberano y la dedicación de una plataforma de revista, en el pasillo que va de este a oeste el panel norte en la puerta este contiene la frase *xay tu pa chan*, 'encrucijadas del cielo', que se refiere a la dedicación de los pasillos transversales del Templo 11 mismo. En este mismo pasillo este-oeste, el panel norte de la puerta oeste indica un lugar llamado *ch'ul chan*, 'santo cielo'.

Ambos textos, cada uno ubicado en los paneles norte, claramente se refieren al cenit como la dirección de los sucesos en cuestión, y no al norte (Schele, Smart y Grube 1989).

Los recopiladores de los diccionarios coloniales españoles tradujeron los términos direccionales yukatekos *xaman* y *nohol* como equivalentes de los puntos cardinales europeos 'norte' y 'sur', y algunos epígrafos y arqueólogos siguen describiendo las direcciones mayas en términos de nuestra tradición occidental de los puntos cardinales, a pesar de la evidencia de Río Azul y Copán. Entre tanto, los lingüistas y los etnógrafos han descubierto que ninguna de las direcciones mayas contemporáneas es exactamente equivalentes a nuestra noción occidental de puntos cardinales fijos horizontalmente.[3] Así, por ejemplo, en q'eqchi', un idioma k'iche'ano, los términos para las direcciones vienen de los verbos intransitivos que indican movimiento. El este es *releb'aal saq'e*, 'lugar donde sale el sol', y el oeste *rokeb'aal saq'e*, 'lugar donde entra el sol', mientras que el sur es *releb'aal iq'*, 'lugar donde sale el viento', y el norte *rokeb'al iq'*, 'lugar donde entra el viento'.[4] En tzeltal, las direcciones importantes de orientación son el este, 'salida del sol', y el oeste, 'dormitorio del sol'. Al norte y al sur se les refiere topográficamente, respectivamente, como «tierra alta» y «tierra baja», o «arriba» y «abajo», y el norte puede también llamarse *kini ha'al*, que designa un viento violento, específicamente un viento que trae lluvia.[5] En unas entrevistas recientes con unos kaqchikeles, aprendí que el este y el oeste indican el movimiento diario del movimiento de la salida y de la puesta del sol, mientras el norte es *kaq iq'*, 'viento violento', y el sur es *xokomil*, 'zurdo', que es el nombre del viento alevoso que sale del sur repentinamente cada tarde del invierno a través del Lago Atitlán, amenazando los botes.

El modelo es parecido en los idiomas mayas de tierra baja. Hoy en ch'ol, los términos para el este son *pasel k'in* o *ba mi lok'el k'in*, 'lugar donde sale el sol' 'lugar donde se saca el sol', y los términos para el oeste son *majlib k'in* o *ba mi yoche majle k'in*, 'lugar donde se mete el sol' o 'lugar donde entra el sol'. El norte es *chak ik'lel*, 'viento rojo', que se refiere a los vientos fuertes que traen mal tiempo, y el sur es *nool*, palabra afín con el *nohol* yukateko. En mopán 'este' es *hoq'eeb q'in*, 'el sol sale'; el oeste es *oqeeb' q'in*, 'el sol entra', y cuando se insiste en elicitar términos correspondientes a nuestros conceptos de las direccionales cardinales norte y sur, los consultores ofrecerán los términos españoles *norte* y *sur*. En el yukateko contemporáneo, *lak'in*, 'el próximo sol', es el lugar donde sale el sol en el este, y *chik'in*, 'sol comido' es el lugar donde se pone en el oeste. Se considera que los dos están localizados a lo largo de una línea entre dos esquinas de una tierra plana de cuatro esquinas. A todo el lado norte del mundo se le refiere como *xaman*, mientras el lado sur es *nohol*; también, el norte está a mano derecha del dios solar, mientras el sur está a su izquierda. En la época colonial, estos dos términos también se usaban para designar los vientos; el viento norte era *xaman iq'* y el viento sur era *nohol iq'*.[6]

En tzotzil, un idioma maya hablado en los Altos de Chiapas, las direcciones este y oeste no se refieren a puntos cardinales fijos, sino más bien al movimiento diario del sol; así, el este es *lok'eb k'ak'al*, 'sol que sale', y el oeste es *maleb k'ak'al*, 'sol que desaparece'. Tanto el norte como el sur son *xokon vinahel*, 'lado del cielo'), que se diferencian según si están a mano izquierda o a mano derecha del sol. Al norte puede también referirse como *xokon vinahel ta batzi k'ob*, 'borde del cielo a mano derecha', y al sur como *xokon vinahel ta tz'et k'ob*, 'borde del cielo a mano izquierda'. En mam, un idioma maya hablado en el altiplano de Guatemala, todos los términos direccionales se derivan de los verbos intransitivos de movimiento. Este es *oqni*, 'moverse hacia el este,' y oeste es *elni*, 'moverse hacia el oeste'. El término para el norte es *jawni*, 'subirse', y para el sur es *qub'ni*, 'bajarse'; a los dos en conjunto se les puede referir como *iky'ni*, 'a lo largo de'. Puesto que *jaa'wal*, del verbo intransitivo *jaaw*, 'subirse', se refiere al punto de terminación de la subida del sol, podría mejor traduciríse como 'meridiano de sol' más bien que 'norte'.[7]

Entre los k'iche's, hay varios conjuntos de términos que sirven para traducir las palabras *norte* y *sur* en español; dependen del contexto sociolingüístico específico; pueden emparejarse con otros términos que designan este y oeste. Por ejemplo, cuando a un hablante del achi en Cubulco se le pide que nombre las direcciones—norte, sur, este, oeste—para norte dice *ajsik*, 'arriba del centro del pueblo', y para sur dice *ikem*, 'debajo del centro del pueblo'; sin embargo, si esta misma persona se refiere a un lugar distante, entonces norte es *wiqab'im*, 'a la derecha', y el sur es *moxim*, 'a la izquierda'. El este es *pa kel qa qajaw*, 'de donde viene nuestro padre [el sol]', y oeste es *pa kaqaj wi qa qajaw*, 'donde se baja nuestro padre'. Del mismo modo, un hablante del achi de Rabinal dice que norte es *wikiq'ab'*, 'lado derecho' y sur es *moxq'ab'*, 'lado izquierdo', mientras que los términos direccionales para el este y el oeste son *chuqajib'al saq*, 'donde sale el sol', y *chireleb'al saq*, 'donde se pone el sol'. Cuando a un hablante del k'iche' se le pide que nombre las direcciones, puede contestar que el este es *relëb'al q'ij*, 'lugar donde se sube el sol' y el oeste es *uqajib'al q'ij*, 'lugar donde se cae el sol', mientras que norte es *uwiki aq'äb' relëb'al q'ij*, 'mano derecha del sol saliente, y el sur es *umöx aq'äb' relëb'al q'ij*, 'mano izquierda del sol saliente'. Sin embargo, en el discurso formal, mientras los términos para este-oeste permanecen los mismos, la otra pareja varía: por ejemplo, *xkut ri kaj, xkut ri juyub'*, 'esquina del cielo, esquina de la tierra', o *kaj xukut kaj, kaj xukut ulew*, 'cuatro esquinas del cielo, cuatro esquinas de la tierra'. Los hablantes de k'iche' piensan que estas palabras se refieren al norte y al sur, respectivamente, pero a la vez adaptan el modelo arriba-debajo o cenit-nadir encontrado en otros idiomas mayas y sugieren, también, que tanto el cielo como la tierra tiene cuatro lados. Otro conjunto de términos k'iche's contemporáneos, *unik'ajal kaj, unik'ajal ulew*, 'centro del cielo, centro de la tierra', ocurre junto con los términos usuales para este y oeste en el *Titulo K'oyoi*, un documento importante del siglo XVI. Así emparejar los términos que indican un eje vertical con otros que indican un eje este-oeste horizontal tiene bastante profundidad histórica en k'iche' (Neuenswander 1978; Carmack 1973:17).

Los mayahablantes de hoy, sean del altiplano o de tierra baja, describen el sol como una figura humana o deiforme con una cara redonda brillante, que se sube cada día sobre el horizonte oriental y se pone de frente con su universo con el norte a mano derecha y el sur a mano izquierda.[8] Al llegar a su meridiano, al mediodía, hace una breve pausa, entonces sigue atravesando el cielo, y entra en la tierra en el oeste, alcanzando un punto enfrente de su meridiano a la medianoche, y permanece en el inframundo hasta que comience a salir de nuevo por el este. Los términos para el este y el oeste en todos los idiomas mayas indica una línea, o vector, a lo largo de que sale y se pone el sol, según la temporada del año. Los otros dos términos direccionales completamente faltan en los diccionarios para casi la mitad de los idiomas mayas; cuando aparecen, diversamente indican la mano izquierda y la derecha del dios solar, la dirección de donde suelen venir la lluvia o el viento, altiplano y tierra baja, arriba y abajo y/o cenit y nadir. Así, las direcciones mayas *no* son puntos cardinales o intercardinales discretos congelados en el espacio, sino que son lados, líneas, vectores, o trayectorias que son inseparables del paso de tiempo.

La astronomía

Hay más de tres mil estrellas y planetas que se pueden ver a simple vista en cualquier momento en una noche clara. Podría esperarse que por lo menos los planetas y la Vía Láctea , así como también todas las estrellas de primera y segunda magnitud visibles en las latitudes del mundo maya, serían de interés considerable para los pueblos mayas. Desafortunadamente los mayas antiguos no nos dejaron catálogos de las estrellas o de las constelaciones, ni tratados sobre métodos o teorías astronómicas, y ningún instrumento medidor. También carecemos de archivos de las observaciones astronómicas en que se basan los cuadros y los almanaques en los Códices de Dresde, París y Madrid. A nosotros nos toca descifrar a qué problemas se dirigieron los astrónomos mayas antiguos y qué métodos emplearon para llegar a las soluciones textuales que sobreviven.

A fin de alcanzar alguna comprensión de los conceptos y de las prácticas astronómicas mayas precolombinas, hay que estudiar los monumentos de piedra con inscripciones y los alineamientos arquitectónicos; los huesos, los caracoles y las ollas tallados; los murales y las cerámicas pintadas; y los cuatro códices jeroglíficos existentes, juntos con los manuscritos coloniales escritos por mayas en el alfabeto latino. Hay que estudiar también los diccionarios coloniales, las crónicas españoles, y las ideas y las prácticas astronómicas y cosmológicas actuales que pueden encontrarse tanto en las ceremoniales religiosas como en la literatura escrita y oral de los mayas actuales.

En Momostenango, todos los astros—incluyendo el sol, la luna, los planetas, los cometas, los meteoros, las estrellas, los asterismos, las constelaciones, y la Vía Láctea constituyen una sola categoría, *ch'umilal kaj*, 'cielo estrellado'. Las trayectorias y las posiciones diurnas, mensuales y estacionales de estos astros a lo largo del horizonte y a través del cielo nocturno son observados a simple vista y discutidos por los astrónomos momostecos, que son *ajq'ij* iniciados. La trayectoria diaria del sol, conocida como *ub'e saq, ub'e q'ij*, 'camino de luz, camino de día', se describe en k'iche' como *oxib' utzuq', oxib' uxukut chupam saqil*, 'tres lados, tres esquinas en la luz'. Se visualiza como un triángulo, cuyos ángulos son los tres puntos de transición en el tiempo diurno. Este triángulo solar se extiende desde la posición saliente del sol a su posición de mediodía, y a su posición poniente. Por analogía, los astros que salen, cruzan el cielo nocturno, y se ponen en oposición al sol, en una proximidad razonable a su trayectoria, forman *oxib' utzuq', oxib' uxukut chupam q'equm*, 'tres lados, tres esquinas en la oscuridad'.

Las estrellas se observan de noche para saber la hora, y también anuncian la temporada para los propósitos ceremoniales y agrícolas. La posición de la salida y de la puesta del sol del solsticio de invierno y también las del verano se llaman *xolqat b'e*, 'cambio de camino'. Este término, a diferencia de nuestro solsticio, derivado del latín, y que significa 'parada del sol', acentúa el movimiento oscilante del sol. El cambio más importante de camino es el solsticio de invierno, *raqan q'ij*, ' alcance del sol, que anualmente marca el fin la cosecha de maíz del altiplano, en diciembre. A la latitud de Momostenango (15°04' 38" al norte del ecuador), el sol pasa por el cenit el 1° o 2 de mayo, durante el movimiento del sol hacia el norte, y el 11 o 12 de agosto, durante su regreso hacia el sur. A las posiciones de la salida y de la puesta del sol en ambos pasajes por el cenit se les refiere como *jalb'al*, 'lugar de cambio', e indica la posición de un cambio en la naturaleza de la trayectoria del sol, más bien que un cambio de trayectorias.

Los planetas, como grupo, son conocidos como *kaq ch'umil*, 'estrellas rojas'. Cuando Venus (o cualquier otro planeta que toma el papel de lucero de la tarde) aparece en el cielo occidental después de la puesta del sol, se llama *rasq'äb'*, 'de la noche'. Venus en su aspecto de lucero del alba se llama Junajpu, un día que lleva el nombre personal de uno de los héroes del *Popol Wuj*. Cuando Venus o cualquier otro planeta aparece como estrella brillante en el este antes del amanecer, se le refiere a como *ëqo q'ij*. 'cargador del sol', y su trayectoria se conoce como *ub'eal ëqo q'ij*, 'camino del cargador del sol'. A los cometas se les refiere como *uje ch'umil*, 'cola de la estrella', y se consideran augurios de pestilencia. En el maya yukateko colonial, los cometas se llamaban *ikomne*, 'cola ventosa', o *kaktamay ek*, 'estrella de mal augurio por el fuego.'

En k'iche', se le refiere a una estrella fugaz o a un meteoro como *ch'ab'i q'aq'*, 'flecha llameante'. Aquí *ch'ab'i* se refiere a la punta de una flecha, dardo, daga, o lanza, mientras que *q'aq'* significa 'fuego'. Un término k'iche' colonial para el meteoro era *ch'olanik ch'umil*, 'estrella que hace guerra'. Entre los tzotziles actuales, las estrellas fugaces se llaman *ch'ob*, 'antorcha'; en yukateko se llaman *halal ek'*, 'estrella de flecha', y los lakantunes los describen como 'puntas de flecha' (Lamb 1981; Tirado 1787). Las puntas y las cuchillas de obsidiana encontradas por los momostecos en sus milpas hoy se consideran los restos de estrellas fugaces. Estos objetos se reúnen y se meten, juntos con los otros objetos sagrados, en el *meb'il,* el altar familiar tradicional (véase las págs. 69-70).

Algunos pueblos mayas describen los meteoros o los cometas como las colillas de los dioses, y puede bien ser que los cigarros fumados por los héroes gemelos del *Popol Wuj* deben entenderse como meteoros. Por todo el área maya, los meteoros se consideran malos augurios que pronostican la enfermedad, la guerra y la muerte. También es extensa la creencia de que las puntas de obsidiana pueden encontrarse en el lugar precisamente donde aterriza un meteorito. Los nexos cognitivos entre la obsidiana, la guerra, la muerte y la enfermedad se deben a su uso en el pasado como instrumentos de guerra y de sacrificio humano que tenían puntas u hojas de obsidiana, junto con el uso pasado y actual de cuchillas de obsidiana para los procedimientos para sangrar y en la cirugía.[9]

Las estrellas individuales identificadas en Momostenango incluyen Régulo, o *jun ch'umil,* 'una estrella', y Espiga, o *pix,* 'chispa'; los dos se encuentran a lo largo de la eclíptica. Ciertos asterismos k'iche's son más bien parecidos a los occidentales; por ejemplo, *xik,* ' gavilán', se reconoce como Águila. Hay otros que no tienen nada de parecido. Dos estrellas o asterismos o más pueden compartir un solo nombre, mientras que otras estrellas o asterismos individuales pueden tener más de un nombre. Por ejemplo, Acrux (en la Cruz del Sur) y la estrella polar (en la Osa Menor): se llaman las dos *xukut ch'umil,* 'estrellas de la esquina'. Hay dos asterismos conocidos como *ripib'al elaq'omab',* 'cruz de ladrones'; uno de ellos está en la Cruz del Sur y el otro lo forma el grupo de siete estrellas dentro de Sagitario que consiste en Sigma, Phi, Delta, Gamma, Lambda, Epsilon y Eta. Similarmente, tanto las Pléyades y las Híades se llaman *mötz,* 'puñado', y tanto la Osa Mayor como la Osa Menor se llaman *pak'ab,* 'cucharitas'. La Vía Láctea, por otra parte, tiene dos designaciones separadas, que dependen de qué fin se indica. El segmento completo es *saqi b'e.* 'camino blanco', mientras la parte con la grieta oscura, es *xib'alb'a b'e,* 'camino del inframundo'. Las estrellas brillantes Cástor y Pólux, en Géminis, tienen dos designaciones: *ka'ib' chuplinik,* 'dos lustrosos' y *ka'ib' pix',* 'dos chispas'.

Dentro de la constelación de Orión, conocido como *je chi q'aq',* 'fuego dispersado', hay dos asterismos que comparten una estrella: el cinturón de Orión, o *je oxib'chi q'aq'ajaw,* 'cola de los tres señores del fuego', y Alnitak, Saiph, y Rigel, llamado *oxib' nima ch'umil,* 'tres estrellas grandes', de que la más brillante, Rigel, se llaman *nima q'aq',* 'incendio grande'. A este asterismo también se le refiere como *oxib' xk'ub'*, 'tres tenamastes'. La Gran Nébula, M42, localizada dentro del triángulo marcado por estas tres estrellas, se describe como el humo de un fuego de cocina celestial. Aunque esta nube extensa de gases relucientes es visible a simple vista, la Nébula de Orión no se mencionó en las crónica antiguas o medievales, y los europeos no la descubrieron hasta 1610. La descripción de ciertas estrellas claves como 'llameantes' también se encuentra hoy entre los mayas de Yucatán. En el pueblo de Yalcobá, cerca de las ruinas arqueológicas de Cobá, el Cinturón de Orión y las Híades tienen cada una *u ka'ak'*, 'su fuego', en forma de las estrellas brillantes Rigel y Aldebaran. [10]

Los movimientos estelares, especialmente los que la astronomía occidental considera acrónicos y cósmicos, son utilizados por los momostecos para marcar el progreso del año solar. La salida acrónica de una estrella tiene lugar en el horizonte oriental al momento de la puesta del sol en el horizonte occidental, mientras un conjunto cósmico de estrellas tiene lugar en el horizonte occidental al momento de la salida del sol en el horizonte oriental. Durante la temporada seca, entre la cosecha y la siembra (de noviembre a abril), se observan y se usan la salida y la puesta de las estrellas para programar los eventos ceremoniales. Cada uno de seis eventos de este tipo, con intervalos de veinte a treinta días, escoge una constelación o estrella especial como *retal aq'äb'*, 'seña de la noche'. Así, a mediados de noviembre, las Pléyades salen cerca de la posición del alba durante el crepúsculo de la tarde, cruza su meridiano a medianoche, y se baja cerca de la posición de la puesta del sol durante el crepúsculo del alba. Otros eventos claves de la salida y de la puesta de las estrellas ocurren a mediados de diciembre, con Orión; a mediados de enero, con Géminis; en la tercera semana de febrero, con Régulo; a mediados de marzo, con la Osa Mayor; y alrededor del 1º de abril, con Acrux.

La luna también tiene salidas o puestas acrónicas y cósmicas. A principios del mes, la luna es momentáneamente visible como una creciente delgada, baja en el horizonte occidental a la puesta del sol, llamada *ch'utin ik'*, 'pequeña luna', o *alaj ik'*, 'luna bebé'. Según los momostecos conocedores, la luna renace cada mes en lo que nosotros llamamos su conjunción solar, o la nueva luna astronómica, *mixalaxik ik'*, 'ha nacido la luna'; sin embargo, puesto que la luna nueva es visible únicamente durante los eclipses solares, calculan la edad de una luna determinada de la primera aparición de la luna creciente delgada en el oeste, que sigue la conjunción un día o dos después. Que esta práctica puede ser más generalmente maya, y bastante antiguo, es demostrado por un diccionario de Yucatán que asigna el número trece a la luna llena, indicando que las edades de la luna se contaban de la primera visibilidad de la luna menguante (Barrera Vázquez 1980:896). Cuando las lunas llenas se calculan de la conjunción, llegan cuando la luna tiene catorce a dieciséis días. Pero la edad de cierta luna y el problema de calcular el tiempo por una unidad que equivale a un ciclo lunar completo son tratados por los k'iche's como dos asuntos diferentes. Hoy en día, a causa de la dificultad de divisar la luna nuevamente menguante, las comadronas y los agricultores prefieren calcular los meses de luna llena a luna llena.

Al progresar el mes, la luna creciente sale en el cielo occidental, un poco al norte del sol poniente, y se observa adelantándose poco a poco hacia al este hasta que alcance lo que los astrónomos occidentales llaman el primer cuarto, así nombrado porque en este momento la luna está en el meridiano a la cuarta parte de un círculo completo (90°) del sol. Sin embargo, los momostecos se le refieren a esta fase como *nik'aj ik'*, 'media luna', que enfatiza el grado de la iluminación de la luna más bien que su posición con respecto al sol. La luna alcanza su meridiano, o *pa nik'aj*, 'en el centro', a la puesta del sol, y se pone como a la medianoche. Durante la semana siguiente, al acercarse a la fase llena, sale y se pone más y más tarde. Durante este tiempo de la luna creciente redonda, o lo que los k'iche's llaman *chaq'ajik*, 'madurarse', está en el cielo oriental a la puesta del sol y se pone después de la medianoche. A lo largo de este período creciente se le dirige en las oraciones como *qanan*, 'nuestra madre'.

Dos semanas después de la luna nueva, la luna llena, o *setel ik'*, 'luna redonda', se ve en el este, cerca del punto de donde sale el sol. Para los observadores momostecos, la verdadera luna llena es la primera que se ve salir poco después de la puesta del sol en el oeste. Viaja a través de todo el cielo nocturno y se pone en el oeste cerca del amanecer. La noche de luna llena, *jun aq'äb' ub'e*, 'camino de una noche', es especialmente dramática. Son claramente visibles tanto la salida de la luna como la puesta de la luna, y la trayectoria de la luna, como la del sol, hace un triángulo completo, o *oxib' uxkut*, 'tres esquinas'. Esta noche de la salida acrónica y la puesta cósmica de la luna frente al sol, es el único momento en que los momostecos perciben que los movimientos de la luna parecen a los del sol. El viaje oposicional espectacular de la luna llena, conocido como *oxib' utzuk' oxib' uxukut chupam q'equm*, 'tres lados tres esquinas en la oscuridad', consiste en la salida de la luna en el este, *relëb'al ik'*, 'lugar de la salida de la luna'; la medianoche en el meridiano, *pa nik'aj ik'*, 'en medio de la luna', la puesta de la luna en el oeste, *uqajib'al ik'*, ' lugar de la caída de la luna'. Esta noche, la luna asume un aspecto masculino y se considera el equivalente nocturno del sol, con su disco brillante lleno y su tránsito completo del cielo. Hasta se le puede referir figurativamente, como 'el sol'. Esto nos ayuda a explicar la anomalía aparente en el *Popol Wuj*, donde se dice que Xbalanke (uno de los héroes gemelos) sale como la luna, aunque es hombre. Puede haber correspondido únicamente a la luna llena, mientras que Xkik' (su madre) puede haber sido la luna creciente y la anciana Xmukane (su abuela) tal vez era la luna menguante.

A las mujeres y a los niños se les amonestan que no miren directamente la luna durante un eclipse, sino mejor su reflejo en el agua. Si una mujer embarazada se bañara en medio de un río o de un lago bajo una luna llena que sufre un eclipse, o sea, *uyab'il ik'*, 'enfermedad de la luna' o *ukamik ik'*, 'muerte de la luna', ella dará a luz a un niño muerto o deformado—mudo, cojo o albino. Los niños concebidos la noche de una luna llena, especialmente durante un eclipse parcial, o *q'equm ik'*, 'luna oscurecida', serán o gemelos o transsexuales. Dicen que estos bebés ambiguos se cambian de hombre a mujer y de mujer a hombre repetidamente y rápidamente al principio (cada tres o cuatro días). Después cambian su comportamiento e identificación sexual más lentamente. Finalmente alternan en su comportamiento, traje, e identificación masculina y femenina cada tres o cuatro años.

Los mayas temen el oscurecimiento súbito de los astros y creen que los eclipses tanto lunares como solares señalizan el hambre y otros males. A pesar de sus temores, los k'iche's y los lakantunes miran el reflejo de los eventos del eclipse en recipientes de agua colocados afuera en el patio. Los zinacantecos sacan cubetas de agua durante los eclipses lunares, pero el propósito enunciado no es para observar la luna, sino más bien permitirle que se lave la cara. En algunas comunidades el comportamiento apropiado durante un eclipse es hacer mucha bulla, gritar y pegar mesas, tambores, ollas y cacerolas, tocar las campanas de la iglesia, quemar cohetes o descargar armas y encender grandes hogueras. El incumplimiento durante un eclipse de la luna en mayo de 1918 se consideró la causa de un epidemia de sarampión en la comunidad mam de Santiago Chimaltenango (Laughlin 1975:58; Nash 1970:92-93; Oakes 2001: 216, nota 4; Perera y Bruce 1982:230; y Wagley 1949:76).

Durante la mengua de la luna después de la fase llena, los momostecos la consideran una anciana, y se le dirige en las oraciones como *qatit*, 'nuestra abuela'. Hasta el principio del último cuarto, marcado por la *nik'aj ik'*, 'media luna', se describe como *rij ik'*, 'espalda de la luna'. En esta fecha, la luna sale bastante tarde, hasta que la anciana entre en la fase menguante final, llamada *katzujub'ik*, 'secarse'. A principios de la fase del último cuarto, sale la luna a medianoche y llega al meridiano al amanecer. Después, la luna sigue encogiéndose y sale más y más tarde y está más y más al este cuando sale el sol, hasta que, cerca del fin de su fase menguante, el sol comienza a alcanzarla. El ciclo finaliza cuando la luna que sale al amanecer, se retrasa más y más allá en el este, hasta que esté *muqulik*, 'enterrada' en *kamib'al ik'*, 'lugar de muerte de la luna'.

El sacrificio de animales, la cosecha, el corte de leña y las relaciones sexuales, todos se evitan durante la primera parte de este período de dos semanas de la mengua de la luna, porque en estos días los animales, los cultivos, los árboles, y la gente son todos considerados inmaduros y tiernos. La siembra anual de los granos de maíz y de frijol negro es la única actividad que se considera apropiada para cualquier parte del período lunar menguante. Si la milpa que van a sembrar es nueva, los hombres salen y tumban los árboles, llevan a cabo la roza de la maleza, y cultivan el suelo en febrero, cuando las Pléyades, o *mötz*, 'manojo', alcanzan el meridiano inmediatamente después de la puesta del sol. En caso de una milpa establecida, los campesinos simplemente cultivan el suelo y entierran las cañas del año anterior. La fecha precisa para la siembra de maíz y frijol, junto con la longitud del período vegetativo en cierto año, es determinada por una combinación de la altura de las milpas, la fertilidad de suelo, la migración de los azacuanes, la astronomía y la consulta del calendario.

La agronomía, la meteorología y la migración de los azacuanes

Aunque muchos eruditos nos han informado que hay algún tipo de conexión entre la astronomía y la agronomía mayas, notablemente falta el acuerdo con respecto a la naturaleza precisa de la correlación. Mientras las apariciones, las desapariciones, y las trayectorias del sol, de la luna, y de las estrellas se han descrito como útiles para programar las actividades agrícolas rutinarias, la relación entre estos eventos clave y la migración de los azacuanes nunca se ha considerado.

Cada año el cambio de temporada de fría y seca a caliente y mojada, en marzo o a principios de abril, y luego al revés en octubre o a principios de noviembre, es anunciado por el vuelo migratorio de bandadas enormes de gavilanes. El *Popol Wuj* menciona una bandada de pájaros migratorios, *tz'ikin molay*, 'pájaros reunidos', o 'pájaros en multitud'. Estas «multitudes» pueden haber sido bandadas de azacuanes *(Buteo swainsoni)*, porque son tan numerosos que presentaron un obstáculo a los héroes gemelos, Junajpu y Xbalanke, y los gemelos los encuentran en la temporada de la cosecha. Además, una fuente léxica ofrece *mo* como término para 'gavilán negro grande'. Hay un gavilán negro *(Buteogallus anthracinus)*, cuyo plumaje entero es negro, pero es bastante huraño y no se junta en bandadas enormes; algunos individuos emigran desde Centroamérica y de la América del Sur hasta Tucson, Arizona, pero la mayoría nunca emigra. Los azacuanes tienen una fase oscura, o melanística, cuando tienen un color café tiznado por todo el cuerpo, incluyendo las alas vistas desde abajo. Es probable que el pasaje del *Popol Wuj* se refiere a las bandadas de estos azacuanes en su fase obscura, durante la migración otoñal.[11]

Los ornitólogos han comentado con frecuencia los vuelos migratorios semestrales de los azacuanes sobre Centroamérica, y dicen que la vista es una de las más notables en el mundo de los pájaros. Después de criar en las cuencas y los llanos de la América del Norte, que se extienden desde California y Tejas hasta Alaska, casi toda la población se encauza por Centroamérica cada otoño. En unos cuantos días, las bandadas masivas de más de dos mil individuos cada uno hacen su vuelo de 13,000-16,000 km de la América del Norte a las pampas argentinas (Bent 1961:222-34; Brown 1976:132; Farrand 1983:240; Griscom 1932; y Wetmore 1965:230.

Estas bandadas enormes de azacuanes, a veces incluyen unos gavilanes de alas anchas *(Buteo platypterus)*. Puesto que sus rutas de migración siguen guías como las cordilleras, los valles fluviales, y las costas, estos pájaros migratorios diurnos aparentemente utilizan una combinación de mojones topográficos, ecológicos, y meteorológicos para determinar la ruta de vuelo. Donde las montañas son paralelas a la línea de vuelo, como varias cordilleras en Guatemala, pueden remontar con relativamente poco esfuerzo por distancias largas, apoyados desde abajo por vientos desviados hacia arriba. Estos vientos pueden lograr velocidades de más de 40 km por hora, y por eso su desviación rinde un componente vertical de más de 488 m por minuto. Durante su migración otoñal, cuando la convección del aire sobre la tierra ocurre en forma de burbujas aisladas de aire ascendente conocidas como «termales» o cadenas de burbujas conocidas como «calles termales», la velocidad de la subida del aire puede ser hasta 6 m por segundo, proveyendo unos medios óptimos para que los azacuanes migratorios ganen altura al montar un termal y luego deslizarse al próximo (Dorst 1962:361-362; Haugh 1975:72, 77-81; y Heintzelman 1979:122-123).

También las corrientes ascendentes son creadas por las brisas del mar a lo largo de las costas y por los vientos livianos sobre el agua durante el cambio de temporada de frío a caliente. Puesto que el agua se calienta más lentamente que la tierra, y puesto que el agua fría enfría el aire por encima de ella mientras la tierra caliente calienta el aire encima de ella, los días asoleados brillantes la temperatura de la superficie del aire sobre la tierra sube en comparación con la del aire sobre el agua. En esta situación, disminuye la presión sobre la tierra, lo que ocasiona que el aire fluya hacia la tierra, creando una frente fría pequeña, ante la cual el aire puede subir a una velocidad de cientos de metros por minuto. Se ha observado a los azacuanes ascender por una línea angosta que se extiende a lo largo de las costas de los Grandes Lagos de la América del Norte que aparentemente usan estas corrientes ascendentes. Una situación meteorológica similar puede explicar los movimientos de los azacuanes en Guatemala el 23 de marzo de 1966, cuando se observaron más de cuatro mil por el litoral del Lago Atitlán (Land 1970:67).

Frecuentemente se ven los azacuanes volar antes de las tormentas y los chubascos localizados ante frentes frías que avanzan y ante las áreas de baja presión asociadas. Los vuelos más espectaculares de los azacuanes ocurren en una combinación estrecha con las áreas de presión baja intensiva o tormentas, durante la primavera y el otoño. El 7 de abril de 1976, los azacuanes volaron sobre Momostenango unas cuantas horas antes de la primera tormenta de la temporada. Al día siguiente nuestro maestro nos dijo: «Ayer los azacuanes pasaron en masa, por cientos, por miles. Sembramos nuestras semillas. Cuando pasan nuevamente, en octubre, dejan caer la cruz de los ladrones, la doblada, al mar. El agua se para, y doblamos las cañas de maíz. Cada año cuando llegan levantan la cruz de los ladrones del mar y viene el agua. Yo los vi ayer por miles, ahora hoy llueve». Aunque no pudimos comprender inmediatamente el significado de lo que dijo, yo lo tenía grabado, de modo que podría escucharlo en otra ocasión, cuando ya hubiera aprendido suficiente historia natural para comprenderlo. Cuando estaba consciente de que era correcto relacionar los vuelos migratorios de los azacuanes con el cambio de estaciones, comencé a preguntarme cómo los modelos migratorios de los azacuanes, junto con los modelos climatológicos generales y los fenómenos meteorológicos locales, podrían correlacionar con los movimientos de las constelaciones, del calendario, y de la práctica agrícola.

Durante su migración anual al norte, en marzo o abril, a los azacuanes se les refieren los k'iche's actuales como *torol q'älaj*, 'abridores del invierno', porque «alzan» la Cruz del Sur del mar hasta arriba del horizonte, lo que trae lluvia. La Cruz del Sur se observa por primera vez brevemente, en el horizonte sudeste, aproximadamente a las once de la noche en febrero. En marzo, ya puede verse a lo largo del horizonte, a las nueve de la noche. Solamente hasta después de que los azacuanes hayan pasado por arriba y «la hayan alzado del mar» que la Cruz de Sur puede verse desde un altar en la cima de un cerro afuera del centro de pueblo, subiendo en el sudeste, próximo a la hora de la puesta del sol. La Cruz del Sur es conocida como 'la cruz de los ladrones' porque durante el período más largo de su visibilidad (aproximadamente de las ocho de la noche hasta las tres de la mañana, a principios de abril), los azacuanes migratorios son carnívoros y activamente cazan pájaros, reptiles, y pequeños mamíferos.

Los azacuanes radicalmente cambian sus hábitos dietéticos durante su migración al sur, en octubre o noviembre, y se vuelven casi completamente insectívoros. En esta temporada, se llaman *torol saq'ij*, 'abridores del verano', y dicen que dejan caer la cruz de los ladrones al mar y paran la lluvia. Sin embargo, esta cruz de los ladrones del verano no es la misma constelación que la cruz de los ladrones del invierno. La cruz 'doblada' mencionada por nuestro maestro no es la Cruz del Sur del invierno, sino más bien un asterismo de siete estrellas en Sagitario que se centra en Delta. Nos explicó que la cruz de estrellas de Sagitario, a diferencia de la Cruz del Sur, se dobla así como se doblan las plantas de maíz cada otoño, antes de la cosecha. Las mismas dos cruces de ladrones se conocen entre los k'iche's de Quetzaltenango: la Cruz del Sur y otra cruz, «no derecha pero más bien inclinada a su izquierda», que se identificó, con la ayuda de los mapas de las estrellas, como el grupo de siete estrellas de Sigma, Phi, Delta, Gamma, Lambda, Epsilon, y Eta en Sagitario (Remington 1977:85-87).

Además de la cruz de ladrones de Sagitario el azacuán se asocia con la constelación *xik*, 'gavilán'. Desde la perspectiva de la historia natural, el nombre k'iche' de esta constelación tiene más sentido que su nombre derivado del latín, Águila, porque el patrón diedral, o sea en forma de V, de las alas es igual a la manera en que los azacuanes detienen sus alas durante el vuelo. Un perfil en forma de V es usado por los observadores para distinguir los azacuanes de las especies emparentadas, incluyendo las águilas, que extienden sus alas casi derecho durante el vuelo (Farrand 1983:240; Harwood 1975:128).

Cada año, desde mediados de octubre hasta principios de noviembre, cuando los azacuanes emigran hacia el sur, la constelación del gavilán puede verse en el cenit poco después de la puesta del sol, volando en alto, así como hacen los azacuanes. En esta misma época, la cruz doblada en Sagitario se ve al sudoeste, debajo del gavilán, a unos 50° arriba del horizonte. Sagitario se pone como a las diez de la noche, y Águila se pone a la medianoche. A fines de octubre o principios de noviembre, cuando los azacuanes emigran por Guatemala, la constelación del gavilán se pone alrededor de las nueve de la noche. O, como mi maestro lo describió, «el gavilán deja caer la cruz al mar». Durante esta misma temporada, la llegada de la luna llena al cenit a la medianoche coincide con la hora del nadir del sol. Ya en diciembre, la constelación del gavilán se pone a la misma hora que la puesta del sol y es invisible hasta principios de febrero, cuando experimenta una salida helíaca al amanecer, y la luna llena una vez más alcanza el cenit a la medianoche, coincidiendo con el segundo nadir solar.

Las buenas tierras agrícolas de Momostenango se encuentran a una altura de 1,500 a 2,500 m sobre el nivel del mar. En las alturas más altas, la siembra de maíz mezclada con frijol negro comienza en marzo, si bien el verano extiende de noviembre a abril. La siembra temprana es posible en estas alturas a causa de la combinación de temperaturas bajas, la neblina y la niebla, que retarda la evaporación de la humedad del suelo, así compensando por la carencia de lluvia. En diciembre, 260 días después de la siembra, se cosecha el maíz . A las alturas más bajas y más secas, en los cantones de Canquixajá y Xequemeyá (véase el mapa, pág. 17), la siembra de maíz y de frijol negro comienza con la luna llena más próxima al primer pasaje cenital solar, el 1° o el 2 de mayo. Los ch'orti'es, que viven a la misma altura que los campesinos momostecos de Canquixajá y Xequemeyá, también usan el primer pasaje cenital para programar la siembra del maíz.

El día de su pasaje cenital, se alinea el sol en conjunción con las Pléyades, y proclama el primero de los aguaceros de tres o cuatro días con que se inicia el invierno. Durante esta temporada, las estrellas brillantes gemelas, Cástor y

Pólux en Géminis, viajan cerca del cenit y marca las posiciones más extremas del horizonte a donde llegue el sol en el solsticio estival, la época de las lluvias más pesadas del invierno. La siembra del valle es anunciada también por la reaparición de la grieta en la Vía Láctea. Estos eventos celestiales coinciden con la fiesta anual de la Santa Cruz, el 2 y 3 de mayo, que se celebra en gran parte del altiplano occidental de Guatemala con misas para la lluvia, y música y bailes para la fertilidad y el crecimiento de los cultivos. La cosecha del maíz del valle comienza poco después del segundo pasaje cenital, que ocurre el 11 o 12 de agosto .

El maíz de la montaña, como los humanos, se siembra o se concibe cierto número y cierto día, pero el período largo entre esa fecha y la cosecha, o el nacimiento, se cuenta por lunas más bien que por días. El cálculo por lunas es fácil para los campesinos, que terminan de sembrar en marzo de cada año, antes de la primer luna llena. La comadrona nota con mucho cuidado la fase de la luna en que su cliente dejó de menstruar, o ve su «señal de la luna», pero entonces cuenta por lunas llenas y hace un ajuste, al final, para la fase que primero se notó. Después de sembrar, las plantas de maíz o los bebés vegetan o gestan por nueve meses e (idealmente) se realizan la misma fecha del *cholq'ij* en que se sembraron.

El período de nueve meses para el maíz de la montaña, como el período humano de gestación, puede ayudar a explicar porque el *cholq'ij* es de 260 días (véase la pág. 79). Por otra parte, dada la naturaleza de la selección de las semillas, la observación de la migración de los azacuanes, y la aceleración de la maduración del maíz y por doblar las cañas de maíz, el *cholq'ij* de 260 días puede haber tenido un papel determinante en el desarrollo de la práctica agrícola. Pero puesto que la fecha para sembrar o resembrar una milpa y para doblar las cañas de maíz es programada (en parte) por la migración de las bandadas enormes de los azacuanes, y puesto que la migración hacia el sur puede caer en cualquier día entre octubre y principios de noviembre, el *cholq'ij* ideal para el maíz puede ser anulado y al cultivo se le puede permitir un ciclo un poco más corto o más largo. Ya que los azacuanes se mueven según los fenómenos meteorológicos locales, como los vientos y las áreas de baja presión, ofrecen un mecanismo potencial para corregir el calendario agrícola según las verdaderas condiciones reales meteorológicas en un año determinado.

La conmensuración astronómica

La astronomía, la cosmología, y el calendario de los mayas clásicos han ocupado a muchos eruditos durante los últimos cien años, y existe una documentación publicada enorme sobre el tema. Sin embargo, los estudios etnográficos de los conceptos y de las prácticas astronómicos, cosmológicos, y calendáricos mayas actuales, han interesado solamente a unos cuantos estudiosos, que han producido pocos estudios durante los últimos cuarenta años. La cuestión de la conmensuración de los ciclos astronómicos en los calendarios mayas precolombinos escritos continúa siendo de interés para los eruditos, pero la investigación de los métodos mayas de conmensuración existentes se ha ignorado en gran parte. Mi investigación de campo en Momostenango ha dado a conocer un ciclo de ceremonias que proporciona un medio para coordinar las observaciones lunares con los calendarios de 260 y de 365 días.

Los jefes del patrilinaje, o los madres-padres, de Momostenango siguen un programa de visitas al altar alto de Nima Sab'al según la secuencia siguiente de días: 9 Kej + 13 días = 9 Junajpu + 13 = 9 Aj + 13 = 9 Kame +13 = 9 Kawuq + 13 = 9 E + 13 = 9 Kan + 3 = 12 Q'anil = 82 días. Este total es equivalente a tres meses lunares siderales (3 x 27.32167 días = 81.96501 días). Las visitas se hacen a fin de conseguir una cosecha abundante y mantener sano al linaje. Poco después de la puesta del sol el primer día de la serie, el madre-padre abre un altar especial que pertenece a su propio patrilinaje. Nima Sab'al pertenece a una categoría de altares llamados *tanab'al*, 'elevado', o 'lugar escalonado', que ofrece una vista extensiva del horizonte. Los madres-padres permanecen allí por algún tiempo, queman incienso, rezan a sus predecesores difuntos por sus nombres, y observan el cielo nocturno. En sus oraciones, mencionan la fase específica de la luna y su posición en el cielo nocturno con relación a ciertas estrellas brillantes, planetas, asterismos y constelaciones. Se interesan por la variación estacional en la trayectoria de la luna por las estrellas y a través de la grieta oscura en la Vía Láctea.

Varios jefes de los patrilinajes tienen fama por su capacidad para predecir la lluvia al notar la posición y la fase precisas de la luna todos los siete días de esta serie. Sin embargo, la gran mayoría únicamente observa el cielo nocturno seriamente el día de apertura, 9 Kej, entonces nuevamente el segundo día, o 9 E, y finalmente 12 Q'anil, el día de cierre, que cae 82 días después de la apertura.

A este período ceremonial de 82 días se le refiere como *chak'alik*, 'estacado' o 'estabilizado'. El punto de interés astronómico es que dondequiera la luna (si es visible) pudiera haberse localizado entre las estrellas cierto día 9 Kej, estará en aproximadamente la misma posición 82 días más tarde, 12 Q'anil. Sin embargo, ya que un mes sideral (27 días, 7 horas, 43 minutos, 11.5 segundos) es más corto que un mes sinódico (29 días, 12 horas, 44 minutos, 2.8 segundos), la luna no estará en la misma fase cuando regrese a la misma posición en el cielo nocturno.

Los madres-padres de los cantones tienen la responsabilidad de saludar al Mam, el Cargador del Año, a cada ocurrencia del nombre del día, en uno de cuatro altares en las cimas de los cerros, ubicados a corta distancia del centro de pueblo. En un año Kej, por ejemplo, un grupo de estos madres-padres, conducidos por el jefe de los madres-padres de Xequemeyá, visita el altar en la cima del cerro Paturas cada veinte días, los días Kej. En un año E, este mismo grupo es conducido cada día E, al altar en Chuwi Aqan, por el jefe de los madres-padres de Los Cipreses. Sus visitas al amanecer y al atardecer incluyen actividades no solamente ceremoniales como rezar, quemar copal y cohetes, sino también observar la posición del sol a lo largo del horizonte. Es una tarea importante, porque la observación cuidadosa de las posiciones de la salida y de la puesta del sol a intervalos de veinte días ayudan a estos astrónomos a anticipar a simple vista pero debidamente los pasajes cenitales del sol.

Encima de estos líderes, en un rango todavía más alto, hay dos *chuchqajawib' rech tinimit*, 'madres-padres del pueblo', quienes, después de ser seleccionados por los líderes de los cantones, sirven de por vida (véase la pág. 30). Una vez al año, un grupo de estos líderes de los cantones y del pueblo hacen una peregrinación, a fin de dar la bienvenida al nuevo Cargador del Año en un altar ubicado en la cima de una montaña distante. Además de esta visita a la montaña clave del año, los madres-padres del pueblo también visitan cuatro altares en las cimas de las montañas, en un ciclo de días que coordina los cuatro períodos de 65 días del *cholq'ij* con cuatro períodos de 82 días sobrepuestos (véase el cuadro 5). Este ciclo de visitas les ofrece la oportunidad de observar y les da un plan conceptual para coordinar el cálculo del tiempo lunar con el ciclo de 260 días y del año solar de 365 días de un modo más ordenado de lo que sería posible al utilizar solamente el cálculo lunar sinódico. Notar el movimiento de la luna en el fondo de las estrellas a intervalos de 82 días ofrece la posibilidad de vincular conceptualmente el curso del sol diurno con el de las estrellas nocturnas. Esto, a la vez, abre el camino cognitivo que va de las observaciones de las salidas y puestas acrónicas y cósmicas de las estrellas al trazado de una trayectoria solar sideral.

La conmensuración de las observaciones astronómicas con los ciclos del calendario se realiza en Momostenango mediante el uso de los días que llevan los mismos cuatro nombres—Kej, E, No'j, e Iq' —para marcar los principios del ciclo de los cuartos de 65 días del ciclo de 260 días, el período lunar sideral de 82 días, y el ciclo solar de 365 días, o año aproximado. Pero a diferencia del caso de los Cargadores del Año solares, que ocurren en sucesiones como 9 Kej, 10 E, 11 No'j, 12 Iq', el número antepuesto de los cuatro días que marcan los principios de los ciclos de 65 y 82 días, permanece constante: 9 Kej, 9 E, 9 No'j, 9 Iq'. Estos cuatro días dividen el ciclo de 260 días en segmentos que siguen uno tras otro sin brechas o imbricaciones. Estos días, los madres-padres del pueblo visitan Nima Sab'al, entonces caminan a otro cerro más cerca del centro de pueblo, y continúan a uno de los altares en las cimas de las montañas que quedan a alguna distancia del pueblo.

Los períodos de 82 días, a diferencia de los períodos de 65 días, se imbrican (véase la fig. 37). Así, después de abrir los altares en Paturas y Kilaja (designado A) el día 9 Kej, los madres-padres regresan allí 80 días después, a fin de empezar una ceremonia de clausura de tres días que abarca 11 Kej, 12 Q'anil, y 13 Toj (A'). Ya que la distancia total de 9 Kej a 12 Q'anil es de 82 días, o 3 meses lunares siderales, las ceremonias de apertura y clausura permiten el cálculo sideral de la luna. Pero el próximo período sideral está imbricado al primero, de modo que el día 9 E, 15 días antes de las ceremonias de clausura que empezaron el día 11 Kej, abren el segundo grupo de altares, en Chuwi Aqan y en la montaña de Tamanku, que están ubicados en el sur (véase el mapa en la pág. 17 y B en la fig. 37). Entonces este período de 82 días se completa con el cierre de estos altares, los días 11 E, 12 Aj, y 13 I'x (véase el cuadro 5 y B' en la fig. 37). Un tercero período, que comienza 15 días antes, el día 9 No'j, en el oeste en Nima Sab'al y en Sokob' (véase C en la fig. 37), se completa los días 11 No'j, 12 Tijax y 13 Kawuq (véase C' en la fig. 37). El cuarto período, en el norte en Kaqb'ach'uy y Pipil (véase D en la fig. 37), habiendo comenzado 15 días antes, el 9 Iq', se completa los días 11 Iq', 12 Aq'ab'al y 13 K'at (véase D' en la fig. 37).

Simultáneamente con el ritmo sideral, estas mismas visitas contienen un ritmo sinódico. Para cualquiera de dos altares consecutivos en las cimas de las montañas, como A y B, la fase de la luna observada a la apertura de A se repetirá 147 días después, al cierre de B (ubicado en B' en la fig. 37), y otra vez más cuando se abre el altar B, 178 días después de haberse cerrado, un total de 325 días después de la apertura del altar A. Aquí hay que notar que la misma suma se alcanza al agregar los dos intervalos lunares canónicos utilizados en el cuadro de eclipses del *Códice de Dresde*, que son 148 y 177. En Momostenango, el evento del día 147 cae medio día antes de 5 lunas sinódicas; el del día 178 cae menos de un día después de 6 lunas sinódicas, y el evento del día 325 cae un poco menos de 4 horas después de 11 lunas sinódicas. Al resumir la aritmética, encontramos que $147 = 65 + 82$ y $325 = 147 + 178 = 4 \times 65 + 65$. Para describir el modelo de otra manera, las repeticiones de las fases de la luna avanzan por un altar cada vez alrededor el círculo completo de los altares. En un período de varios años, las ubicaciones precisas de la luna dentro de sus ciclos siderales y sinódicos durante las visitas a los altares cambiarán, pero las ubicaciones durante cualquier visita siguen siendo buenos pronósticos de lo que va a pasar en el espacio de un año o más. Queda para las investigaciones futuras investigar si estos cambios podrían interpretarse como augurios de fortunas cambiantes en los asuntos humanos.

El modelo imbricado de los cálculos lunares sinódicos y siderales discutido es conmensurable con el ciclo de 260 días. Además, la selección de cuatro días del este ciclo de 260 días que también pueden servir de Cargadores del Año ajusta este esquema lunar sinódico y sideral combinado a una alineación parcial con el calendario solar. Así, en cualquier circuito determinado de los cuatro altares, tres y a veces cuatro días en que se llevan a cabo las aperturas, o comienzan los cierres, caerá en días que llevan el nombre del Cargador del Año actual, el día que es marcado por ceremonias a lo largo de un año determinado. En 4 de los 52 años, espaciados 13 años aparte, la apertura de un altar corresponderá al primer día de ese año, o *nab'e mam*, 'primer abuelo'. En otros 4 años, el principio de la ceremonia de cierre corresponderá al primer día.

También hay evidencia para la combinación de los cálculos lunares sinódicos y siderales en la época precolombina. El período asignado por el *Códice de Dresde* a la visibilidad de Venus como lucero del alba, 236 días, se ha redondeado para que equivalga a la duración de ocho lunas sinódicas. La mera visibilidad de Venus como el lucero del alba dura un promedio de 263 días, o 27 días más que 8 lunas sinódicas. Puesto que 27 es la aproximación más cercana en días completos a una luna sideral, puede que había una regla básica para seguir el progreso de Venus como el lucero del alba que era algo así: se comienza cuando aparece por primera vez, se cuentan 8 lunas (del tipo sinódico) y entonces hay que esperar hasta que Venus desaparezca cuando la novena luna ha hecho un circuito completo del zodiaco. La evidencia para una red intrincada de múltiples de ciclos lunares sinódicos y siderales triples se ha encontrado recientemente en Palenque, El Perú, y en el almanaque en las páginas 23-24 del *Códice de París*. Estos ciclos pueden indicar un conocimiento de la astronomía celestial coordinada, en que los astros se investigan con respecto uno a otro, más bien que con respecto al horizonte. El carácter zodiacal y las posiciones aproximadas de las 13 constelaciones del almanaque de París recientemente han sido determinados (Dütting y Schramm 1988; Bricker y Bricker 1989).

El descubrimiento, en una comunidad maya contemporánea del altiplano de Guatemala, de la anotación de las salidas y puestas acrónicas y cósmicas de las estrellas y de los asterismos individuales, combinada con el uso de los períodos de 82 días con base en los ciclos de 260 y 365 días, provee evidencia indirecta que la sociedad maya clásica puede haber desarrollado un marco de referencia común para comprender los movimientos del sol, de la luna y de las estrellas. Aunque todavía no hay evidencia del uso pasado o presente de cómputos angulares en sí, parece que los pueblos mayas antiguos combinaron la astronomía de horizonte con la astronomía coordinada.

Las ceremonias temporales multimétricas descritas aquí presentan modelos dialécticos del pensamiento que van más allá de la dialéctica sencilla de polarización (tesis, antítesis, síntesis), históricamente ejemplificada en el pensamiento de Hegel y de Marx, e incluyen la dialéctica de participación imbricada mutua. Parece que los pueblos mayas usaron sistemas diferentes para llevar la cuenta del tiempo en las áreas separadas de sus realidades biológicas, astronómicas, psicológicas, religiosas, y sociales, y que en alguno punto del pasado, estos sistemas experimentaron un proceso de totalización dentro de los ciclos imbricados y encajados de sus calendarios. Dada la complejidad de esta cosmología, que es ritualmente recreada, compartida, y de este modo mantenida hoy, el saber de los mayas contemporáneos no debe descartarse, como hizo J. Eric S. Thompson, al declarar que no era más que los restos degenerados la gloria maya clásica. Más bien, la teoría y la práctica cosmológicas contemporáneas deben respetarse como un recurso vivo y precioso, que proporciona las herramientas conceptuales para reconstruir el significado de los objetos materiales que pueden haber sobrevivido de los períodos clásico y postclásico de la historia maya.

Cuadro 5. El ciclo de 65 días, con ciclos imbricados de 82 días

Kej	*9	3	10	4	*11	5	12	6	13	7	1	8	2
Q'anil	10	4	11	5	*12	6	13	7	1	8	2	9	3
Toj	11	5	12	6	*13	7	1	8	2	9	3	10	4
Tz'i'	12	6	13	7	1	8	2	9	3	10	4	11	5
B'atz'	13	7	1	8	2	9	3	10	4	11	5	12	6
E	1	8	2	+9	3	10	4	+11	5	12	6	13	7
Aj	2	9	3	10	4	11	5	+12	6	13	7	1	8
I'x	3	10	4	11	5	12	6	+13	7	1	8	2	9
Tz'ikin	4	11	5	12	6	13	7	1	8	2	9	3	10
Ajmaq	5	12	6	13	7	1	8	2	9	3	10	4	11
Noj	6	13	7	1	8	2	#9	3	10	4	#11	5	12
Tijax	7	1	8	2	9	3	10	4	11	5	#12	6	13
Kawuq	8	2	9	3	10	4	11	5	12	6	#13	7	1
Junajpu	9	3	10	4	11	5	12	6	13	7	1	8	2
Imöx	10	4	11	5	12	6	13	7	1	8	2	9	3
Iq'	11	12	5	6	13	7	1	8	2	19	3	10	4
Aq'ab'al	12	6	13	7	1	8	2	9	3	10	4	11	5
K'at	13	7	1	8	2	9	3	10	4	11	5	12	6
Kan	1	8	2	9	3	10	4	11	5	12	6	13	7
Kame	2	9	3	10	4	11	5	12	6	13	7	1	8

Clave de los ciclos imbricados

* = Apertura (9 Kej) y cierre (11 Kej, 12 Q'anil, 13 Toj) de los altares de Paturas y Kilaja (A y A´ en la fig. 37)

+ = Apertura (9 E) y cierre (11 E, 12 Aj, 13 I'x) de los altares de Chuwi Akan y Tamanku altares (B y B´ en la fig. 37)

= Apertura (9 No'j) y cierre (11 No'j, 12 Tijax, 13 Kawuq) de los altares de Nima Sab'al y Sokob' (C y C´ en la fig. 37)

! = Apertura (9 Iq') Kaqb'ach'uy y Pipil; cierre (11 Iq', 12 Aq'ab'al, 13 K'at) ocurriría durante el ciclo de 260 días siguiente (D y D´ en la fig. 37)

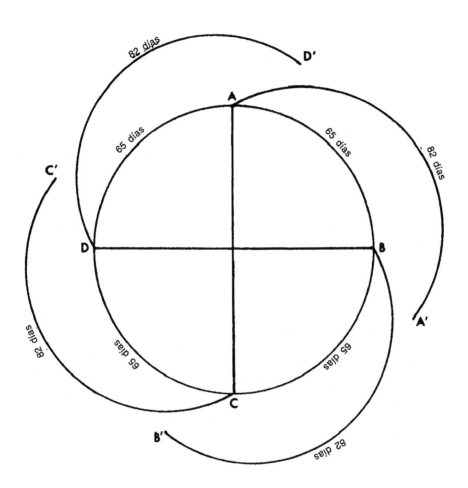

37. El *cholq'ij* dividido en cuatro partes con cálculo lunar sideral imbricado. Aquí A = 9 Kej, A′ = 12 Q'anil, B = 9 E, B′ = 12 Aj, C = 9 No'j, C′ = 12 Tijax, D = 9 Iq', D′ = 12 Aq'ab'al.

●●●●

CONCLUSIONES

Mi presentación de la cosmología, del calendario, de la meteorología y de la astronomía mayas se basa sobre todo en mis propias investigaciones entre los mayas del altiplano de Guatemala durante los años 70 y 80. El libro empieza con mi entrada en el contexto especial k'iche' de la interacción comunicativa conocida como *ch'ob'onik*, 'contar el tiempo, comprender', un contexto en que el tiempo pasado, presente, y futuro se explora mediante una combinación de la cuenta del *cholq'ij* y el hablar de la sangre. Una descripción subjetiva de tal experiencia sería únicamente en el lenguaje del observador, y guardaría a bastante distancia a los pueblos mayas. Ésta es precisamente la postura del enfoque de las ciencias naturales en un problema de las ciencias sociales: lo que se afirma ser la objetividad es de hecho la subjetividad del observador. Así, la objetividad de este informe descansa en una base de intersubjetividad humana, un campo de investigación que pertenece únicamente a las ciencias sociales, o humanas, y cuyo medio principal es el lenguaje. Además, el informe depende no solamente de *hablar* de los calendarios, de la astronomía, y de la cuenta del tiempo mayas, sino también de *aprender* el lenguaje calendárico, astronómico, y de la cuenta del tiempo. Es un estudio del saber y de la habilidad prácticos, de los contadores del tiempo y de los astrónomos. De modo que es un aporte a lo que ahora se llama «la teoría de la práctica».[1]

Los *ajq'ij* no pueden clasificarse según la distinción antropológica entre sacerdote y chamán que separa los actos ceremoniales llevados a cabo para el bien del público de los llevados a cabo para los intereses particulares. No es una solución de este problema reducir la definición de chamán utilizando el ejemplo siberiano clásico. Hasta los ancianos momostecos que ejercen los deberes sacerdotales en nombre de todo el municipio son chamanes; han sufrido una enfermedad que conduce a la iniciación como contador del tiempo, y poseen esposas espíritus y el don divino del relámpago de la sangre. Los términos «sacerdote» y «chamán» podrían todavía separarse cuando es cuestión de los papeles definidos en ocasiones especiales, pero cuando es cuestión de *status*, lo que se requiere es un concepto entrelazado de «sacerdote-chamán» y «chamán-sacerdote», según la proporción de servicios privados y públicos proporcionados por el profesional. Un entrelazo similar predomina entre los mayas contemporáneos de otras partes del altiplano tanto de Guatemala como de Chiapas, pero no hay otros informes de una jerarquía como la de Momostenango, con tres niveles de sacerdotes-chamanes superiores y un grupo grande de chamanes-sacerdotes inferiores.

El calendario momosteco abarca el ciclo de 260 días y también el año solar de 365 días, con los cuatro Cargadores del Año o Mam de los mayas clásicos, y sistemáticamente conecta los dos. El ciclo de 260 días está ligado firmemente a los asuntos mundanos, o terrestres, que no refleja ningún período astronómico, sino más bien el período de gestación o vegetación de los humanos y del maíz. Los estudios etnográficos del pasado contienen varias opiniones conflictivas con respecto a la identidad de su primer día, pero una comparación de los resultados actuales y los de los estudios previos indica que no hay primer día fijo. Cuando se le pide a un consultor que describa el calendario, simplemente principia con el día actual o el Cargador del Año actual; así sigue la práctica de la cuenta del tiempo más bien que una teoría abstracta con respecto a cuál es el primer día. Cuando el etnógrafo hace la pregunta inaudita, «¿Cuál es el primer día?», el consultor niega que haya uno o desarrolla una «teoría» en el acto. Esta teoría siempre se basa en la práctica; simplemente escoge un día ceremonial importante, como 8 B'atz'. Ésta es una ilustración perfecta de lo que Bourdieu (1977:22) llama «la dialéctica entre los esquemas inmanentes en la práctica y las normas producidas al reflejar sobre la práctica».[2] En este ejemplo, la teoría se basa en la práctica, y no es anterior a la práctica.

Aunque los eruditos han tratado de atribuir los significados de los nombres de los días del calendario a un sistema simbólico construido, etimológicamente, la práctica calendárica k'iche' revela que los días se interpretan por una serie de nemónicas que frecuentemente se vincula a los nombres por la paronomasia, o el juego de sonidos. Estas nemónicas se refieren no a un sistema simbólico abstracto, sino a las prácticas ceremoniales asociadas con varios días. Además, las variaciones entre las comunidades k'iche's en la interpretación de días específicos pueden explicarse por las diferencias en la práctica ceremonial. Así, la «teoría» de los significados de los días se basa en esquemas inmanentes en la práctica. Cuando los eruditos rechazan estos esquemas actuales en favor de su propio sistema simbólico reconstruido, cometen lo que Bourdieu llamó «el error de tratar los objetos creados por la ciencia . . . como realidades dotadas de eficacia social» (ibídem:27). Hay muy poca razón para no suponer que las interpretaciones mayas antiguas de los días funcionaban de una manera muy parecida a las de los k'iche's actuales, aunque sin duda había diferencias considerables en el contenido de ciertas frases nemónicas y en las ceremonias a que aludían.

Además de contar e interpretar el ciclo de 260 días, la cuenta del tiempo momosteca emplea otra técnica importante: la interpretación de los movimientos de brincar y estremecer en la sangre y en los músculos del contador del tiempo, movimientos que reflejan, a un nivel microcósmico, el descargo del relámpago sobre los lagos del macrocosmos. Se ha informado de la interpretación de la cuenta del tiempo de los movimientos de la sangre en un área amplia de Mesoamérica. En Chiapas y otras partes de México, y en Belice, el contador del tiempo siente estos movimientos en el cuerpo del cliente, pero en Guatemala ocurren en el cuerpo del contador del tiempo mismo. Mis investigaciones demuestran un nexo directo y claro entre el hablar de la sangre y la cuenta del calendario dentro de una sola presentación de la cuenta del tiempo y también dan a conocer que los movimientos de la sangre pueden ocurrir en cualquier parte del cuerpo. Los significados de estos movimientos se interpretan según un plan multidimensional.

Los sistemas de interpretación de los nombres de los días (entre los k'iche's en general) y de los movimientos de la sangre (entre los momostecos y tal vez entre otros grupos) son dialécticos más bien que analíticos en sus modelos lógicos. Aunque algunos días son predominantemente negativos y otros son predominantemente positivos, ningún día es totalmente negativo o totalmente positivo en sus posibilidades. En el sistema de la sangre, los términos emparejados próximo/distante (con referencia a los dedos) y carne/hueso están en una oposición analítica positiva/negativa; sin embargo, las parejas anterior-posterior, izquierda-derecha, superior-inferior - interior-exterior, y rápido-lento están en una la relación dialéctica interpenetrante. La línea del centro del cuerpo no es el lugar de donde surge la ambigüedad o la mediación, como sería en un esquema analítico, sino es más bien el único punto ventajoso de donde la diferencias parecen estar en conflicto abierto.

La interpretación de los movimientos de la sangre plantea problemas para el intento antropológico de dividir las ceremonias para la exploración del tiempo no presente en la «adivinación», que es un sistema dualístico y analítico que descubre la enfermedad privada dentro del cuerpo público, y la «revelación», que es un sistema no dualístico y holístico que enfatiza el bienestar de la sociedad y de la naturaleza en general.[2] Desde este punto de vista, el sistema de la sangre parece ser una especie de adivinación, en lo que respecta a su proceder según la oposición binaria y se dirige a la investigación de la enfermedad privada. Pero al mismo tiempo, incorpora complementaridades dialécticas (un dualismo holístico cuya posibilidad no se ha se considerado con seriedad antes), junto con metáforas que lo ligan al sistema direccional mundial y así lo alzan a un nivel cósmico. El enano rojo K'oxol, que golpea con su relámpago de sangre en los cuerpos de los contadores del tiempo con su hacha de piedra, no es solamente la divinidad del trabajo venerada por los diagnosticadores de la enfermedad, sino también es un símbolo de la resistencia continua de los k'iche's a la conquista espiritual.

La resistencia de los k'iche's al reemplazo de las costumbres antiguas con las nuevas se basa, en parte, en los conceptos k'iche's del tiempo. Como en otros asuntos, el pensamiento procede dialécticamente más bien que analíticamente, que significa que no puede aislarse completamente ningún tiempo determinado, sea pasado, presente, o futuro, totalmente aislado de los segmentos de tiempo que lo preceden o lo siguen. Esto no significa que las innovaciones deban resistirse, sino que deberían agregarse a las cosas más antiguas y no reemplazarlas. Mi propio maestro, además de emplear técnicas y ceremonias agrícolas tradicionales en su milpa sin vacilar, resueltamente usa insecticidas y abonos comerciales. De la misma manera, durante una conversación de conversos a la Acción Católica, que abogaban por reemplazar las ceremonias del Mundo con los suyos, él resumió su propia posición al declarar de plano que «El tiempo no se puede borrar». El resultado neto de esta actitud es que las cargas del tiempo no cambian sino que se acumulan. Por eso los «tradicionalistas» de Momostenango pudieron resistir activamente los ataques contra lo que ellos consideran costumbres que son más antiguas que cualquiera de la Iglesia y al mismo tiempo no muestran nada de interés en una purgación indigenista de las costumbres católicas que desde hace mucho se han incorporado a la vida tranquila de la comunidad.

Hasta las creaciones consecutivas y las destrucciones catastróficas del mundo descritas en el *Popol Wuj* no dividen el tiempo en compartimentos; al contrario, cada uno retiene los patrimonios de todas las edades anteriores. Los venados y los pájaros son de la primera época, por ejemplo, y los monos del tercero; hasta los dioses derrocados en las épocas anteriores siguen formando parte de los panteones posteriores. Entre los k'iche's contemporáneos, las miniaturas de animales y frutas de piedra coleccionadas para los altares familiares se consideran reliquias de una época previa. En una escala menor, este sentido acumulativo del tiempo puede verse en el hecho de que un hombre que asciende de la posición de *ajq'ij* ordinario a uno de linaje, luego a uno de cantón, y finalmente a sacerdote del pueblo no lo hace al pasar de un puesto a otro, sino que acumula un oficio encima de otro.

La acumulación aparece nuevamente en la lista de los predecesores que un sacerdote de linaje enumera ante sus altares, o la declaración de un sacerdote, que «estos altares son como un libro donde todo—todos los nacimientos, los casamientos, las defunciones, los éxitos y los fracasos—están apuntados». Teóricamente, no hay límite al tamaño potencial de tal libro. Éste es un punto importante, porque se ha puesto demasiado énfasis en la naturaleza cíclica, o reiterativa del concepto mesoamericano del tiempo, a fin de ponerlo en contraste con el tiempo linear o histórico occidental. Del punto de vista del ciclo de 260 días y de los movimientos de la sangre, el tiempo y los sucesos seguramente se repiten, pero cuando el día Junajpu o un movimiento al dorso del cuerpo indica el acto de un antepasado, como han indicado muchas veces antes, las preguntas que en seguida van a hacer se dirigirán para descubrir la originalidad de ese acto y el verdadero nombre del antepasado.

Entonces, la investigación de los sucesos de otra época incluye una dialéctica entre los aspectos cíclicos y lineales del tiempo. La interacción de estas mismas dos fuerzas en el tiempo actual produce una tensión a lo largo de los límites localizados donde un segmento del tiempo medido y nombrado debe triunfar o reemplazar el otro. Se acomoda la tensión por tratar ese límite como una imbricación, más bien que una transición instantánea. La imbricación en pequeña escala de dos días nombrados consecutivos es ilustrada por el problema de presagiar el significado de un sueño. En vez de intentar de determinar si el sueño ocurrió antes o después de la medianoche, el contador del tiempo les pregunta a los dos días en cuestión, porque uno de ellos «le entregó el sueño» al otro. En otros términos, la noche es cuando las influencias de dos Señores de Día «consecutivos» manifiestan imbricación. La serie de permisos buscada para el «mezclar-indicar» de un *ajq'ij* novato no empieza de un golpe sino que tiene un principio parcial el día 1 Kej y no se considera que esté en plena marcha hasta veinte días después, el día 8 Kej. Además, el fin de esta serie está imbricado con el principio de la serie de permisos para el «trabajo-servicio». Éste comienza cuando el «mezclar-indicar» parcialmente, pero no totalmente, ha llegado a su final, precisamente como el fin del «trabajo-servicio» estará imbricado, a la vez, con el tiempo que le sigue. Un proceso similar ocurre en el límite entre dos años solares; el año nuevo no considera haber terminado de llegar hasta que su Mam haya ocurrido dos veces (veinte días aparte). Que la imbricación era un modelo maya general es mostrado por un ejemplo (en una escala aun más grande) del Yucatán prehispánico, donde la imagen que gobernaba un *katun* (período de veinte años) tenía que compartir sus primeros diez años en el templo con su predecesor; además, permaneció diez años después del fin de su propio reinado, para acompañar a su sucesor (Tozzer 1941:168).

Los intervalos y las imbricaciones de los calendarios de 260 y de 365 días son formales y fijos, y no requieren observaciones continuos de los fenómenos naturales. Para trazar el progreso de las temporadas, los momostecos miran las idas y las venidas de las estrellas y las migraciones de los azacuanes. Durante la temporada seca, las salidas y las puestas acrónicas y cósmicas se observan y se utilizan para regular los eventos agrícolas. La fecha para sembrar el maíz es determinada por una convergencia de las condiciones agronómicas, meteorológicas, y calendáricas favorables. Hasta hace algunos años el cambio de la temporada seca a la temporada de lluvia y viceversa, era anunciado por el vuelo migratorio de bandadas enormes de azacuanes. Puesto que los termales que montan se crean en la vecindad de las tormentas, la observación de la migración de los azacuanes precisamente presagia los cambios en las condiciones agrícolas. Los azacuanes también están asociados cognitivamente con dos asterismos mayas importantes: la cruz de los ladrones en Sagitario y el gavilán, que corresponde a Águila. Cada año cuando los azacuanes emigran hacia el sur, a fines de octubre o principios de noviembre, la constelación del gavilán puede verse en el cenit poco después de la puesta del sol, con la cruz doblada en Sagitario inmediatamente debajo de ella, hacia el sudoeste. Entre la desaparición de los azacuanes migratorios y la cruz, por un lado, y la de la constelación del gavilán, por el otro, hay un período de imbricación, en que el gavilán se demora como una señal de lo que ha pasado.

La siembra de maíz en las elevaciones altas principia en Momostenango durante marzo, y en diciembre se cosecha. El maíz de la montaña se siembra, como se concibe un humano, cierto día del *cholq'ij* e idealmente se cosecha el maíz o el niño el día con el mismo número y nombre, nueve meses después. Así, el período creciente del maíz de la montaña, como el período de gestación humana, ayuda a explicar porque el calendario tiene 260 días. Sin embargo, dado la naturaleza de la selección de las semilla y del doblar de las cañas de maíz, el *cholq'ij* puede haber tenido un papel determinante en el desarrollo de las prácticas agrícolas. Por otra parte, puesto que la fecha para sembrar milpa y para doblar las cañas es fijada por la migración de los azacuanes, y dado que la migración hacia el sur puede caer en cualquier día de octubre o noviembre, el *cholq'ij* puede ser ignorado y le permitirá más tiempo al cultivo para que madure adecuadamente. Puesto que los azacuanes se mueven según los fenómenos meteorológicos locales, ofrecen un mecanismo para corregir el calendario agrícola según las condiciones reales del tiempo en dado año.

La selección de los mismos cuatro días—Kej, E, No'j, e Iq'—para marcar los principios de los cuartos de 65 días del ciclo de 260 días, el período lunar sideral de 82 días y el ciclo solar de 365 días sirven para conmensurar las observaciones lunares con los ciclos calendáricos formales. Se realiza esto al permitir que cada uno de los períodos consecutivos de 82 días se imbriquen con el siguiente. Los sacerdotes de los cantones o del pueblo de Momostenango visitan cuatro altares en las cimas de las montañas en un ciclo de días que toma en cuenta todos estos intervalos y que les permite observar el cielo nocturno. Coincidentemente con el ritmo sideral, estas visitas contienen un ritmo sinódico, así que las repeticiones de las fases de la luna avanzan por un altar con cada ciclo de las visitas siderales a los altares. La evidencia precolombina para la mezcla de los cálculos lunares sinódicos y siderales puede encontrarse en el almanaque de Venus del *Códice de Dresde*, en el *Códice de París*, y en las inscripciones de Palenque y de El Perú.

El notar el movimiento de la luna contra el fondo de las estrellas a intervalos de 82 días hace posible vincular el curso del sol diurno con el de las estrellas nocturnas. Esto, a la vez, abre un camino cognitivo que conduce desde las observaciones de las salidas y puestas acrónicas y cósmicas de las estrellas a la planimetría de una trayectoria solar sideral. El descubrimiento, en una comunidad maya contemporánea, de la anotación de tales movimientos estelares, combinada con el uso de intervalos lunares siderales anclados a los ciclos de 260 y 365 días, sugiere que la sociedad maya clásica también puede haber combinado la astronomía de horizonte con la astronomía coordinada.

Hay evidencia adicional relacionada a la astronomía maya antigua provista por los sistemas direccionales mayas, porque casi todos tienen dimensiones verticales y horizontales. En todos los idiomas mayas, los términos para el este y el oeste indican una línea, o vector, a lo largo de que sale y se pone el sol, dependiendo de la temporada del año. Los otros dos términos direccionales indican la mano derecha e izquierda del dios solar, la dirección de donde suelen venir la lluvia y el viento, tierra alta y tierra baja, arriba y abajo, o cenit y nadir. Las direcciones mayas no son los puntos discretos cardinales o intercardinales de la brújula congelados en el espacio, sino que más bien son líneas verticales y horizontales, lados, vectores, o trayectorias que son inseparables del pasaje del tiempo. No solamente hacen un mapa del mundo plano de la astronomía de horizonte, pero abren el cielo a la astronomía coordinada también.

Las observaciones y las ceremonias temporales y astronómicas descritas aquí incluyen modelos del pensamiento que van más allá de la simple dialéctica de polarización, ejemplificada por el pensamiento hegeliano y marxista, e incluye la dialéctica de inclusión imbricada o mutua. Parece que los pueblos mayas una vez tenían sistemas diferentes para llevar la cuenta del tiempo para distintas áreas de sus realidades biológicas, astronómicas, religiosas, y sociales, y que estos sistemas experimentaron un proceso de totalización dentro de los ciclos imbricados y entretejidos de su calendario.

NOTA FINAL

Hasta los aspectos más formales de la vida ceremonial pueden llevar las marcas de sucesos históricos únicos. Así es el caso con el día k'iche' K'at. Una de las nemónicas que sirven para interpretarlo, *pa k'at, pa chim*, 'en redes, en morrales', incorpora el significado literal del nombre del día, 'red', que se conceptualiza simbólicamente como un recipiente para las deudas de uno. Los nombres para este día en otros idiomas mayas llevan significados parecidos, sugiriendo que es cuestión de una idea demasiado antigua para poder vislumbrar su momento de origen (Edmonson 1988:176; Colby y Colby 1981:224-225). Pero hay una segunda nemónica k'iche' para K'at, *k'atik*, 'quemar', y esto bien puede tener su origen en un suceso identificable. Según el documento colonial *Los anales de los kaqchikeles*, el día 4 K'at los soberanos k'iche's llamados Ahpop y Ahpop Qamahay fueron quemados en la hoguera por Alvarado, en 1524 (Recinos y Goetz 1953:120).

Queda por saber si el *cholq'ij* actual seguirá adelante con cualquier rastro de la compaña contrainsurgente del gobierno guatemalteco a principios del decenio de 1980, a la cual le dio mucha importancia el ejército como una «reconquista». Sin embargo, hay algo cierto, y es que muchas comunidades mayas de los departamentos de Huehuetenango, El Quiché, Chimaltenango y Alta Verapaz sufrieron ataques militares directos contra civiles inermes, acompañados por la destrucción de sus casas y de sus cosechas.[1]

Los integrantes de la Acción Católica llegaron a ser los blancos claves de la campaña contrainsurgente, después de que los revolucionarios ganaron su apoyo por cantar las alabanzas de la teología de la liberación (Stoll 1988:91; Melville 1983:27). En el departamento de El Quiché durante los primeros años del decenio de 1980, catorce sacerdotes católicos y cientos de catequistas fueron asesinados (Américas Watch 1983:253; Manz 1988:35, 98-99). Por todo el altiplano, el ejército guatemalteco ligaba la presencia de muchos catequistas a la actividad guerrillera, y comunidades enteras se clasificaron y se marcaron en mapas con alfileres rojos, rosados, amarillos y verdes. Consideraban que los pueblos «rojos» estaban en poder de los guerrillas y así abiertos para el ataque directo; controlaban cuidadosamente a los «rosados» y a los «amarillos», y éstos recibieron violencia esporádica; dejaron en paz a los «verdes», porque parecían estar libres de la subversión (Carmack 1988:xv-xvi).

Los líderes políticos momostecos empezaron a oír de la violencia del ejército contra los catequistas en 1979; su fuente de información era los miembros locales de la Acción Católica, que habían emigrado al área del Ixcán Grande de Huehuetenango. También les llegó la noticia de los momostecos que vivían en la comunidad ixil de Chajul que los militares consideraban subversivos a los catequistas. En el invierno de 1979, durante nuestra última visita a Momostenango antes de que la campaña contrainsurgente acelerara, hablamos con un joven líder de los catequistas, quien declaró que ya no participaba en la Acción Católica. Uno de los líderes mayores del movimiento se había enfermado, apenas podía moverse, y había perdido la capacidad para hablar. A nuestro regreso, en 1988, supimos que el joven líder se había iniciado como *ajq'ij* y había recibido su bolsa sagrada. En cuanto al señor mayor, a principios de los años 1980 había dejado de ir a consultas con los doctores y los enfermeros locales en Quetzaltenango y había vuelto a la medicina tradicional maya. Fue diagnosticado como un caso de *kumatz*, 'culebra' (véase las págs. 46-47). En el invierno de 1988, ya se había recuperado completamente y llegó a ser el *ajq'ij* o madre-padre principal de su patrilinaje.

Dentro del contexto de la violencia del estado guatemalteco, parece que el cambio momosteco de afiliación religiosa puede haber funcionado de tal manera que la falta de un gran número de catequistas activos protegió la comunidad de la etiqueta de «comunista» y así un blanco principal para la represión militar. La percepción política momosteca que la Acción Católica podría atraer la violencia militar a la comunidad fue seguido por un movimiento de revitalización maya, dedicado a un retorno a la religión y a la cosmovisión tradicionales. Frente a una aniquilación potencial, los líderes mayas de Momostenango hicieron una decisión analítica para abandonar su acercamiento dialéctico con el movimiento de la Acción Católica (véase las págs. 35-36). La larga historia del conservatismo político momosteco, combinado con el militarismo (véase las págs. 15-16, 18-19), alentó a los miembros de la comunidad a atacar más bien que abrazar a la guerrilla, con el resultado de que el municipio no fue considerado subversivo por las fuerzas de contrainsurgencia.

Si bien Momostenango nunca fue atacado directamente por el ejército, actividades guerrilleras esporádicas y el alto nivel de la violencia de contrainsurgencia en otros lados redujeron los viajes de los comerciantes locales y causó privación económica. La respuesta a la reducción brusca del comercio fue intensificar el cultivo (especialmente de maíz), la cosecha de alimentos silvestres, y la producción de artesanías tradicionales como la ropa y la alfarería. Estas estrategias disminuyeron la dependencia de los mercados y los productos de afuera. Actualmente, hay mucho más mujeres momostecas que llevan el *po 't*, el güipil tradicional tejido a mano y usan más vasijas de alfarería localmente producidas para la preparación de alimentos y el almacenaje de agua de lo que hacían durante los años 70 prósperos.[2]

Entre 1978 y 1985, mataron de 50,000 a 70,000 guatemaltecos, y la gran mayoría fueron mayas. Otros 500,000 llegaron a ser refugiados internos, 150,000 huyeron a México, y más de 200,000 escaparon a otros países (Manz 1988:30, 209). Parece que este proceso violento de desarraigo y dispersión, como las diásporas israelita y armenia, puede conducir a una reagrupación cultural y política hacia una nación étnica que trasciende los límites de los estados-naciones establecidos.[3] Tal vez esto está pasando actualmente, en vista de varios desarrollos sociales y culturales simultáneos entre los mayas radicados en Guatemala, México, Belice, Canadá y los Estados Unidos.

A mediados del decenio de los años 80, los sacerdotes mayas de Momostenango tomaron el paso inaudito de publicar un calendario maya mimeografiado, titulado *Rajil b'al q'ij maya*, 'Cuenta de los días mayas'. Rigoberto Itzep Chanchavak fue el recopilador oficial de este documento impresionante en su precisión, que correlaciona el calendario gregoriano con el *cholq'ij*. La demanda resultó tan grande que se distribuyó ampliamente en otras comunidades. En 1989, me enseñaron una versión actualizada, recopilada en la comunidad k'iche' de San Andrés Xecul por Juan Chuch Paxtor, quien lo tituló *Wuj ub'eal raqan q'ij mayab'*, 'Libro del camino de la cuenta de los días mayas'.

En 1986, unos lingüistas guatemaltecos hablantes nativos de idiomas mayas organizaron la Academia de las Lenguas Mayas de Guatemala (ALMG) y autorizaron nuevos alfabetos para escribir los veintiún idiomas mayas de Guatemala. A pesar de la oposición amarga de los misioneros evangélicos, que preferían guardar sus propias ortografías para escribir los idiomas indígenas de Guatemala, el Presidente Vinicio Cerezo firmó el decreto de la oficialización de los alfabetos nuevos, el 23 de noviembre de 1987. Los miembros de la Academia fomentan el uso de los nuevos alfabetos para escribir los idiomas mayas y la educación bilingüe; a la vez, alientan el uso de las costumbres tradicionales, como el traje y el calendario maya. Pronto después del inicio de las actividades de la Academia, se fundaron dos organizaciones de investigación completamente mayas: el Centro de Documentación e Investigación Maya (CEDIM) y el Centro de Investigación Social Maya. En 1990, esta organización publicó una agenda de compromisos, un calendario maya: *Cholb'äl chak*, 'instrumento para ordenar el trabajo', precisamente correlacionado con el calendario gregoriano.

Mientras estos sucesos ocurrían en Guatemala, la comunidad maya q'anjob'al refugiada en Los Angeles fundó un grupo no lucrativo de ayuda mutua conocido como Integración de Indígenas Mayas o IXIM (la palabra para designar el maíz en muchos idiomas mayas) y empezó a publicar *El Vocero de IXIM*, un boletín que traía versiones trilingües (maya/español/inglés) de cuentos populares e información sobre los glifos y los calendarios mayas. Entre tanto, en Belice, al otro lado de este mundo maya extendido, las tejedoras mopanes y q'eqchi'es bordaban los glifos de los veinte días en sus artesanías.

Recientemente los sacerdotes y las monjas católicos de la América Latina han empezado a cambiar su posición tradicional, y ahora en vez de atacar la revitalización cultural y religiosa maya ahora la apoyan. Por ejemplo, la parroquia de la comunidad mopán de San Antonio, Belice, activamente apoya la Asociación de Artesanías de Toledo y el Consejo Cultural Maya de Toledo. Estas dos organizaciones han emprendido empresas económicas que pueden levantar el nivel de vida para su comunidad así como también promover y preservar la cultura maya. Desde mediados del decenio de los 80, el Consejo Cultural Maya de Toledo ha hecho solicitudes al gobierno beliceño y asistido a conferencias internacionales para pedir título de feudo franco a 200,000 hectáreas de tierra en el distrito de Toledo para establecer una Patria Maya. Recientemente los catequistas mayas de Belice se han interesado seriamente en las visiones proféticas de los catequistas q'eqchi'es guatemaltecos, con respecto al cuidado apropiado del maíz sagrado y la veneración de la deidad terrestre, Tzuultaq'a, 'Montaña-Valle'.[5] Los catequistas guatemaltecos, a pesar del adoctrinamiento cultural colonialista que recibieron antes durante su capacitación religiosa, han sido transformados por sus contactos con los mayas de varias comunidades. Un catequista que ayudó a organizar la Academia de las Lenguas Mayas lo explica de esta manera: «Antes yo hablaba en contra de la religión tradicional. Nosotros podemos ser los peores destructores de nuestra propia cultura. Pero ahora que estoy más involucrado, comprendo la barbaridad que he cometido y la necesidad de apoyar nuestras tradiciones» (Nelson 1991:14). Otros catequistas con estudios universitarios han comenzado su entrenamiento formal como *ajq'ij* en los pueblos de Momostenango y San Andrés Xecul.

Los mayas guatemaltecos también formaron otra organización, llamada Mayawil, ('Nuevo Amanecer', en mam), para denunciar la promoción gubernamental del quincentenario del «descubrimiento» de América por Colón. En 1991, se juntaron con otros grupos indígenas por toda América en una campaña titulada «500 Años de Resistencia Indígena y Popular», dedicada a crear una historia más verídica de las Américas y a poner fin a la destrucción ambiental.

Las nuevas culturas comunales de resistencia a la dominación y al control occidentales claramente surgen hoy dentro del contexto de la diáspora maya. Los idiomas mayas, el traje tradicional, la tierra sagrada, y el *cholq'ij* antiguo han surgido como valores culturales claves y símbolos centrales para la construcción de una identidad panmaya transnacional. Lo que podemos leer en estos símbolos es que el Pueblo Maya exige su propio mundo conceptual, su propia identidad étnica, su propia tierra, y, como siempre, su propio tiempo.

APÉNDICE A

OJER TZIJ
(PALABRAS ANTIGUAS)

Antes de esto, había una tabla de madera como esta [indica su rueda de hilar].[1] Pero ahora un tambor se hace de una manera bonita; se amarra y se oye bien en la calle. Pero antes, era solamente una tabla que se golpeaba con un palo. Antes, el *kalpul* le daba la orden al *ajq'ojom,* el tamborero o pregonero del pueblo, para el anuncio. Hoy, en cada caserío, el pregonero del pueblo toca el tambor y da la orden para la asamblea de los mayores, pero antes era en cada *kalpul.*

En las palabras de los tiempos antiguos, el *kalpul* daba las ordenes para la asamblea de los señores. El pregonero del pueblo gritaba, «Vengan al *kalpul*, vengan a la asamblea, preséntense ante los mayores, nosotros buscamos gente. Hemos perdido al *alkalte*, hemos perdido al regidor, hemos perdido a los alguaciles».

Después de la asamblea, algunas personas salieron en busca de estas personas perdidas. Ellos caminaban y caminaban y caminaban hasta que de repente estaban en medio de las montañas, y anochecía. Era obscuro, obscuro, obscuro cuando se dieron cuenta de que ya era noche. No tenían un fósforo, no tenían nada, nada, porque acababan de salir los fósforos. Cuando comenzaron, buscaban una vereda de animales, una veredita, cuando de repente anocheció, se oscureció. Entonces empezaron a gritar: «¡*Alka—lte!* ¡*Ajch'ami—y!* ¡*Alkalte! Tata Jwe—s,* ¿dónde están?» Les contestaron: el jaguar y el león comenzaron a gritar, allí en la montaña. «¡Dios mío! ¿De dónde viene eso?» dijo uno, mientras caminaban llevando sus varas, sus bastones. Ahora, cuando los restos de los animales, cuando los restos de las bestias se dejan por un tiempo en las montañas, los otros animales vienen y les arrancan la carne hasta que sólo queda el esqueleto. De modo que cuando los animales llegaron, ya habían comido a la gente [perdida], toda la carne, todo el cuerpo, hasta quedar puros esqueletos.

Después de esto [el descubrimiento], se hizo un anuncio: «Hemos perdido al *alkalte*, al regidor, al *ajch'amiy*; fueron con los animales, se perdieron en la oscuridad. ¿Qué significa esto?» Pensaron y pensaron. «¿En qué consiste esto? De qué manera hemos perdido al *alkalte*, al regidor, al *ajch'amiy*, a todos ellos?»

Entonces se les ocurrió una idea, un sentido de lo que era. Los levantaron, dicen, los levantaron. El pregonero del pueblo anunció que un animal los había comido, que eran puros esqueletos, el *alkalte*, el regidor, el *ajch'amiy*, el juez de obra.

Los primeros señores del kalpul hablan entre estos mismos mayores. «¿Cómo sucedió esto? Bien, vamos a ver». Lo desplegaron: por supuesto, cuando se fueron, encontraron al Mam. Se fueron a la montaña, pues ellos se fueron a la sierra y al pie de Kilaja, un muchacho de este tamaño [gesticula, indicando un muchacho de 1 m de altura] apareció con su chicote. Era pastor. Preguntó «¿Dónde van? ¿Adónde van?» Varios directores habían salido, porque hay muchos empleados en cada *kalpul*. Cada *kalpul*, desde antes, era [se llamaba] *kalpul*. Pero ahora hay Santa Ana, Tunayak, Tierra Colorado, Cipreses, Xekemeya, Kankixaja, Patulup, Fitzal, Tzanjón, Tierra Blanca, Xolajab', Pasajok, Chikorral, San Vicente Buenabaj [todos cantones]. Ahora los nombres han cambiado, pero antes, cuando el mundo comenzó, era el *kalpul*. Así, se fueron los señores. Bueno, encontraron un pastor, el Mam. «¿A dónde van ustedes? ¿Quiénes son los *ajpatanib'* ('servidores')? ¿Quien tiene el *patan* ('servicio') aquí?»

El *alkalte* dijo, «Yo soy el *alkalte* del pueblo».

«Oh, ¡qué bonito, qué raro que tú eres el *alkalte*!» dijo el pastor. «¿Por qué no hay ley, por qué no hay ejemplo?» Entonces azotó al *alkalte* con su chicote. Llevaba su chicote, este *ajyuq'*, este pastor. «¡Qué bonito que seas alkalte! ¡Aj! ¡B'aw! ¡B'aw!» [gesto del chicote]. ¡Cuántos azotes!

«No señor, no, no, no, no, no me golpees, porque yo no sé a dónde se fueron ellos, donde pueden verse, el *alkalte*, el regidor, el juez de obra con su *ajch'amiy*».

«Te digo, pícaro, debes cumplir, debes cumplir con establecer el lugar para quemar del pueblo *(porob'al rech tinimit)*, el altar del pueblo *(awas rech tinimit)*».

«Por supuesto, ¿por qué no?»

«Ah, qué astuto eres. ¡Y tú también! ¡Chiw! ¡Chiw! [como si azotara otra persona con su bolsa vacía de tz'ites]. ¡Y tú también, pícaro! ¡Fiw!» [como si golpeara a una tercera persona].

La hora había llegado para la siembra del pueblo. Entonces las montañas, entonces Tamanku y Kilaja hablaron. ¡Hablaron directamente, personalmente! Tamanku dijo, «Yo soy Tamanku, yo soy el *alkalte*».

«Ah, ¡no!» dijo Kilaja. «Yo soy el primer *alkalte*; tú eres Tamanku, así que tienes que esperar».

«No, yo soy el primer *alkalte*; yo soy 11 E, 13 E, 9 E».

«Pues yo digo, que yo soy Kilaja; yo soy el *alkalte* 9 Kej, 11 Kej, 13 Kej, 12 Kej, 7 Kej», mientras brincan [los números]. «Yo soy el primer *alkalte* y Tamanku es el segundo. Pero me falta mi secretario, me falta mi *ajtz'ib'*».

Entonces el secretario apareció y habló: «Yo soy Pipil, yo soy el secretario, ¿pero quien va a servir contigo, Tamanku? No debes estar conmigo. Debes estar con tu secretario, Karsa Joyan».

Entonces Tamanku dijo, «Ah, muy bien, ahora no debes estar conmigo.»

«No, no debo estar en tu tiempo. No, Karsa Joyan debe estar en tu tiempo», dijo Pipil.

«Bueno, ¿y yo?» dijo Kilaja.

«Pues conmigo, conmigo vas a pasar».

El *Alkalte* Sokob' habló, «Eres mi secretario?»

«Sí», dijo Pipil. «Yo tengo dos años de servicio, pero tú tienes sólo un año de servicio. Yo sirvo un año contigo Sokob', y luego el próximo año contigo, Kilaja. Ahora, Tamanku está con su secretario, Karsa Joyan, pero un secretario no sirve solamente por un año. Oh, no, no, no, no; el secretario sirve dos años, dos años de servicio para el secretario. Primero, un año con el *alkalte* Tamanku, y luego un año con el *alkalte* Joyan».

Digamos que *alkalte* Joyan tiene razón ahora, sólo un año de servicio, pero su secretario dos años. Debe estar con Tamanku, y debe estar con Joyan. Ahora esto cambia, depende de Sokob' y su secretario Pipil. Entonces él sale de su año, y depende de Kilaja y su secretario Pipil. Los cuatro *alkaltes* se cambian cada año. A principios de marzo, ya no estarán empleados. Les tocará a Sokob' y a Pipil, y, en 1978, Kilaja será *alkalte*. En 1977, Sokob' toma su posición. Ahora Sokob' es el *alkalte* Iq', y su secretario es Tz'ikin, 11 Tz'ikin, ¿correcto? De eso estamos hablando.

Sí, 4 Tz'ikin, 11 Tz'ikin.

[En esto arregla seis de sus tz'ites en la mesa e indica el nombre de cada *alkalte* o secretario y el altar en la montaña donde es recibido a principios de su servicio (véase la fig. 38)].

Ahí está, es bonito, los cuatro Mam con los dos secretarios en medio. Primero Kilaja [coge los tz'ites abajo a la derecha en la fig. 38], segundo Tamanku, tercero Joyan, cuarto Sokob'. Bueno. Ahora, primer secretario, segundo secretario.

«Bueno, ahora contéstame. ¿Quien va a ser el sacerdote del pueblo *(chuchqajaw rech tinimit)*? Tú [como si estuviera escogiendo a alguien], porque tú tienes el servicio *(patan)*», dijo.

Por eso, yo personalmente tengo mi empleo aquí en el centro. Yo soy el Síndico Municipal Segundo. Yo soy el primero del pueblo [véase el capítulo .. para una discusión del gobierno civil]. Por eso, yo hago los arreglos para las costumbres. Soy el que tiene derecho de hacer esto, este movimiento. Un alguacil no se mete en esto, otra persona no se mete. No, sólo el *alkalte* es el presidente del pueblo, el Síndico Segundo, eso soy yo. Por eso, conozco cada parte, porque va por escala.

Al principio, salió la costumbre del pueblo. Entonces en cada *kalpul*, o como se dice ahora, en cada cantón, allí en cada barrio las mujeres se morían. Pues, cuando las mujeres salían a traer agua, cuando salían con los niños a buscar leña, cuando salían, el tigre y el león las mataban. La gente no las mataban—no, llegaban el tigre y el león, y se llevaban a las mujeres. ¿Por qué? ¿Por qué? ¿Por qué? ¿Por qué? Porque el Mundo se abrió y todas se fueron juntas. ¡Cuántas mujeres! Ellas se hacían esqueletos, puros esqueletos. Se acababan, las mujeres y los niños. Ahora ya no había mujeres, ni siquiera los huesos se recuperaron. Sólo los huesos de los niños se encontraron.

Cuando el pregonero del pueblo vino en busca de un mensaje, allí los esposos dijeron, «Muchas mujeres se han perdido».

Los hombres fueron en busca, y llegaron con el pastor, quien dijo, «¿Qué buscan?»

«Pues, mi mujer se perdió, mis hijos a tal hora».

«Ah, de veras—se murieron sus mujeres, ¡porque ustedes son tontos!»

«Ah, buen señor».

«¿Por qué no se cuidaron? ¡La culpa es de ustedes! Sus mujeres no tienen la culpa, porque les falta el altar, el altar del patrilinaje *(awas rech alaxik)*. El altar del patrilinaje, así como el altar del pueblo, ¡tonto! [azota al hombre]. Bueno, esto debe arreglarse. Vas a poner la fundación de los animales *(warab'alja rech wawaj)*—el 4 E, 5 Aj, 6 I'x—aquí», dijo el pastor del Mundo. «Y aquí debes poner el 7 Kej, 8 Q'anil», dijo. «Y también el 7 I'x, 8 Tz'ikin, el tesoro, aquí». [véase el capítulo ... para una discusión de todos estos altares].

Bueno. Entonces él se fue, y así quedó la cosa. El hombre tenía sus vacas y sus caballos, pero entonces vinieron los animales salvajes, ellos vinieron para comérselos. Así que otra vez levantaron el altar. Esta vez el *awas rech kej* [caballo]—9 E, 10 Aj, 11 I'x— se terminó.

Después cuando los comerciantes salían a sus viajes— de repente los animales se les saltaban de las montañas. Salían y se llevaban a los pobres viajeros.

Cuando llegaron los pregoneros, las familias les dieron el mensaje—en tal lugar, tal lugar.

«Ah, ¿ahora cómo les va?»

El altar todavía no estaba terminado, porque hoy tenemos 6 E, 7 Aj, 8 I'x, así como también 5 E, 6 Aj, 7 I'x. Así que lo terminaron, lo terminaron.

Entonces vino el la bolsa sagrada (*b'araj*). Nuevamente, el pastor estaba caminando, estaba silbando, cantando. ¿Qué canción cantaba, con su mochila a la espalda?

Ya había llegado la hora, cuando llevaba su mochila por detrás. De repente las mujeres se metieron en el agua. Todas entraron de una vez. Cuando estaban metiendo sus tinajas en el agua—¡de repente las tiraron! ¡Pum! ¡De un golpe, fueron tiradas en el hoyo del agua! A la vez los hombres—pues, se les hinchó la barriga. De repente, cuando estaban comiendo sus tortillas, bebiendo su atolito, se les infló el estómago.

Cuando, ah, chu chu chu—casi todo la gente estaba así. Entonces comenzó. Allí, en el camino principal, el sacerdote del pueblo pasó por el Tzimit. El Tzimit salió. El K'oxol, el K'oxol salió. ¡Ah! Estaba así [gesticula como si estuviera tocando la chirimía]. Mira, bailaba con su chirimía y su hachuela.

«¿Qué les pasa a ustedes, qué sucede? Pues, me has pasado».

¡Ay Dios mío! De repente se cayó mi mujer en el hoyo del agua. ¡Ay Dios mío! Mi hijo, ay Dios, mi nuera, están vomitando. Se cayeron y se les desgarró el estómago, toda la barriga está rota». ¡Lo que sucede es *ra—q*! Está roto, el estómago está desgarrado. Se infla; entonces se desgarra.

«Ah, ¿qué te voy a decir sobre esto?» Pues, el Tzitzimit, el verdadero Tzitzimit salió— el K'oxol, y bailó con su hachuela».

Pues hoy es el último día, el último.

«Ah, muy bien».

«Porque no te acuerdas, tienes el sacerdote del pueblo, el sacerdote del patrilinaje». Entonces lo golpeó, diciendo: «No te acuerdas; pero si me recibes, te voy a enseñar». [el narrador se golpea por todo el cuerpo con su bolsa sagrada vacía]. «¡*Pun*! ¡*Pun*! ¡*Pun*! ¡*Pun*!»

Entonces, a causa de esto, brinca, el relámpago habla, la señal, brinca.

A causa de esto, llevamos la bolsa sagrada—las mujeres, los hombres, a los quince, doce, trece años, ya tienen su bolsa. El Mundo la dejó aquí para ellos.

El Mundo habló, «¡Te voy a mostrar! ¿Pero vas a recibirla?»

«Ah, perdóname, sí, voy a recibir.

«Desde luego, te voy a mostrar. Ahora que te he dado tu bolsa sagrada, debes contestar las preguntas. Debes mezclar. Tienes tu hermana, tu vecino, tu *kalpul* que vienen a hacerte una pregunta. Aquí va a hablar [se golpea la rodilla] en la rodilla. Hay los que están de rodillas, que te atacan en tu camino. De una vez que se quede contigo».

Lo golpeó con la misma bolsa repetidamente en cada lugar. Por eso, la sangre habla. Aquí detrás del cuello, aquí también—el Tzimit lo golpeó . ¡Aquí! ¡Y aquí! ¡Y aquí! ¡Y aquí! ¡Mira! ¡Y aquí también *fyu*! Aquí también, cuando habla aquí [garganta], alguien le está cortando la cabeza sin motivo. Y aquí en la nuca, hay envidia. Alguien está arrojando malas cosas encima de uno.

Sí, con esta misma bolsa [gesticula con su bolsa sagrada vacía], el Tzimit la abrió aquí, aquí, aquí, aquí por detrás, incluyendo las asentaderas [se golpea las nalgas]. Le dio un golpe aquí, en el mismo lugar.

Cuando bebemos—cuando tomemos nuestra bebida, la sentimos aquí [debajo del labio inferior]. Cuando se muere nuestro vecino y tomemos nuestra bebida, la sentimos aquí [mismo lugar].

«Te voy a mostrar», dijo el primer Tzimit, este astuto que nos nos dejó el estudio. Es el maestro quien—sí pues [movimiento de la sangre] me entiendes me crees. Es asunto del Tzimit, el primero—sí pues [indica el movimiento de la sangre en medio de su muslo].

Bien, por esta razón, dejaron los tres testamentos—la costumbre del pueblo, la costumbre del altar, y la costumbre de la bolsa sagrada—los tres. Pero el maestro era sólo uno. El pastor era el que la dejó. Fue él quien le mostró al sacerdote del pueblo las costumbres del pueblo, el linaje, y los tz'ites. El pastor era el que debía mostrarlo. Era el primero— el chiquitito, el Tzimit. Fue él quien dijo, «Te voy a enseñar», y cogió su hachuela y comenzó a golpear al sacerdote del pueblo. «Cuando hay maldad, aquí, aquí, aquí, aquí», él dijo. «Te voy a enseñar bien» dijo, y lo golpeó para que aprendería bien.

El primer Tzimit dijo, «Tal vez no lo viste, pero vengo a enseñarte. ¡Bueno! ¡Bueno! ¡Bueno! [golpea] Por todos lados». Así se quedó que cuando se empieza a mezclar, mezclar, mezclar, entonces es por eso que se le da señales a uno—le dan señales. Habla aquí, aquí, aquí, aquí—casi todo el cuerpo.

Ésta es la historia. «La vas a recibir o no?» [se golpea tres veces al decir 'no']. Entonces reciben, los hombres, las mujeres, hasta las muchachas, hasta los muchachos.

Mundo Joyan No'j (Mam)	3 ◯	◯ 4	Mundo Sokob' Iq' (Mam)
Mundo Joyan K'at (sec.)	◯ 2	1 ◯	Mundo Pipil Tz'ikin (Sec.)
Mundo Tamanku E (Mam)	2 ◯	◯ 1	Mundo Kilaja Kej (Mam)

38. Las Montañas del Mam, los Cargadores del Año.

APÉNDICE B

ORACIONES

El lector notará inmediatamente que las oraciones k'iche's se componen de grupos de frases que son paralelos en su significado y en su sintaxis. Edmonson (1971:xi-xii) insiste en que la copla es la única forma del paralelismo k'iche', pero los textos que siguen a continuación muestran excepciones claras incluyendo frases únicas (sin paralelo), tresillos, y (en el caso de la lista de los números de la «Oración del Novato el día Wajxaqib' B'atz'»), una serie paralela potencialmente de largo indefinido. He decidido tratar cada copla, tresillo, o entidad paralelística más larga como una línea única— empezando al margen izquierdo con la continuación de las líneas largas sangradas—y no como una serie de líneas más cortas porque los k'iche'hablantes mismos tienden a tratar cada entidad de esta clase como una sola expresión y apenas marcan la entonación de las divisiones entre las partes paralelas y sin la intervención de pausas.[1]

Oración para la cuenta del tiempo

Sachaj la numak Tiox Mundo.
Perdona mi pecado Dios Mundo.

Kinchapo q'ani b'araj, saqi b'araj
Agarro la mezcla amarilla, la mezcla blanca

 q'ani piley, saqi piley
los frijoles amarillos, los frijoles blancos

q'ani choq', saqi choq'
los cristales amarillos, los cristales blancos

q'ani chachal, saqi chachal
el collar amarillo, el collar blanco

chiwäch la, Tiox Mundo.
ante ti, Dios Mundo.

Kinq'ajaxtaj jun rato
Ahora tomo prestado por un rato

ri uxlab' la i xuqije' wa' qajuyub'al.[2]
tu hálito y también nuestro cuerpo.

Kintaxtaj ri mayij, ri toq'ob'
Ahora pido la bendición, el favor

chi rech jun saq q'alaj
para esta sola luz clara

chi rech wa' nuchak, wa' nupatan
para este mi trabajo, mi servicio

wa' nub'araj, wa' nupunto.
mi mezclar, mi apuntar.

I xuqijelo, q'ani sutz', saqi sutz
Y también, nubes amarillas, nubes blancas

ri mayul, ri tew, ri kaqiq'
neblina, frío, viento

ri kab'inik tzan juyub', tzan taq'aj.
que caminan sobre montañas, sobre llanos.

I xuqijelo, ri nima loma, ch'uti loma
Y también grandes cerros, pequeños cerros

nima liana, ch'uti liana
grandes llanuras, pequeñas llanuras

nima xkanul, ch'uti xkanul
grandes volcanes, pequeños volcanes

nima taq'aj, ch'uti taq'aj.
grandes llanos, pequeños llanos.

¡Kelech'awoq! Ketzijonik ri jun rato
¡Que salgan a hablar! A platicar un rato

chi rech wa' jun saq, chi rech wa' jun pregunta
para esta luz, para esta pregunta

chi tewal, chi kaqiq'al.
en el frío, en el viento

Ketzijonik pa wa' jun santo i laj q'ij
Que hablen este día sagrado y grande

chi tewal, chi kaqiq'al
en el frío, en el viento

ketzijonik jun rato
platican un rato

chi rech wa' jun pregunta
para esta sola pregunta

pa wa' Ajaw Wajxaqib' E.
este día del Señor 8 E.

Kinchapo q'ani b'araj, saqi b'araj
Agarro la vara amarilla, la vara blanca

q'ani piley, saqi piley.
frijoles amarillos, frijoles blancos.

I xuqijelo, ri nan, ri tat [3]
Y también, las madres, los padres

kech'awik, ketzijonik
que hablen, que platiquen

jun rato, jun momento
un rato, un momento

chi rech wa' jun pregunta.
para esta sola pregunta.

Kaqab'ano wa' chanim,
Estamos haciendo esto en este mismo momento,

sachaj la numak.
perdona mi pecado.

Oración del maestro el día Wuqub' Tz'i'

Sachaj la numak Tiox. Sachaj la numak Mundo.
Perdona mi pecado, Dios. Perdona mi pecado, Mundo.

Wa' kämik kinjacho wa' kipatan,
Este día entrego su servicio,

chirij raqän uq'äb' wa' (nombre), chirij raqän uq'äb' wa' (nombre).
detrás de las piernas los brazos de este (nombre), detrás de las piernas los
brazos de este (nombre).

Tunulik chak, tunulik patan[4]
El trabajo unido, el servicio unido

b'araj punto
vara, punto

q'ani piley, saqi piley
frijoles amarillos, frijoles blancos

q'ani choq', saqi choq'
cristales amarillos, cristales blancos

kinjach chirij kaqän kiq'äb', chuwe'q q'ij, chuwe'q ora.
Entrego detrás de sus piernas sus brazos, el día de mañana, la hora de
mañana.

Kämik, Wuqub' Tz'i'
Hoy, 7 Tz'i'

are k'u wa' upresenta, k'u wa' ri (nombre)
aquí está su obsequio, aquí está (nombre)

kuk'am uchak, kuk'am upatan, kuk'am ub'araj, upiley
él recibe su trabajo, recibe su servicio, recibe su vara, sus frijoles

uq'ani choq', saqi choq'.
sus cristales amarillos, cristales blancos.

Chuwe'q q'ij, chuwe'q ora kub'ano recibir.
El día de mañana, la hora de mañana él recibe.

Kaya k'u rumemoria, kaya k'u rusentido
Entonces dale su memoria, entonces dale su sentido

katz'aqatisaj rajilab'al q'ij pa ri ujolom, katz'aqatisaj rurason.
que complete el calendario en su cabeza, que complete su razón.

Kub'ano chuwi' kasaqirik, kaq'an q'ij, kanik'ajar q'ij
Hace (sus costumbres) después del amanecer, del sol amarillento, se hace
mediodía

pa ri wa' ujunab'al, pa ri waqib'al
en el lugar de día 1, en el lugar del día 6

pa ri wajxaqib'al, pa ri ub'elejeb'al.
en el lugar del día 8, en el lugar del día 9.

Rech q'u ri b'araj, rech ri punto kinjach
De su vara, de su punto, que le entrego

chirij raqän, chirij ruq'äb'
detrás de sus piernas, detrás de sus brazos

chuwe'q q'ij, chuwe'q ora.
el día de mañana, la hora de mañana.

Wa' b'araj, wa' punto xpe chilá pa ri Xikinab'aj Mundo,
Esta vara, este punto que viene del cerro Xikinab'aj,

kamb'al rech, choqb'al rech.
el lugar receptor, el lugar de cristal.

Kinjach chirij raqän uq'äb'
Que le entrego detrás de sus piernas sus brazos

wa' chak, wa' patan rech (nombre).
este trabajo, este servicio de (nombre).

Are q'u wa' ri nupresenta
Y aquí está mi obsequio

kinjach k'ut wa' chak, wa' patan
Entonces entrego este trabajo, este servicio

chirij raqän, chirij uq'äb'
detrás de sus piernas, detrás de sus brazos

wa' chichu', wa' (nombre)
esta mujer, esta (nombre)

kuk'amo wa' ruq'ij ralaxik [5]
ella recibe esto en el día de su nacimiento

wuchak, wupatan
su trabajo, su servicio

rech k'u q'ani b'araj, saqi b'araj
su propia vara amarilla, vara blanca

q'ani punto, saqi punto
punto amarillo, punto blanco

q'ani piley, saqi piley
frijoles amarillos, frijoles blancos

tunulik chak, tunulik patan
trabajo unido, servicio unido

kinjach chirij raqän, chirij uq'äb'.
que entrego detrás de sus piernas, detrás de sus brazos.

Chuwe'q q'ij, chuwe'q ora kab'antaj recibir,
El día de mañana, la hora de mañana se recibe,

katz'aqatisaj pa ri ujolom.
se completa en su cabeza.

La oración del estudiante el día Wuqub' Tz'i'

Kink'amo wa' nuchak, nupatan.
Recibo este mi trabajo, mi servicio.

Kab'an la ri toq'ob', kaya la pa ri nujolom
Ustedes señores hagan el favor de poner en mi cabeza

ri rajilab'al ri q'ij.
la cuenta de los días.

Ri q'ani koyopa', saqi koyopa' kasilab'axik,
Que se mueva el relámpago amarillo, el relámpago blanco,

kinta ri mayij, kinta ri toq'ob'
Pido la bendición, pido el favor

rech k'ut q'ani b'araj, saqi b'araj
para esta vara amarilla, vara blanca

q'ani punto, saqi punto
punto amarillo, punto blanco

q'ani piley, saqi piley.
frijoles amarillos, frijoles blancos.

Kink'amo wa ruq'ij ralaxik.
Que estoy recibiendo este día de nacimiento.

Kajach chirij waqän, chirij nuq'äb'
Que me entregan detrás de mis piernas, detrás de mis brazos

rumal wa' chuch, wa' qajaw.
por esta madre, este padre.

I xuqije, wa' q'ani b'araj, saqi b'araj
Y también, esta vara amarilla, vara blanca

q'ani piley, saqi piley
frijoles amarillos, frijoles blancos

kink'amo wa' q'ij ralaxik;
que estoy recibiendo este día de nacimiento;

mä chi k'ut q'oxowinaq jolom,
para que no aparezcan dolores de cabeza,

mä chi k'ut yi'tz'inaq pomaj,
que no aparezca estómago torcido,

mä chi k'ut choqej,
que no aparezcan calambres,

mä chi k'ut kumatz,
que no aparezca culebra,

mä chi q'oxowinaq ware,
que no haya dolor de muelas,

juntiri kesachik.
que todos desaparezcan.

Kaqaj ne', [6] qanegosyo
Lo que deseamos son negocios

kaqaj ne', qapwaq
deseamos dinero

kaqaj q'ulew, kaqaj qachoch
desearíamos tierra, desearíamos casa

kaqaj jun qakaro, kaqaj jun qa awyon;
desearíamos un carro, desaríamos un avión;

kayab'a' la chi kech Mundo, chuwe'q käb'ij.
concédenos todo esto, Mundo, mañana o pasado mañana.

Rumal ri', kaqaj ketzukmijik chilá chiwäch la.
Por eso, venimos a ofrecerte esta comida.

Oración del iniciado el día Wajxaqib' B'atz'

Sachaj la numak Tiox. Sachaj la numak Mundo.
Perdona mi pecado Dios. Perdona mi pecado Mundo.

Kinya'o ri numulta, nupresenta
Doy mi multa, mi obsequio

chiwäch la Tiox, chiwäch la Mundo.
ante ti Dios, ante ti Mundo.

Kinya'o wa' jun nusera kandela, nutak'alib'al[7]
Doy mi candela, cera, mi apoyo

pa ri aqän q'äb' la Tiox
hacia la piernas los brazos de Dios

chireleb'al q'ij, chuqajib'al q'ij
a la salida del sol (este), a la puesta del sol (oeste)

kajxukut qaj, kajxukut ulew.
las cuatro esquinas del cielo (sur), las cuatro esquinas del mundo (norte).

Sa'j la rech k'ut nuchak, nupatan
Pasen adelante entonces mi trabajo, mi servicio

nub'araj, nupunto.
mi vara, mi punto.

Chila' ch'upum wi ri q'ani piley, saqi piley
Allí se cortaron los frijoles amarillos, los frijoles blancos

q'ani choq', saqi choq'
cristales amarillos, cristales blancos

pa ri Santa Catarina i Tzan Poqlaj[8]
en Santa Catarina y Tzan Poqlaj

pa ri oryente, chireleb'al q'ij.
en el este, a la salida del sol.

Ch'upum tamom
El cortar el desmochar

ri q'ani chachal, saqi chachal
del collar amarillo, collar blanco

pa ri Xikinab'aj Mundo.
en el cerro Xiqinab'aj.

Chiwäch la nujuyub'al, nutaq'ajal
Ante ti mi montaña, mi llano

ri nima xqanul, ch'uti xqanul
volcán grande, volcán pequeño

ri nima loma, ch'uti loma
cerro grande, cerro pequeño

ri nima liana, ch'uti liana
llanura grande, llanura pequeña

nima taq'aj, ch'uti taq'aj.
llano grande, llano pequeño.

Sa'j la Ch'uti Sab'al, Nima Sab'al
Pasen adelante Pequeño Sab'al, Gran Sab'al

Q'ani Pila, Saqi Pila
Manantial Amarillo, Manantial Blanco

ayin cho, ayin plo
todos los lagos, todos los océanos

i xuqijelo, komon Nantat, komon chuchqajawib'.
y también, todos los antepasados, todos los contadores del tiempo.

Are k'u wa', chikiwäch komon (nombre)
Aquí está pues, ante todo (nombre)

käpe aläq chi rilik, chuta'ik
ustedes que vienen aquí para ver, para oír

wa nukompesyon, salwasyon
esta mi confesión, mi salvación

rech ri qawida, qak'aslemal
para nuestra propia vida, nuestra propia vida

ruk' wajaw wixoqil/wachajil
con mi señor mi esposa/esposo

ilol wech, tal wech[9]
quien me cuida, quien me escucha

pa ri ja, pa ri k'olib'al.
en la casa, en el lugar.

Xa junam kilik käb'än la kuk' ri koq'ik chi rech kiwa kuki'a [10]
Pero igualmente vean a los que lloran por su propia bebida y comida

chi rech ri q'ani ketzal, saqi ketzal
para su propio quetzal amarillo, quetzal blanco

q'ani plata, saqi plata.
plata amarilla, plata blanca.

Kaya' la chaqech ri jun qacinco, diez, quince, veinte, veinticinco, treinta, cuarenta, cincuenta, cien, doscientos, trescientos, cuatrocientos, quinientos, mil, dos mil, cinco mil quetzales

Nos das nuestros cinco, diez, quince, veinte, veinticinco, treinta, cuarenta, cincuenta, cien, doscientos, trescientos, cuatrocientos, quinientos, mil, dos mil, cinco mil quetzales

rech jun qachoch, rech jun qulew
para nuestra casa, para nuestra tierra

rech jun qawaj, rech qanegosyo, dilijensya
para nuestros animales, nuestro negocio, diligencia

i rech ri qestudyo.
y para nuestro estudio.

Mäpetik jalum, q'ab'am
Que no vengan falsedades, culpa

chirij qaqän qaq'äb'.
detrás de nuestras piernas, nuestros brazos.

Uj k'o waral pa wa' tinimit Santiago Chuwa Tz'aq.
Nosotros que estamos aquí en este pueblo Santiago Momostenango.

Kujwakatik tzan juyub', tzan taq'aj.
Vagamos por montañas, por llanos.

Mäpe jalum, mäpe q'ab'am
Que no vengan falsedades, que no venga culpa

chirij qaqän, qaq'äb'
detrás de nuestras piernas, nuestros brazos

ruk wa' qamaestro, tajen kujutijoj
con él, nuestro maestro, que apenas ahora nos está enseñando

chirech restudyo utzij wa' tinimit, rech lengwa k'iche'.
el estudio del idioma de este pueblo, el idioma k'iche'.

Kaya' la pa ri qajolom.
Nos lo da en la cabeza.

Kekub'axik ri nima q'atb'altzij, ch'uti q'atb'altzij
Para que se sienten las grandes autoridades, las pequeñas autoridades

mujkimöxirisaj,
que no nos enloquezcan,

are k'ut nutak'alib'al, nupresenta
entonces éste es mi apoyo, mi obsequio

chiwäch la Tiox, chiwäch la Mundo
ante ti Dios, ante ti Mundo

i xuqijelo, ri komon Nantat, komon chuchqajawib'.
y también, ante todos los antepasados, todos los contadores del tiempo.

Kink'amo wa' nuchaq, nupatan
Recibo mi trabajo, mi servicio

nub'araj, nupunto
mi vara, mi punto

chikiwäch komon chuchqajawib'.
ante todos ellos, los contadores del tiempo.

Are k'u wa', k'amb'al rech nuchaq, nupatan
Ésta es entonces, la recepción de mi trabajo, mi servicio

chikiwäch komon chuchqajawib'.
ante todos ellos, los contadores del tiempo.

Are k'u wa', chikiwäch komon (nombre)
Esto es entonces, ante todos ellos (nombre)

ta'b'al mayij, toq'ob'
la ofrenda para la bendición, el favor

chirech jun qachoch, chirech jun qulew
para nuestra casa, para nuestra tierra

chirech jun qakaro, chirech jun qa awyon
para nuestro carro, para nuestro avión

chirech ri qatz'iaq
para nuestras ropas

ta'b'al, toq'ob'.
la ofrenda, el favor.

Sachaj la numak, nujuyub'al, nutaq'ajal.
Perdona mi pecado, mis cerros, mis llanos.

Jachtajik rech nuchaq, nupatan
Esta entrega de mi trabajo, mi servicio

nub'araj, nupunto.
mi vara, mi punto.

Oración antes de desligar el b'araj el día Wajxaqib' B'atz'

Tiox, sachaj la numak Tat.
Dios, perdona mi pecado, Padre.

Kinya'o jun pregunta chiqech wa' wijil, nutz'aqat.
Yo doy una pregunta para este mi vecino, mi compañero.

Tiox, puxa k'o käx[11] kikiriqo
Dios, tal vez encuentren dolor

b'äntäj recibir kichaq, kipatan
pero recibe su trabajo, su servicio

kib'araj, kipunto.
su vara, su punto.

Pero, Tiox lal ta k'ut, Tat, i lal Mundo
Pero, Dios, tú , Padre, y tú Mundo

kuk'ataj la, kaya la ri rajilal,
concédele y dale,

uk'axelal chiqech wa' gasto.
su reemplazo para este gasto.

Xkisacho Tiox, lal kab'an la ri' toq'ob'
Que ellos sean perdonados, Dios, estás haciendo este favor

xuqijelo ri Nantat.
también el antepasado.

Ay Tiox, falta lo ri orasyon,
Oh Dios, tal vez falta la oración,

pero sí teren kanöq Tat, kapetik kujlukojo.
pero sí vendrá, Padre, vendrá a ponerlas.

Chik kujqojo chila' pa ri Sab'al,
Las irá a presentar allá en Sab'al,

kujqojo chila' pa ri Nantat, kujqojo chila' pa ri Pila.
llegará a venerar a los Antepasados, adorará allí en el Manantial.

Tiox, k'amb'al rech kichaq, kipatan
Dios, receptor de este su trabajo, su servicio

jachtajik chirij kaqän, chirij kiq'äb'.
que le fue entregado detrás de sus piernas, detrás de sus brazos.

Pero Tiox, lal Tat, puxa k'o k'äx
Pero Dios, Padre, quizás va a haber dolor

pa ri ja, k'olib'al.
en la casa, el lugar.

Sachaj la numak, Tiox.
Perdona mi pecado, Dios.

Oración al contar el tiempo el día Wajxaqib' B'atz'

Tiox, sacha b'a' la numak.
Dios, haz que mi pecado se perdone.

Kämik q'ij, kämik ora, Wajxaqib' B'atz'
Ahora en este día, esta hora, 8 B'atz'

jachtajik kichaq, kipatan
que se entrega su trabajo, su servicio

chirij kaqän, chirij kiq'äb'
detrás de sus piernas, detrás de sus brazos

k'amtajik kumal.
ha sido recibido por ellos.

Kik'am ri q'ani b'araj, saqi b'araj
Ellos aceptan la vara amarilla, la vara blanca

q'ani punto, saqi punto.
punto amarillo, punto blanco.

Tiox, kaya la ub'ixik cha qech.
Dios, nos das una seña.

I jelo, chi wa' la nujuyub'al, chi wa' la nutaq'ajal
Y también, ante ustedes mis montañas, ante ustedes mis llanos

Tiox, falta ujunab'al, uwajxaqib'al, ub'elejeb'al.
Dios, falta un lugar del día 1, un lugar del día 8 , un lugar del día 9.

We k'u xemes k'utajik jun q'ij
Si además se les había olvidado un día

jun nujunab'al, jun nuwajxaqib'al, jun nub'elejeb'al
un lugar del día 1, un lugar del día 8, un lugar del día 9

kasach la kimak.
perdonas su pecado.

Tiox, kiwoluntad
Dios, con su voluntad

kikiya ri wa, kikiya ri ja', che la, Mundo.
dan comida, dan agua, para ti, Mundo.

Kab'ixtaj la, «nujuyub'al, nutaq'ajal».
Y han dicho, «mis montañas, mis llanos».

Sa'j la, alkalte, sa'j la, sekretaryo.
Pasa adelante, alcalde, pasa adelante, secretario.

Sa'j la ajrejidores, sa'j la ajch'amiyab'.
Pasen adelante, concejales, pasen adelante, policías.

Oración en el altar

Sachaj la numak, Tiox. Sachaj la numak, Mundo.
Perdona mi pecado, Dios. Perdona mi pecado, Mundo.

Sa'j la Ch'uti Sab'al/Nima Sab'al/Q'ani Mar, Saqi Mar[12]
Pasa adelante Sab'al Pequeño/Sab'al Grande/Mar Amarillo, Mar Blanco

Q'ani Pila, Saqi Pila
Manantial Amarillo, Manantial Blanco

ayin cho, ayin plo.
todos los lagos, todos los océanos.

Sa'j la Ajaw Wajxaqib' Q'anil/B'elejib' B'atz'/Jun No'j.
Pasa adelante Señor 8 Q'anil/9 B'atz'/1 No'j.

Are k'u wa' nutak'alib'al, nupresenta
Aquí está la implantación de mi palabra, mi obsequio

chikiwäch nujuyub'al, nutaq'ajal
ante mis montañas, mis llanos

rech nuchaq, nupatan
por mi trabajo, mi servicio

nub'araj, nupunto
mi vara, mi punto

chiwäch la Tiox, chiwäch la Mundo
ante ti Dios, ante ti Mundo

chikiwäch ri nan, ri tat, komon chuchqajawib'.
ante la madre, el padre, los sacerdotes comunes.

Sa'j la Mundo, Q'ani Pila, Saqi Pila
Pasen adelante Mundo, Manantial Amarillo, Manantial Blanco

Q'ani Mar, Saqi Mar
Mar Amarillo, Mar Blanco

ayin cho, ayin plo.
todos los lagos, todos los océanos.

Chireleb'al q'ij, chuqajib'al q'ij
Ante la salida del sol (este), la puesta del sol (oeste)

kajxukut qaj, kajxukut ulew
las cuatro esquinas del cielo (sur), las cuatro esquinas del mundo (norte)

ri nima juyub', ch'uti juyub'
la montaña grande, montaña pequeña

ri nima loma, ch'uti loma
la loma grande, la loma pequeña

ri nima xqanul, ch'uti xqanul
el volcán grande, volcán pequeño

ri nima liana, ch'uti liana
la llanura grande, llanura pequeña

ri nima taq'aj, ch'uti taq'aj.
el llano grande, llano pequeño.

K'amb'al rech nuchaq, nupatan
Lugares donde recibo mi trabajo, mi servicio

nub'araj, nupunto
mi vara, mi punto

chila' ch'upum wi ri q'ani piley, saqi piley
allí se cortaron los frijoles amarillos, frijoles blancos

q'ani choq', saqi choq'
cristales amarillos, cristales blancos

pa ri Santa Catarina i Tzan Poqlaj
en Santa Catarina y Tzan Poqlaj

pa ri oryente, chireleb'al q'ij.
en el oriente, a la salida del sol.

Ch'upum tamom
El cortar desmochar

ri q'ani chachal, saqi chachal
del collar amarillo, collar blanco

pa ri Xikinab'aj Mundo.
en el cerro de Xikinab'aj.

Xuqijelo, chikiwäch ri much'ulik b'aq, much'ulik ulew, much'ulik poqlaj
También, ante el hueso pulverizado, barro pulverizado, arena pulverizada

ri komon Nantat, komon chuchqajawib'
los antepasados comunes, sacerdotes comunes

chikiwäch ri qanan, qatat
ante nuestras madres, nuestros padres

qatit, qamam komon (nombre)
nuestras abuelas, nuestros abuelos comunes (nombre)

b'an aläq toq'ob' kasilab'axik q'ani koyopa', saqi koyopa'
Ustedes señores hagan el favor de que se mueva el relámpago amarillo el relámpago blanco

chireleb'al q'ij, chuqajib'al q'ij
en el sol ascendente (este), en la puesta del sol (oeste)

kajxukut qaj, kajxukut ulew.
en las cuatro esquinas del cielo (sur), cuatro esquinas del mundo (norte).

Katz'aqatisaxik pa ri qajolom
Que se complete en nuestras cabezas

che ri rajilab'al q'ij.
el calendario sagrado.

I je', ri chuchqajawib', ri xewakatik xo'l ja, xo'l k'olib'al
Y también, los contadores del tiempo, los que pasaron entre las casas, entre los lugares

kich'aj tasa, kich'aj china, kich'aj mulul rech chaq, patan
lavando las tazas, lavando la porcelana, lavando las jícaras para mezclar, apuntar

kech'awik chirech wa' q'ani koyopa', saqi koyopa'
que hablen para este relámpago amarillo, relámpago blanco

kuya ri saq, kuya ri q'alaj.
que da la luz, la claridad.

I kaya'ik jun qech ri q'an ilb'al, saq ilb'al
Y que nos den nuestros instrumentos amarillos, instrumentos blancos

chuxo'l wa' choq', wa' chachal
entre estos cristales, este collar

k'o chuxo'l wa' nub'araj, wa' nupunto.
para estar entre esta mi vara, este mi punto

Wachik' kak'utunik
Sueño que aparece

pa ri q'equm, pa ri aq'äb'
en la obscuridad, en la noche

pa ri Ajaw Jun No'j.
en el Señor 1 No'j.

¿Jasa ri ucholaj?
¿Qué significa?

Katz'aqatisaj aläq ri ub'ixik
Ustedes señores, cumplen lo que se dice.

pa ri q'equm, pa ri aq'äb'
en la obscuridad, en la noche

rech wachik'.
de su sueño.

We q'o qanan, qatat
Si hay nuestra madre, nuestro padre

kumol tzij chirij qaqän qaq'äb';
quien junta palabras detrás de nuestras piernas, nuestros brazos;

¡oj ri chireleb'al q'ij, chuqajib'al q'ij
¡que vaya al lugar de donde sale el sol (este), al lugar donde se oculta el sol (oeste)

kajxukut qaj, kajxukut ulew!
cuatro esquinas del cielo (sur), cuatro esquinas del mundo (norte)!

Ta'b'al mayij, toq'ob'
Allá donde se pide la bendición, el favor

chirech jun qachoch, chi rech jun qulew
para una nuestra casa, nuestra tierra

chirech ri estudyo.
para el estudio.

Mäpetik jalum q'ab'äm chirij q'aqän, qaq'äb'
Que no vengan mentiras o culpa detrás de nuestras piernas, nuestros brazos
(nuestra familia)

ruk' wa', qamaestro kujutijoj
con él, nuestro maestro quien nos enseña

rech wa' lengwa k'iche'
el idioma k'iche'

rech wa' tinimit Santiago Chuwa Tz'aq.
del pueblo Santiago Momostenango.

Ke' kub'axik ri nima q'atb'altzij, ch'uti q'atb'altzij
Para que las grandes autoridades, las pequeñas autoridades

mujkimöxirisaj.
no nos enloquezcan.

Are q'u wa' ta'b'al toq'ob', mayij.
Aquí está la ofrenda para la bendición, el favor.

Sachaj la numak Tiox. Sachaj la numak Mundo.
Perdona mi pecado, Dios. Perdona mi pecado, Mundo.

Sachaj aläq nunan, nutat.
Perdona mi pecado, mi madre, mi padre.

Jachtajik rech nuchaq, nupatan
Ésta ha sido la ofrrenda por mi trabajo, mi servicio

nub'araj, nupunto
mi vara, mi punto

chiwäch la Mundo.
ante ti Mundo.

Oración del contador del tiempo para una mujer embarazada

Sa'j la Mundo. Sa'j la Wirjen Santa Ana.
Pasa adelante, Mundo. Pasa adelante, Virgen Santa Ana.

Lal k'amal kib'e ri iyomab',
Tú, la que guías a las comadronas,

kaya la ri kichuq'ab'.
dales fuerza.

I xuqije, walku'al
Y también hijos

ximixob'ik raqän uq'äb',
cuyas piernas y brazos están ligados (de la mujer embarazada),

lal etam la jampa xopanik ri uq'ij.
tú que sabes cuando llega su día.

Xa ta' jun ora o medya ora
Que no sea una hora o media hora de parto

kuya ri lus, kuya ri saq.
cuando dé a luz, cuando llegue la claridad

NOTAS

Prefacio a la edición revisada

1. Dos fuentes claves aquí son Hanks y Rice (1989) y Schele y Freidel (1990).

2. A las comunidades como Momostenango, en Totonicapán, y Santiago Chimaltenango, en Huehuetenango, que estaban bien organizadas les fue mejor durante la guerra que a las comunidades muy faccionalizadas. Véase Watanabe (1988).

3. Para argumentos que el ataque contrainsurgente sobre las poblaciones civiles mayas era un intento de genocidio—definido por la Asamblea General de las Naciones Unidas como cualquier acto cometido con la intención de destruir totalmente o en parte, un grupo nacional, étnico, racial, o religioso— véase la resolución aprobada por el Asociación Antropológica Americana en su reunión anual en Washington, D.C., el 7 de diciembre de 1982; Falla (1984); Menchú (1984); Arias (1988); y Adams (1988). Para un argumento que también era un ejemplo de un intento de etnocidio—un término usado por los antropólogos para describir el daño ocasionado a las culturas indígenas por la guerra—véase Smith (1988).

. Introducción

1. La ortografía utilizada aquí para los idiomas mayas de Guatemala es la de la Academia de las Lenguas Mayas de Guatemala, oficializada por decreto presidencial del 23 de noviembre de 1987.

2. En realidad hay tres calendarios en este manuscrito: un ciclo solar y dos ciclos sagrados. Utilicé una fotocopia de la fotocopia de la Biblioteca Newberry del *Manuscrito Berendt* en el Museo de la Universidad de Pensilvania. Los resultados de esta parte de mi investigación se publicarán en otra parte

.. Momostenango

1. En Guatemala, el *municipio* es una unidad política , geográfica, y administrativa que típicamente consiste en una ciudad o un pueblo con distritos rurales circundantes llamados *cantones*. Los 325 municipios del país forman un total de 22 *departamentos*.

2. Según Campbell (1977), el dialecto del k'iche' hablado en Momostenango es parte del grupo suroeste del dialecto que incluye Chichicastenango, Cunén,

Santa Cruz del Quiché, Totonicapán, Nahualá, Santa Catarina Ixtahuacán, Quetzaltenango, Cuyotenango, Mazatenango y San Antonio Suchitepéquez. Sin embargo, Fox (1968) divide este grupo en los dialectos de la costa del sudeste, del altiplano del sudeste, del altiplano central (incluyendo Momostenango) y los del este, del nordeste y del norte. Es una división que correlaciona exactamente con la expansión etnohistórica de la nación k'iche'.

3. Para unas descripciones representativas de la ceremonia del 8 B'atz' en Momostenango, véase Lothrop (1929), Goubaud (1935), Fergusson (1936:237:240), Hollenbach (1937), Kelsey y Osborne (1939:35-38) y Ries 1943 (245-252).

4. Para más detalles sobre el estado militarista k'iche' precolombino, véase Carmack (1965, 1968) y Fox (1978).

5. Los cuatro linajes principales de reino k'iche', según el fraile franciscano Pedro de Betanzos (1967) eran los Kaweq, Nijaib', Ajaw K'iche' y Saqik.

6. Los documentos llamados Nijaib' I y II, en que el primero contiene la historia de la batalla, fueron publicados (respectivamente) en español y en una edición bilingüe k'iche' y español por Recinos (1957:71-117). Nijaib' III fue publicado en k'iche' y español, según la versión del k'iche' del Archivo General de Centroamérica y una versión española de las oficinas de la Auxiliatura en Momostenango, por Carmack (1973:35-55). Nijaib' IV, que existe en dos versiones en español en el Archivo General de Centroamérica, fue publicado solamente en español por Carmack (1973:352-355). Las versiones de Nijaib' I y II fueron descubiertos en San Vicente Buenabaj por Carmack (1973:33-34.

7. Las dos fuentes principales del siglo XVI sobre la organización social k'iche' prehispánica (Las Casas 1909 y Betanzos 1967) concuerdan en que había cuatro soberanos en Utatlán. Sin embargo, Las Casas, consideraba el sistema político como centralizado, con rey, rey electo, y capitanes mayores y menores; mientras Betanzos lo consideraba como descentralizado, con cuatro soberanos que representaban los cuatro linajes del pueblo. Para la importancia de los calpules o de las parcialidades entre los k'iche's, véase Ximénez (1967:8-9).

8. Los datos sobre el período colonial en Momostenango son escasos. La mayoría de los documentos originales se encuentran en el Archivo General de Centroamérica y en el Archivo Municipal de Momostenango. Como ha observado Carmack (1973:158), este cuerpo de documentos derrama poca luz sobre los perpetuación de los modelos culturales tradicionales durante el período

colonial. Sin embargo, muestra que a principios del período colonial había cuatro secciones de la comunidad, cada una con su propio santo patrono, alcalde y concejal. La sugerencia de que las cuatro parcialidades, o calpules eran endógamos me la hizo un momosteco de edad mayor que había servido cuatro años de alcalde en la Auxiliatura, el cuerpo gobernante tradicional del municipio. Me explicó que antes de que la comunidad estuviera dividida en los cantones de hoy, había calpules. Describió el calpul como un grupo de personas que se casaban entre sí y vivían juntos en tierras adyacentes.

9. La narrativa sobre Diego Vicente lo contó un anciano de Momostenango el 18 de agosto de 1976, a Barbara y Dennis Tedlock (cinta de campo Q72, en su posesión). Para una narrativa oral paralela y una biografía breve de Diego Vicente (seudónimo Diego Vico), véase Carmack (1979:197-201).

10. La descripción de Momostenango en el siglo XVII se basa en Carmack (1979).

11. El término *ladino*, que significaba 'lengua romance o nueva' en el español antiguo, se aplicaba en España a los moros que habían aprendido castellano. Luego, fue adoptado por los primeros colonos españoles en las Américas como un término derogatorio para los indígenas que habían aprendido español y vivían y trabajaban en las ciudades como artesanos. En la Guatemala colonial, además de los indígenas, había españoles, negros, mestizos, mulatos y zambos (de ascendencia negra e indígena); véase Jones (1940:269). Hasta el censo de 1778, el término *ladino* describía a todas las personas de sangre mixta, es decir, las personas no clasificadas como españoles, indígenas, o negros. Después desapareció el término *español* y *ladino* significaba cualquier persona de ascendencia española o de patrimonio cultural español. Véase Roberts (1948).

12. Para una discusión excelente de las muchas rebeliones momostecas, véase Carmack (1963:49-66 y 1979:215-244).

13. Para más detalles sobre la historia del municipio de El Palmar, véase Saler (1960:25-34).

14. Para una discusión del culto del 8 B'atz' en El Palmar véase Saler (1960:1976).

15. Teodoro Cifuentes, aunque fue ladino, tenía buena reputación entre los momostecos mayas, y, según unos rumores locales, se había convertido a la religión tradicional local, o por lo menos había participado en ella. Los consultores momostecos de Carmack (1979:286) hasta alegan que llegó a los

dos niveles superiores de la jerarquía religiosa maya—los sacerdotes del pueblo y los de los cantones mayas; sin embargo, mis propios consultores lo niegan.

16. Para más información sobre la Guardia Presidencial momosteca en la Ciudad de Guatemala, véase Carmack (1979:289-290).

17. Para más detalles sobre los tipos de municipios guatemaltecos, véase Tax (1937). Cuando Tax clasificó Momostenango como el tipo de municipio con un centro vacante, tenía una población de solamente 25,704, y muy poca gente vivía en el centro del pueblo.

18. Carmack (1966; 1971;138-139; 1979:239-240), fue el primer estudioso en descubrir y describir los patriclanes y los patrilinajes entre los k'iche's actuales.

19. Para el hábitat de Momostenango, véase Rodríguez (1971) y Carmack, Sloane y Stewart (1975).

20. Para el concepto antropológico de «status» véase Linton (1936) y Fortes (1962).

21. Es un problema interesante preguntarnos por qué las veinte cofradías deben llamarse *oxlajuj ch'ob'* en k'iche'. Brinton (1885:34) creía que un tipo de organización *calpulli* que consistía en trece divisiones de una tribu estaba presente en la época precolombina entre los kaqchikeles como los k'iche's. La conexión posible entre esta segmentación de la tribu, cada sección con su propia deidad (y después santo), nos intriga. Sin embargo, trece es un número muy usado en los asuntos religiosos indígenas.

22. El modelo general de las jerarquías civiles-religiosas mesoamericanas ha sido bien definido y descrito por Tax (1937:442-444) y Cámara (1952). Cancian (1965) nos ha dejado la discusión más completa de la operación del sistema dentro de una sola comunidad. Las raíces mesoamericanas de la jerarquía civil-religiosa supuestamente precolombinas han sido exploradas por Carrasco (1961) y negadas por Harris (1964:25-43).

23. Para varios efectos positivos y negativos de la Acción Católica sobre las comunidades mayas de Guatemala, véase Adams (1970); Colby y van den Berghe (1969); Falla (1978); y Warren (1978).

24. Debe explorarse el posible papel del sacerdote católico ladino actual para alentar a los catequistas a asumir la dirección de esta cofradía simbólicamente importante. Colby y van den Berghe (1969:286) nos informan que un intento similar en Chajul en efecto se originó con el párroco.

... Los sacerdotes mayas

1. Para un ejemplo de la distinción cultural entre sacerdote y chamán, véase Mendelson (1967:394).

2. Aquí me he concentrado en los mayas, pero la existencia de un chamanismo complejo entre los huicholes debe notarse también: véase Furst (1972); y Myerhoff (1974).

3. Según Silver (1966) la selección de los chamanes en Zinacantán también puede tomar las dos formas siguientes: (1) el adivino pudo haberse elegido antes de nacer, un hecho que se llega a conocer por una larga enfermedad durante la vida, cuando un adivino «pulsa» al paciente y se da cuenta por su sangre, que su destino era ser adivino; (2) el alma del futuro adivino, durante un «ataque epiléptico» viaja a la montaña sagrada y recibe instrucciones para curar; véase Silver (1966:28). En un estudio subsecuente, Fábrega y Silver (1973:32) indican que no todas las personas que sufren ataques llegan a ser adivinos y que muchos no tienen una historia así. Con o sin un ataque, la selección de los chamanes sigue una enfermedad o unos sueños o ambas cosas y así cabe dentro del marco chamánistico clásico.

4. La selección por Nash de Cantel como representativa de las comunidades del medio oeste de Guatemala es engañosa, como Carmack (1973:254) ha indicado: «Cantel es tan aculturada que los modelos culturales indígenas casi están ausentes».

5. Durkheim (1961:405). Nash no discute el hecho de que el sacerdote maya de Jacaltenango practica la adivinación. Véase La Farge y Byers (1997:144).

6. Bourguignon (1968) y Langness (1976). Para más detalles sobre *kumatz* como un síndrome posiblemente específico a una cultura, véase B. Tedlock, "Mind, Body and Cosmos in Highland Guatemala".

7. Estrada Monroy (1973) Folio 3 verso, líneas 35-36, 45-46; folio 4 recto, línea 14.

8. *Ibídem*, folio 4 recto, línea 18-20, 28.

9. *Ibídem*, folio 1 recto, línea 14-15; folio 4 recto, línea 7.

10. *Ibídem*, folio 32 verso, línea 2-14.

.... El calendario

1. Gates afirma haber inventado la palabra *tzolkin* en 1921; lo modeló de acuerdo con el *ch'ol q'ij* maya-k'iche' que significa «arreglo» o «orden de los días», para no usar el término náhuatl.

2. Kidder (1940:122) favorece el altiplano como el origen del calendario. Gadow (1908:303) favorece un origen en tierra baja.

3. Para ejemplos de las ruedas coloniales del calendario, véase Bowditch (1910:326-331). Los símbolos de la cruz picoteada y del círculo se estudian en Aveni, Hartung y Buckingham (1978).

4. Las excepciones a la regla mexicana central incluyen los habitantes de Teoca en Nicaragua y Meztitlán en Oaxaca, cuyas listas comenzaban con Acatl, el equivalente de Aj en k'iche'. Seler (1888:418).

5. Bourdieu (1977:23-26) presenta las posiciones «objetivistas» y «sujetivistas» en la investigación antropológica,

6. Girard (1962:329. No obstante, Girard comienza su propia lista de los días con Imöx.

7. Biblioteca del Museo de la Universidad de Pennsylvania, *Calendario de los indios de Guatemala, 1722. Kiché.* Copiado por Berendt en 1877 de un manuscrito en el Museo Nacional de Guatemala que se ha perdido.

— Los Señores de los Días

1. A la palabra *nawal*, o *nagual*, se le han asignado varios significados en la documentación antropológica. Los más frecuentes son 'compañero' o 'espíritu guardián' y 'brujo transformador'. Para un reseña excelente de varias definiciones de *nawal*, véase Saler (1964).

2. Escribir «logográficamente» significa asignar un glifo por palabra y no escribir cada palabra «fonéticamente» con un glifo para cada fonema, morfema, o sílaba. Véase Kelley (1976:165).

3. Para un enfoque algo diferente en el uso de los materiales etnográficos mayas modernos, véase Neuenswander (1978).

— La sangre habla

1. En la antigua «lengua de Zuyua», el idioma religioso secreto del sacerdocio yukateko registrado en el documento de Chumayel, encontramos la adivinanza siguiente: «Ve a llamar a tus compañeros para mí. Éstos son el anciano con nueve hijos y la anciana con nueve niños». La respuesta es «El anciano con nueve hijos . . . es el dedo grande del pie. . . La anciana . . . es su dedo pulgar» (Roys 1967:94). Aquí, el principio de la edad vinculado al dedo grande del pie y al dedo pulgar es lo mismo que con los k'iche's, pero la dicotomía hombre/mujer es una dicotomía arriba/abajo más bien que una dicotomía derecho/izquierdo.

∴ La comprensión

1. El *Popol Wuj*, en su descripción de las acciones de un *ajq'ij*, se refiere a *uqajik*, 'su tomar prestado' utilizando la misma raíz de *kinqajaxtaj*, 'tomo prestado'

∴ La astronomía y la meteorología

1. El pasaje del sol por el cenit es un fenómeno que ocurre únicamente en las latitudes tropicales, donde hay dos pasajes anualmente, equidistantes de los solsticios; uno ocurre el día que el sol cruza el cenit mientras va hacia el norte a lo largo de la eclíptica y el otro mientras regresa hacia el sur.

2. Bricker (1983) y Adams y Mobley (1986). Para una discusión del superfijo *ben-ich*, véase Kelley (1976:206).

3. Los términos yukatekos coloniales se encuentran en Barrera Vásquez (1980) y Martínez (1930). Los lingüistas y los etnógrafos que se han enfocado en el problema de los términos direccionales mayas son Sosa (1985); B. Tedlock (1983); Vogt (1985); Watanabe (1983); y Stross (1991).

4. Los términos q'eqchi'es para las direcciones pueden encontrarse en Haeserijn V. (1979:461, 467, 479, 481; y Pinkerton (1976:110, 131, 144, 148, 151,153).

5. Los términos direccionales tzeltales se encuentran en Dienhart (1989:211, 597, 690, 713; y en Nash (1970:293).

6. Aulie y Aulie (1978); Josserand y Hopkins (1988); Dienhart, (1989); Ulrich y Ulrich (1976); Sosa (1989); y Martinez (1930). Las declaraciones sobre el mopán se basan en parte en mi propio trabajo de campo en Belice.

7. Para las direcciones tzotziles véase Gossen (1974:31; Laughlin (1975:432, 474, 508); y Vogt (1976:16). Los términos direccionales mames se encuentran en England (1983:341) y Watanabe (1983:712).

8. Nótese que la fig. 26 de la pág. 141, representa el punto de vista de una persona que encara el sol.

9. Para la conexión entre meteoros y los cigarros, véase Tozzer (1907:158); y Girard (1962:74). El uso actual y pasado de las cuchillas de obsidiana en el sacrificio humano, en la sangría, y en la cirugía es discutido por Crabtree (1968); Orellana (1987:72-75); y Robicsek y Hales (1984).

10. Burnham (1978:1320; Harrison (1984); y Sosa (1985:431). Sosa vincula Aldebaran a las Pléyades, pero es la estrella más brillante de las Híades.

11. Tedlock (1985:134, 365); y Guzmán (1704). Para una comparación del plumaje y de los hábitos de los gavilanes negros y de los azacuanes, véase Bent (1961:259-64; Farrand (1983:233-34); Harwood (1975:128); y Land (1970:69-70).

⸬ Conclusiones

1. Para una discusión de la intersujetividad véase Schütz (1967). El libro más influyente sobre la importancia del saber práctico es Bourdieu (1977). Para una discusión del surgimiento y del desarrollo de la teoría de la práctica en la antropología norteamericana durante el decenio de 1980, véase Ortner (1984:144-57). El papel central del pensamiento y de la práctica feministas en el desarrollo de la «teoría de práctica» se discute en Collier y Yanagisako (1989).

2. La separación de la adivinación de la revelación ha sido presentada por Turner (1975).

Nota final

1. Según un informe de AVANCSO (1990) casi el 80 por ciento de los habitantes de los departamentos de El Quiché, Huehuetenango, Chimaltenango, y la Alta Verapaz se vieron obligados a abandonar sus casas durante el período más cruento de la violencia en 1981 y 1982. Colby (1989) informó que el ejército les prohibió a los *ajq'ij* ixiles ir a las montañas para celebrar sus ceremoniales. Nelson (1991:6) informó que a fines de los años setenta, había treinta *ajq'ij* en Nebaj, mientras que hoy, después de la violencia contrainsurgente del ejército a principios de los años ochenta, solamente quedaban diez.

2. La situación de la industria textil en Momostenango parece ser contraria a la de la comunidad cercana de San Miguel Totonicapán, donde las mujeres más jóvenes ya no usan el traje tradicional y hay poca demanda para las telas mayas (Smith 1988:229).

3. El uso del término «diáspora» para las dispersiones fuera de los contextos israelitas y armenios es apoyado actualmente por los estudiosos de varias disciplinas, y se ha fundado una nueva revista, *Diaspora*, para discutir las comunidades transnacionales. Véase Tölölyan (1991).

4. Esta discusión de la situación actual entre el mayas mopanes de Belice se basa en mi reciente trabajo de campo en San Antonio, Distrito de Toledo, durante 1990 y 1991. Véase también Sletto y Sletto (1990), y las declaraciones del Toledo Maya Cultural Council (1984, 1985, y 1986).

5. La deidad terrestre q'eqchi' Tzuultaq'a, 'Montaña-Valle' es la misma que la deidad terrestre k'iche' Juyub'taq'aj, 'Montaña-Valle'. Durante nuestra investigación reciente en Belice, Dennis Tedlock y yo pudimos registrar y traducir, con la ayuda de un catequista hablante del q'eqchi' de San Pedro Columbia, una narración profética larga centrada en Tzuultaq'a, grabada en Guatemala, y que actualmente circula entre los mayas del Distrito de Toledo. Para una discusión de la importancia de Tzuultaq'a entre los hablantes del q'eqchi', véase Schackt (1984) y Wilson (1991).

Apéndice A. Ojer tzij (Palabras antiguas)

1. El narrador de esta historia era el jefe de la Auxiliatura y el síndico segundo de la Corporación Municipal, 1974-78. También era sacerdote de linaje y *ajnawal mesa*.

Apéndice B. Oraciones

1. Para una discusión de la complejidad completa de la versificación k'iche, véase D. Tedlock (1983).

2. El término *qajuyub'al* es simultáneamente un epíteto para el Mundo y una metáfora para nuestros propios cuerpos humanos.

3. Aquí se refiere a los padres y a las madres difuntos (contadores del tiempo).

4. «Trabajo unido servicio unido» se refiere a la unión entre el contador del tiempo y sus tz'ites. Esta unión se considera estrecha. Algunos contadores del tiempo varones se refieren a su equipo sagrado como «mi segunda esposa». En este contexto también se refiere a la iniciación de los dos esposos juntos.

5. Aquí «su cumpleaños» se refiere al cumpleaños de los tz'ites y los cristales de la mujer que son del sexo opuesto.

6. Aquí *ne'* significa comenzar algo muy nuevo. Esta palabra también significa 'nene' o 'nena'.

7. Un *chuchqajaw* se siembra firmemente en la tierra cuando acepta la condición.

8. Aquí se usa la toponimia de los lugares donde se colectaron los cristales y los tz'ites sagrados.

9. La esposa se encarga *(ilol wech)* de lo que se necesita para el almuerzo y le dice al esposo también «escucha» *(tal wech)* lo que él necesita (v.g., un pantalón que necesita plancharse). El esposo «escucha» *(tal wech)* lo que se necesita y se encarga *(ilol wech)* de ganar el dinero para estas necesidades.

10. *Wa quki'a* es un sinécdote para toda la comida y toda la bebida.

11. Así como recibir el *patan* puede aliviar, aun curar, las enfermedades serias, así también puede traer estas mismas enfermedades a los miembros nuevamente recibidos.

12. El orden de los altares Ch'uti Sab'al, Nima Sab'al y Q'ani Mar Saqi Mar, también llamado Q'ani Pila Saqi Pila, depende de que si es un día 1, 8, o 9. Si era un día 1, entonces se comenzaría la lista de altares con el *ujunab'al*, 'su lugar del día 1', o Q'ani Mar Saqi Mar.

BIBLIOGRAFÍA

Academia de las Lenguas Mayas de Guatemala. 1988. *Lenguas mayas de Guatemala: documento de referencia para la pronunciación de los nuevos alfabetos oficiales.* Guatemala: Instituto Indigenista Nacional.

Adams, R. E. W. y G. F. Mobley. 1986. "Rio Azul: Lost City of the Maya." *National Geographic* 169:420-51.

Adams, Richard N. 1959. *La ladinización en Guatemala.* Seminario de Integracion Social Guatemalteca, Publicación no. 9, Guatemala.

_____1970. *Crucifixion by Power: Essays on Guatemalan National Social Structure, 1944-1966.* Austin: University of Texas Press.

_____. 1988. "Conclusions: What Can We Know about the Harvest of Violence?" En Carmack 1988:274-291.

Ajcapaja Tum, Pedro Florentino y otros. 1996. *Diccionario del idioma k'iche'.* Antigua: Proyecto Lingüístico Francisco Marroquín.

Alcorn, Janis B. 1988. *Huastec Mayan Ethnobotany.* Austin: University of Texas Press.

Alonzo O., J. Francisco, comp. 1973. *Censos VII de población y III de habitación.* Guatemala: Dirección General de Estadística, Ministerio de Economía.

Americas Watch. 1983. *Guatemala: A Nation of Prisoners.* New York: Americas Watch.

Andrews, F. Wyllys. 1940. "Chronology and Astronomy in the Maya Area." En Hay y otros 1940:150-161.

Annis, Sheldon. 1987. *God and Production in a Guatemalan Town.* Austin: University of Texas Press.

_____. 1988. "Story from a Peaceful Town: San Antonio Aguas Calientes." En Carmack, ed. 1988:55-73.

Apenes, Ola. 1936. "Possible Derivation of the 260-Day Period of the Maya Calendar." *Ethnos* 1:5-8.

Arias, Arturo. 1988. "Changing Indian Identity: Guatemala's Violent Transition to Modernity." En Smith 1988:230-257.

Aulie, H. Wilbur y Evelyn W. de Aulie. 1978. *Diccionano ch'ol-español español-ch'ol.* México: Instituto Lingüístico de Verano.

AVANCSO. 1990. *Política institucional hacia el desplazado interno en Guatemala.* Guatemala: Inforpress.

Aveni, Anthony F. 1983. "The Moon and the Venus Table: An Example of Commensuration in the Maya Calendar." Ponencia presentada en la International Conference on Ethnoastronomy, National Air and Space Museum, Washington.

Aveni, Anthony F., Horst Hartung y Beth Buckingham. 1978. "The Pecked Cross Symbol in Ancient Mesoamerica." *Science* 202:267-279.

Baroco, John. 1970. "Notas sobre el uso de nombres calendáricos durante el siglo VXI." En *Ensayos de antropología de la zona central de Chiapas*, ed. Norman A. McQuown y Julian Pitt-Rivers. Mexico: Instituto Nacional Indigenista, Coleccion de Antropología Social 8:135-148.

Barrera Vásquez, Alfredo. 1980. *Diccionario maya cordemex, maya-español, español-maya*. Merida: Ediciones Cordemex.

Beals, Ralph L. 1945. "Ethnology of Western Mixe." *University of Cahfornia Publications in American Archaeology and Ethnology* 42:1-176.

Bent, Arthur Cleveland. 1961. *Life Histories of North American Birds of Prey*, part 1. New York: Dover.

Berger, Peter L. y Thomas Luckmann. 1966. *The Social Construction of Reality*. New York: Doubleday.

Berryman, Phillip. 1984. *The Religious Roots of Rebellion: Christians in Central American Revolutions*. Maryknoll, NY: Orbis.

Betanzos, Pedro de. 1967. "Letter to the King in 1559." En "Don Juan Cortés, Cacique de Santa Cruz Quiché." *Estudios de Cultura Maya* 6:251-266.

Black, George, Milton Jamail y Norma Stoltz Chinchilla. 1984. *Garrison Guatemala*. New York: Monthly Review Press.

Bode, Barbara. 1961. "The Dance of the Conquest of Guatemala." En The Native Theatre in Middle America. *Middle American Research Institute, Publication* no. 27:205-92. New Orleans: Tulane University.

Boster, James. 1973. "K'ekchi' Maya Curing Practices in British Honduras." Senior honors thesis, Harvard University.

Bourdieu, Pierre. 1977. *Outline of a Theory of Practice*. Tr. by Richard Nice. Cambridge: Cambridge University Press, 1977.

Bourguignon, Erika. 1968. "World Distribution and Patterns of Possession States." En *Trance and Possession States*, ed. R. M. Prince. Montréal: R. M. Bucke Memorial Society.

Bowditch, Charles P. 1910. *The Numeration, Calendar Systems and*

Astronomical Knowledge of the Mayas. Cambridge: Harvard University Press.

Bricker, Harvey M. y Victoria R. Bricker. 1989. "Zodiacal References in the Maya Codices." Ponencia presentada en la Universidad Colgate en la conferencia "Astronomy in the Maya Codices."

Bricker, Victoria R. 1966. "El hombre, la carga y el camino: Antiguos conceptos mayas sobre tiempo y espacio, y el sistema zinacanteco." En *Los zinacantecos*, ed. Evon Z. Vogt, págs. 355-370. Mexico: Instituto Nacional Indigenista.

_____. 1983. "Directional Glyphs in Maya Inscriptions and Codices." *American Antiquity* 48:347-53.

_____. 1988. "A Phonetic Glyph for Zenith: Reply to Gloss." *American Antiquity* 53:394-400.

_____ y Gary H. Gossen, eds. *Ethnographic Encounters in Southern Mesoamerica.* Albany: Institute for Mesoamerican Studies.

Brintnall, Douglas E. 1979. *Revolt against the Dead: The Modernization of a Maya Community in the Highlands of Guatemala.* New York: Gordon and Breach.

Brinton, Daniel G. 1885. *The Annals of the Cakehiquels.* (Brinton's Library of Aboriginal American Literature, no. 6). Philadelphia.

Brown, Leslie. 1976. *Birds of Prey: Their Biology and Ecology.* London: Hamlyn.

Bunzel, Ruth. 1981. *Chichicastenango.* Versión al español de Francis Gall. (Seminario de Integración Social Guatemalteca, Publicación no. 41). Guatemala: Editorial "Jose de Pineda Ibarra".

Burnett, Virginia Garrard. 1989. "Protestantism in Rural Guatemala, 1872-1954." *Latin American Research Review* 3:127-45.

Burnham, Robert. 1978. *Burnham's Celestial Handbook*, vol. 2. New York: Dover.

Cámara, Fernando. 1952. "Religious and Political Organization." En Tax, ed. 1952:142-73.

Campbell, Lyle. 1977. *Quichean Linguistic Prehistory.* (University of California Publications in Linguistics, no. 81). Berkeley: University of California Press.

Cancian, Frank. 1965. *Economics and Prestige in a Maya Community: The Religious Cargo System in Zinacantán.* Stanford: Stanford University Press.

Carmack, Robert M. 1963. "Motineros indígenas en tiempo de la independencia de Guatemala." *Estudios Sociales* 9:49-56.

_____. 1965. "The Documentary Sources, Ecology, and Culture History of Prehispanic Quiché Maya." Tesis doctoral, Universidad de California en Los Angeles.

_____. 1966. "La perpetuación del clan patrilineal en Totonicapán." *Antropología e Historia de Guatemala* 18:43-60.

_____. 1968. "Toltec Influence on the Postclassic Culture History of Highland Guatemala." (Middle American Research Institute, Publication no. 26:52-92). New Orleans: Tulane University.

_____. 1971. "Ethinography and Ethnohistory: Their Application in Middle American Studies." *Ethnohistory* 18:127-45.

_____. 1973. *Quichean Civilization: The Ethnohistoric, Ethnographic, and Archaeological Sources*. Berkeley: University of California Press.

_____. 1976. "Estratificación y cambio social en las tierras altas occidentales de Guatemala: El caso de Tecpanaco." *America Indígena* 36:253-301.

_____. 1979. *Historia social de los quichés*. (Seminario de Integración Social Guatemalteca, Publicacion no. 38). Guatemala.

_____. 1990. "State and Community in Nineteenth-Century Guatemala: The Momostenango Case." En Smith (1990: 116-136).

_____, ed. 1988. *Harvest of Violence: The Maya Indians and the Guatemalan Crisis*. Norman: University of Oklahoma Press.

_____, John Fox y R. Stewart, 1975. *La formación del reino quiché: Según la arqueología y etnología*. (Instituto Nacional de Antropología e Historia de Guatemala, Publicación Especial, no.7). Guatemala.

_____, F. Sloane y R. Stewart. 1972. "La pre- y proto-historia de Santiago Momostenango." *Guatemala Indígena* 7:5-21.

Carrasco, Pedro. 1961. "The Civil-Religious Hierarchy in Mesoamerican Communities: Pre-Spanish Background and Colonial Development." *American Anthropologist* 63:483-97.

Caso, Alfonso. 1965. "Zapotec Writing and Calendar." En Wauchope, ed. 1964-76, 3:931-947.

_____. 1967. *Los calendarios prehispánicos*. Mexico: Universidad Nacional Autónoma de Mexico, Instituto de Investigaciones Históricas.

Cerezo D., Hugo. 1941. "El indígena en un documento del siglo XVIII: Notas preliminares." *Antropología e Historia de Guatemala* 3:37-40.

Chase, Arlen F. y Prudence M. Rice. 1985. *The Lowland Maya Postclassic.* Austin: University of Texas Press.

Chinchilla Aguilar, Ernesto. 1963. "El Mundo mágico en un catecismo quiché español del siglo XVII." En *La danza del sacerdocio y otros estudios,* ed. Ernesto Chinchilla Aguilar, págs. 65-76. Guatemala: Editorial "José de Pineda Ibarra,".

Coe, Michael D. 1966. *The Maya.* New York: Praeger.

Coggins, Clemency C. 1980. "The Shape of Time: Some Political Implications of a Four-Part Figure." *American Antiquity* 45:727-739.

Colby, Benjamin N.1976. "The Anomalous Ixil–Bypassed by the Postclassic?" *American Antiquity* 41:74-80.

_____. 1989. 'Cognitive Economy, Coherence, and Divination in Three Civilizations." En Bricker y Gossen, eds. 1989:275-285.

_____ y Pierre van den Berghe. 1969. *Ixil Country: A Plural Society in Highland Guatemala.* Berkeley: University of California Press.

_____ y Lore M. Colby. 1981. *The Daykeeper: The Life and Discourse of an Ixil Diviner.* Cambridge: Harvard University Press.

Collier, Jane y Sylvia Yanagisako. 1989. "Theory in Anthropology since Feminist Practice." *Critique of Anthropology* 9:21-27.

Correa, Gustavo. 1960. "El espíritu del mal en Guatemala." En *Nativism and Syncretism.* Middle American Research Institute, Publication no. 19:37-104. New Orleans: Tulane University.

Cortés y Larraz, Pedro. 1958. *Descripción geográfico-moral de la Diócesis de Goathemala.* 2 vols. (Biblioteca "Goathemala", vol. 22). Guatemala: Sociedad de Geografía e Historia de Guatemala.

Cosminsky, Sheila. 1977. "Knowledge and Body Concepts of Traditional Guatemalan Midwives: Implications for Training and Health Care." Ponencia preseatada en la reunión anual de la American Anthropological Association, noviembre de 1977, en Houston. Mimeografiado.

Crabtree, Don E. 1968. "Mesoamerican Polyhedral Cores and Prismatic Blades." *American Antiquity* 33:446-78.

Davis, Shelton H. 1988. "Introduction: Sowing the Seeds of Violence." En Carmack, ed.1988:3-36.

_____ y Julie Hodson. 1982. *Witnesses to Political Violence in Guatemala: The Suppression of a Rural Development Movement.* Boston: Oxfam America.

233

Dienhart, John M. 1989. *The Mayan Languages: A Comparative Vocabulary.* 3 vols. Odense: Odense University Press.

Dorst, Jean. 1962. *The Migrations of Birds.* Tr. by C. D. Sherman. Boston: Houghton Mifflin.

Durán, Diego. 1971. *Book of the Gods and Rites and the Ancient Calendar.* Tr. and edited by Fernando Horcasitas and Doris Heyden. Norman: University of Oklahoma Press.

Durkheim, Émile. 1961. *The Elementary Forms of the Religious Lijfe.* Tr. by Joseph Ward Swain. New York: Collier Books.

Dutting, Dieter y Matthias Schramm. 1988. "The Sidereal Period of the Moon in Maya Calendrical Astronomy. *Tribus* 37:139-73.

Earle, Duncan M. 1986. "The Metaphor of the Day in Quiché: Notes on the Nature of Everyday Life." En *Symbols beyond the Closed Community*, ed. Gary Gossen, págs. 155-72. Albany: Institute for Mesoamerican Studies.

_____ 1988. "Mayas Aiding Mayas: Guatemalan Refugees in Chiapas, Mexico." En Carmack, ed. 1988:256-273.

Edmonson, Munro S. 1969. "Nativism, Syncretism and Anthropological Science". En *Nativism and Syncretism.* (Middle American Research Institute, Publication no. 19:181-204). New Orleans: Tulane University.

_____. 1971. *The Book of Counsel: The Popol Vuh of the Quiché Maya of Guatemala.* (Middle American Research Institute, Publication no. 35). New Orleans: Tulane University.

_____. 1988. *The Book of the Year: Middle American Calendrical Systems.* Salt Lake City: University of Utah Press.

Eggan, Fred. 1954. "Social Anthropology and the Method of Controlled Comparison." *American Anthropologist* 56:743-63.

Eliade, Mircea. 1964. *Shamanism: Archaic Techniques of Ecstacy.* Tr. by Willard R. Trask. New York: Pantheon Books.

England, Nora C. 1983. *A Grammar of Mam, a Mayan Language.* Austin: University of Texas Press.

Estrada Monroy, Agustín, ed. 1973. *Popol Vuh:* Traducido de la lengua quiché a la castellana por el R. P. fray Francisco Ximénez (Paleografía parcialmente modernizada y notas por Estrada Monroy). Guatemala: Editorial "José de Pineda Ibarra,".

Fabian, Johannes. 1971. "Language, History and Anthropology." *Philosophy of the Social Sciences* 1:19-47.

Fábrega, Horacio, Jr. y Daniel B. Silver. 1973. *Illness and Shamanistic Curing in Zinacantán: An Ethnomedical Analysis.* Stanford: Stanford University Press.

Falla, Ricardo S. 1975. *La conversión religiosa: Estudio sobre un movimiento rebelde a las creencias tradicionales en San Antonio Ilotenango, Quiché, Guatemala* (1948-1970). Ann Arbor, Mich.: University Microfilms.

_____. 1978. *Quiché rebelde.* (Colección "Realidad Nuestra," vol.7), Guatemala: Editorial Universitaria de Guatemala.

_____. 1984. "We Charge Genocide." En *Guatemala Tyranny on Trial: Testimony of the Permanent People's Tribunal,* ed. Susanne Jonas, Ed McCaughan y Elizabeth Sutherland Martínez, págs. 112-19. San Francisco: Synthesis Publications, .

_____. 1988 "Struggle for Survival in the Mountains: Hunger and Other Privations Inflicted on Internal Refugees from the Central Highlands." En Carmack 1988:235-255.

Farrand, John. 1983. *The Audubon Society Master Guide to Birding,* part 1. New York: Alfred A. Knopf.

Farriss, Nancy M. 1984. *Maya Society under Colonial Rule: The Collective Enterprise of Survival.* Princeton: Princeton University Press.

Fergusson, Erna. 1936. *Guatemala.* New York: Alfred A. Knopf.

Fortes, Meyer. 1962. "Ritual and Office in Tribal Society." En *Essays on the Ritual of Social Relations,* ed. Max Gluckman, págs. 53-88. Manchester: Manchester University Press.

Foster, George. 1944. "Nagualism in Mexico and Guatemala." *Acta Americana* 2:85-103.

Fox, David G. 1968. Reseña de *Quiché-English Dictionary,* por Munro Edmonson." *Language* 44:191-97.

_____. 1973. *Lecciones elementales en Quiché.* Guatemala: Instituto Lingüístico de Verano.

Fox, John W. 1978. *Quiché Conquest: Centralism and Regionalism in Highland Guatemalan State Development.* Albuquerque: University of New Mexico Press.

_____. 1987. *Maya Postclassic State Formation: Segmentary Lineage Migration in Advancing Frontiers.* Cambridge: Cambridge University Press.

Fuentes y Guzmán, Francisco Antonio de. 1932-33. *Recordación florida: Discurso historial y demonstración natural, material, militar y politica del*

Reyno de Guatemala. (Biblioteca "Goathemala," vols. 6-8). Guatemala: Sociedad de Geografía e Historia de Guatemala.

Furst, Peter T. 1972. "To Find Our Life: Peyote among the Huichol Indians of Mexico." En *Flesh of the Gods,* ed. Peter T. Furst, págs. 136-84. New York: Praeger, 1972.

_____. 1976. "Shamanistic Survivals in Mesoamerican Religion," *Actas del 41 Congreso Internacional de Americanistas, México, 1974,* 3:149-57. México: Instituto Nacional de Antropologia e Historia.

Gadamer, Hans-Georg. 1976. *Philosophical Hermeneutics.* Berkeley: University of California Press.

Gadow, H. F. 1908. *Through Southern Mexico.* New York: Charles Scribner.

Gates, William. 1931. Reseña de "Archaeology of the Cayo District", de J. Eric S. Thompson. *Maya Society Quarterly* 1:37-44.

Geertz, Clifford. 1973. *The Interpretation of Cultures.* New York: Basic Books.

Gennep, Arnold van. 1960. *The Rites of Passage.* Tr. by B. Vizedom and Gabrielle L. Caffe. London: Routledge and Kegan Paul.

Gillin, John. 1945. "Parallel Cultures and the Inhibitions to Acculturation in a Guatemalan Community." *Social Forces* 24:1-14.

Girard, Rafael. 1962. *Los mayas eternos.* Mexico: Antigua Librería Robredo.

_____. 1966. *Los mayas.* Mexico: Libro Mex.

Gluckman, Max. 1962. "Les rites de passage." En *Essays on the Ritual of Social Relations,* ed. Max Gluckman, págs. 1-52. Manchester: Manchester University Press.

Goldstein, Leon J. 1968. "The Phenomenological and Naturalistic Approaches to the Social." En *Theory in Anthropology,* ed. Robert A. Manners y David Kaplan, págs. 97-104. Chicago: Aldine.

Gossen, Gary H. 1972. "Temporal and Spatial Equivalents in Chamula Ritual Symbolism." En *Reader in Comparative Religion: An Anthropological Approach,* ed. William Lessa y Evon Z. Vogt. New York: Harper & Row.

_____. 1974. "A Chamula Solar Calendar Board from Chiapas, Mexico." En *Mesoamerican Archaeology: New Approaches,* ed. Norman Hammond, págs. 217-53. London: Duckworth.

_____. 1974. *Chamulas in the World of the Sun: Time and Space in a Maya Oral Tradition.* Cambridge: Harvard University Press.

Goubaud Carrera, Antonio. 1935. "El 'Guajxaquip Báts'–Ceremonia calendárica indígena." *Anales de la Sociedad de Geografía e Historia de Guatemala* 12: 39-52.

_____. 1937. *The Guajxaquip Báts: An Indian Ceremony of Guate*mala. Guatemala: Centro Editorial.

Gregory, James R. 1980. "On Being Indian in Southern Belize: A Research Note." *Belizean Studies* 8, no. 4:1-9.

Griscom, Ludlow. 1932. "The Distribution of Bird-Life in Guatemala." *Bulletin of the American Museum of Natural History* 64:15-77.

Gronewold, Sylvia. 1972. "Did Frank Hamilton Cushing Go Native?" En Kimball y Watson, eds. 1972:33-50.

Guerrilla Army of the Poor (EGP). 1982. *Compañero*. Guatemala: Solidarity Publications.

Guiteras-Holmes, Calixta. 1961. *Perils of the Soul: The World View of a Tzotzil Indian*. New York: Free Press of Glencoe.

Gurvitch, Georges. 1964. *The Spectrum of Social Time*. Tr. by Phillip Bosserman. Boston: Reidel.

Guzmán, Pantaleón de. 1704. "Compendio de nombres en lengua Cakchiquel." Manuscito en la colección de E. G. Squier. Fotocopia en la colección de Gates, en la biblioteca de la Universidad Brigham Young, Provo, UT.

Haeserijn V., Esteban. 1979. *Diccionario k'ekchi' español*. Guatemala: Piedra Santa.

Hall, Edward T., Jr. 1960. "A Microcultural Analysis of Time." En *Men and Cultures*, ed. Anthony F. C. Wallace, págs. 118-22. Philadelphia: University of Pennsylvania Press.

Hallowell, A. Irving. 1937. "Temporal Orientation in Western Civilization and in a Preliterate Society." *American Anthropologist* 39:647-70.

Hammond, Norman y Gordon R. Willey, eds. 1979. *Maya Archaeology and Ethnohistory*. Austin: University of Texas Press.

Hanks, William F. y Don S. Rice. 1989. *Word and Image in Maya Culture: Explorations in Language, Writing, and Representation*. Salt Lake City: University of Utah Press.

Harris, Marvin. *Patterns of Race in the Americas*. New York: W. W. Norton.

Harrison, Thomas C. 1984. "The Orion Nebula: Where in History Is It?" *Quarterly Journal of the Royal Astronomical Society* 25:65-79.

Harwood, Michael, ed.. 1975. *Proceedings of the North American Hawk Migration Conference, Syracuse, New York, April 18-21, 1974*. Washington Depot, CT: Hawk Migration Association of North America, 1975.

Haugh, John R. 1975. "Local Ephemeral Weather Conditions and Their Effects on Hawk Migration Routes." En Harwood, ed. 1975:72-84.

Hawkins, John. 1984. *Inverse Images: The Meaning of Culture, Ethnicity, and Family in Postcolonial Guatemala.* Albuquerque: University of New Mexico Press.

Hay, C. L. y otros. 1940. *The Maya and Their Neighbors.* New York: Appleton-Century.

Heintzelman, Donald S. 1979. *A Manual for Bird Watching in the Americas.* New York: Universe Books.

Henderson, John S. 1974. "Origin of the 260-Day Cycle in Mesoamerica." *Science* 185: 542-43.

Hermitte, M. Esther. 1964. "Supernatural Power and Social Control in a Modern Mayan Village." Tesis doctoral, Universidad de Chicago.

Hernández Spina, Vicente. 1932. "Ixtlavacán Quiché Calendar of 1854." Tr. by Ethel-Jane W. Bunting. *Maya Society Quarterly* 1:72-77.

Hill, Robert y John Monaghan. 1987. *Continuities in Highland Maya Social Organization: Ethnohistory in Sacapulas, Guatemala.* Philadelphia: University of Pennsylvania Press.

Hinshaw, Robert E. 1975. *Panajachel: A Guatemalan Town in Thirty-Year Perspective.* Pittsburgh: University of Pittsburgh Press.

_____. 1988. "Tourist Town amid the Violence: Panajachel." En Carmack 1988:95-205.

Holland, William Robert. 1962. "Highland Maya Folk Medicine: A Study of Culture Change." Tesis doctoral, Universidad de Arizona.

Hollenbach, Marion. 1937. "An Ancient Quiché Ceremony." *El Palacio* 42:80-84.

Hood, Mantle. 1963. "Within the Context." En *Musicology*, ed. Frank L. Harrison, Mantle Hood y Claude V. Palisca, págs. 260-89. Englewood Cliffs, NJ: Prentice-Hall.

Hunt, Eva. 1977. *The Transformation of the Hummingbird: Cultural Roots of a Zinacantecan Mythical Poem.* Ithaca: Cornell University Press.

Ingham, John. 1971. "Time and Space in Ancient Mexico: The Symbolic Dimensions of Clanship." *Man* n.s. 6:615-30.

Jiménez Moreno, Wigberto. 1958. "¿Religión o religiones mesoamericanas?" En *Simposium sobre religiones mesoamericanas. Verhandlungen des 38 Internationalen Amerikanisten Kongresses, Stuttgart-Munich*, 3:201-206.

Jones, Chester Lloyd. 1940. *Guatemala, Past and Present.* Minneapolis:

University of Minnesota Press.

Jones, Grant D. 1989. *Maya Resistance to Spanish Rule: Time and History on a Colonial Frontier.* Albuquerque: University of New Mexico Press.

Josserand, J. Kathryn y Nicholas A. Hopkins. 1988. "Chol (Mayan) Dictionary Database, Part III." *Final performance report for the National Endowment for the Humanities.*

Jules-Rosette, Bennetta. 1975. *African Apostles: Ritual and Conversion in the Church of John Maranke.* Ithaca: Cornell University Press.

Kelley, David Humiston. 1976. *Deciphering the Maya Script.* Austin: University of Texas Press.

Kelly, Isabel. 1956. *Santiago Tuxtla, Veracruz Culture and Health.* Mexico: Institute of Inter-American Affairs.

_____. 1965. *Folk Practices in North Mexico: Birth Customs, Folk Medicine, and Spiritualism in the Laguna Zone.* Austin: University of Texas Press.

Kelsey, Vera y Lilly de Jongh Osborne. 1939. *Four Keys to Guatemala.* New York: Funk & Wagnalls.

Kendall, Carl, John Hawkins y Laurel Bossen. 1983. *Heritage of Conquest: Thirty Years Later.* Albuquerque: University of New Mexico Press.

Kidder, Alfred V. 1940. "Archaeological Problems of the Highland Maya." En Hay y otros 1940:117-125.

Kimball, Solon T. 1972. "Learning a New Culture." En Kimball y Watson, eds. 1972:182-92.

_____ y James B. Watson, eds. 1972. *Crossing Cultural Boundaries: The Anthropological Experience.* San Francisco: Chandler.

Koizumi, Junji. 1981. *Symbol and Context: A Study of Self and Action in a Guatemalan Culture.* Ann Arbor: University Microfilms.

La Farge, Oliver. 1949. "Maya Ethnology: The Sequence of Cultures." En Hay y otros, eds. 1940:281-291.

_____. 1994. *La costumbre en Santa Eulalia.* Tr. por Fernando Peñalosa. Rancho Palos Verdes, CA.: Ediciones Yax Te'.

_____ y Douglas Byers. 1997. *El pueblo del Cargador del Año.* Tr. por Víctor Montejo y Oscar Velázquez Estrada. Rancho Palos Verdes, CA: Fundación Yax Te'; Antigua: CIRMA.

Lamb, Weldon W. 1981. "Star Lore in the Yucatec Maya Dictionaries." En *Archaeoastronomy in the Americas,* ed. Ray A. Williamson, págs. 233-248. Los Altos, CA: Ballena Press, 1981.

Land, Hugh C. 1970. *Birds of Guatemala*. Wynnewood, PA: Livingston Publishing.

Langness, Lewis. 1976. "Hysterical Psychoses and Possessions. En *Culture-Bound Syndromes, Ethnopsychiatry, and Alternate Therapies*, ed. William P. Lebra, págs. 56-67. Honolulu: University Press of Hawaii.

Larsen, Helga. 1936. "The 260-Day Period as Related to the Agricultural Life of the Ancient Indian." *Ethnos* 1:9-12.

Las Casas, Bartolomé de. 1909. *Apologética historia de las Indias*. 2 vols. Madrid: Nueva Biblioteca de Autores Españoles, vol.13.

Laughlin, Robert M. 1975. *The Great Tzotzil Dictionary of San Lorenzo Zinacantán*. (Smithsonian Contributions to Anthropology, No.19). Washington: Smithsonian Institution Press.

Leach, Edmund. 1961. "Two Essays Concerning the Symbolic Representation of Time." En *Rethinking Anthropology*, ed. Edmund Leach, págs. 124-36. London: Athlone Press.

Lehmann, Walter. 1911. "Der Kalender der Quiché-Indianer Guatemalas." *Anthropos* 6:403-10.

Leonard, Sister Blanche M. 1964-65. "Ontological Categories of the Gods of Yucatan." Cambridge: Harvard University. Mimeografiado.

León-Portilla, Miguel. 1973. *Time and Reality in the Thought of the Maya*. Boston: Beacon Press.

Lincoln, J. Steward. 1942. "The Maya Calendar of the Ixil of Guatemala." *Contributions to American Anthropology and History* 38:99-128.

Linton, Ralph. *The Study of Man*. New York: Appleton-Century Co., 1936.

Long, Richard C. E.. 1924. "Some Maya Time Periods." En *Proceedings of the International Congress of Americanists, The Hague, 1921*. 1:574-681.

Lothrop, S. K. 1929. "Further Notes on Indian Ceremonies in Guatemala." *Indian Notes* 6:1-25.

_____. 1930. "A Modern Survival of the Ancient Maya Calendar." En *Proceedings of the 23rd International Congress of Americanists, New York, 1928*, 1:652-55.

Lounsbury, Floyd G. 1978. "Maya Numeration, Computation and Calendrical Astronomy." *Dictionary of Scientific Biography*. Ed. Charles Coulston Gillispie, vol.15, suppl. 1:759-818.

Lovell, W. George. 1985. "From Conquest to Counter-Insurgency." *Cultural Survival Quarterly* 9:46-49.

_____. 1988. "Surviving Conquest: The Maya of Guatemala in Historical Perspective." *Latin American Research Review* 23 no. 2:25-57.

_____. 1990. *Conquista y cambio cultural. La Sierra de los Cuchumatanes de Guatemala, 1500-1821.* Antigua: CIRMA.

MacLeod, Murdo J. 1973. *Spanish Central America: A Socioeconomic History, 1520-1720.* Berkeley: University of California Press.

McArthur, Harry y Lucille McArthur. 1965. "Notas sobre el calendario ceremonial de Aguacatán, Huehuetenango." *Folklore de Guatemala* 2:23-38.

Madsen, William. 1955. "Shamanism in Mexico." *Southwestern Journal of Anthropology* 11:48-57.

Mak, C. 1959. "Mixtec Medical Beliefs and Practices." *América Indígena* 19:125-51.

Malmstrom, Vincent H. 1973. "Origin of the Mesoamerican 260-Day Calendar." *Science* 181:939-941.

Manz, Beatriz. 1988. *Refugees of a Hidden War: The Aftermath of Counter-insurgency in Guatemala.* Albany: State University of New York Press.

Martínez Hernández, J. 1930. *Diccionario de Motul, maya español, atribuido a fray Antonio de Ciudad Real y Arte de lengua maya,* por fray Juan Coronel. Mérida: Tipográfica Yucateca.

Melville, Thomas R. 1983. "The Catholic Church in Guatemala, 1944-1982." *Cultural Survival Quarterly* 7:23-27.

Menchú, Rigoberta. 1984. *I. Rigoberta Menchú: An Indian Woman in Guatemala.* Ed. Elizabeth Burgos-Debray. London: British Library, 1984.

_____. 1984. *Indian Guatemala: Path to Liberation.* Washington: EPICA Task Force.

Mendelson, E. Michael. 1965. *Los escándalos de Maximón.* (Seminario de Integración Social Guatemalteca, Publicación no. 19). Guatemala.

_____. 1967. "Ritual and Mythology." En Wauchope, ed. 1964-76, 6:392-415.

Merrill, R. H. 1945. "Maya Sun Calendar Dictum Disproved." *American Antiquity* 10:307-11.

Metzger, Duane y Gerald Williams. 1963. "Tenejapa Medicine I: The Curer." *Southwestern Journal of Anthropology* 19:216-34.

Miles, Suzanna W. 1952. "An Analysis of Modern Middle American Calendars: A Study in Conservation." En *Acculturation in the Americas,* ed. Sol Tax, págs. 273-84. Chicago: University of Chicago Press.

_____. 1957. "The Sixteenth Century Pokom-Maya." *Transactions of the American Philosophical Society*, vol. 47, part 4:735-81.

Mondloch, James. 1982. "Sincretismo religioso maya-cristiano en la tradición oral de una comunidad quiché." *Mesoamérica* 3:107-23.

Montejo, Víctor. 1993. *Testimonio: Muerte de una comunidad indígena en Guatemala*. Guatemala: Editorial Universitaria.

Morley, Sylvanus G. 1915. *An Introduction to the Study of the Maya Hieroglyphs*. (Bulletin 57 of the Bureau of American Ethnology). Washington.

_____. 1946. *The Ancient Maya*. Stanford: Stanford University Press.

Myerhoff, Barbara G. 1974. *Peyote Hunt: The Sacred Journey of the Huichol Indians*. Ithaca: Cornell University Press.

Nash, June. 1967. "The Logic of Behavior: Curing in a Maya Indian Town." *Human Organization* 26:132-40.

_____. 1970. *In the Eyes of the Ancestors: Belief and Behavior in a Maya Community*. New Haven: Yale University Press.

Nash, Manning. 1957. "Cultural Persistence and Social Structure: The Mesoamerican Calendar Survivals." *Southwestern Journal of Anthropology* 13:149-55.

_____. 1958. *Machine Age Maya*. (American Anthropological Association, Memoir no. 87). Menasha, WI: American Anthropological Association.

Natanson, M. A., ed. 1973. *Phenomenology and the Social Sciences*. 2 vols. Evanston: Northwestern University Press.

Nelson, Diane M. 1991. "The Reconstruction of Mayan Identity." *Report on Guatemala* 12 no. 2:6-7, 14.

Neuenswander, Helen. 1978. "Vestiges of Early Maya Time Concepts in a Contemporary Maya (Cubulco Achi) Community: Implications for Epigraphy." Guatemala: Summer Institute of Linguistics. Mimeografiado.

Nuttall, Zelia. 1928. "Nouvelles lumières sur les civilisations américaines et le système du calendrier." *Proceedings of the 22nd International Congress of Americanists, Rome, 1926*, 1: 119-48.

Oakes, Maud. 2001. *Las dos cruces de Todos Santos; religiosidad de un pueblo maya*. Tr. por Fernando Peñalosa. Rancho Palos Verdes, CA: Fundación Yax Te'; Guatemala:Editorial Cultura.

Ordóñez, J. Martín. 1969. "Religión, magia y folklore en Chichicastenango." *Guatemala Indigena* 4:180-204.

Orellana, Sandra L. 1987. *Indian Medicine in Highland Guatemala: The*

Prehispanic and Colonial Periods. Albuquerque: University of New Mexico Press.

Ortiz, Alfonso. 1960. *Tewa World: Space, Time, Being, and Becoming in a Pueblo Society*. Chicago: University of Chicago Press.

Ortner, Sherry B. 1984. "Theory in Anthropology Since the Sixties." *Society for the Comparative Study of Society and History* 26:126-66.

Parsons, Elsie Clews. 1936. *Mitla: Town of the Souls*. Chicago: Chicago University Press.

Paul, Benjamin D. y William J. Demarest. 1988. "The Operation of a Death Squad in San Pedro La Laguna." En Carmack, ed. 1988:119-54.

Paul, Lois y Benjamin D. Paul. 1975. "The Maya Midwife as Sacred Professional: A Guatemalan Case." *American Ethnologist* 2:707-26.

Perera, Victor y Robert D. Bruce. 1982. *The Last Lords of Palenque: The Lacandón Mayas of the Mexican Rain Forest*. Berkeley: University of California Press.

Pinkerton, Sandra. 1976. *Studies in K'ekchi*. (Texas Linguistic Forum no. 3). Austin: University of Texas.

Pitt-Rivers, Julian. 1970. "Spiritual Power in Central America: The Naguals of Chiapas." En *Witchcraft Confessions and Accusations*, ed. Mary Douglas, págs. 183-206. London: Tavistock Publications.

Price, William J. 1964. "Time is of the Gods." *Practical Anthropology* 11:266-72.

Recinos, Adrián. 1957. *Crónicas indígenas de Guatemala*. Guatemala: Editorial Universitaria.

——————— y Delia Goetz, trads. 1953. *The Annals of the Cakehiquels*. Norman: University of Oklahoma Press.

Reichard, Gladys A. 1934. *Spider Woman: A Story of Navajo Weavers and Chanters*. New York: Macmillan.

Reina, Rubén E. 1966. *The Law of the Saints: A Pokomam Pueblo and its Community Culture*. New York: Bobbs-Merrill.

Remington, Judith A. 1977. "Current Astronomical Practices among the Maya." En *Native American Astronomy*, ed. Anthony F. Aveni, págs. 75-88. Austin: University of Texas Press.

Richards, M. 1986. "Cosmopolitan World View and Counterinsurgency in Guatemala." *Anthropological Quarterly* 3:90- 107.

Ricoeur, Paul. 1976. *Interpretation Theory: Discourse and the Surplus of*

Meaning. Fort Worth: Texas Christian University Press.

Ries, Maurice. 1943. "The Ritual of the Broken Pots." *América Indígena* 5:245-52.

Roberts, Robert E. T. 1948. A Comparison of Ethnic Relations in Two Guatemalan Communities." *Acta Americana* 6:135-51.

Robicsek, Francis y Donald M. Hales. 1984. "Maya Heart Sacrifice: Cultural Perspective and Surgical Technique." En *Ritual Human Sacrifice in Mesoamerica*, ed. Elizabeth H. Boone, págs. 49-90. Washington: Dumbarton Oaks, 1984.

Rodas N., Flavio, Ovidio Rodas C. y Lawrence F. Hawkins. 1940. *Chichicastenango: the Kiché Indians, their History and Culture, Sacred Symbols of their Dress and Textiles*. Guatemala: Unión Tipográfica.

Rodríguez Rouanet, Francisco. 1967. "La ceremonia del Wakxakib Bats y el 'Dios Mundo' en Momostenango, *Folklore de Guatemala* 3:77-80.

_____. 1971. "Monografia del municipio de Momostenango: Departamento de Totonicapán." *Guatemala Indígena* 5:11-99.

Roys, Ralph L. 1967. *The Book of Chilam Balam of Chumayel*. Norman: University of Oklahoma Press.

Rubel, Arthur J. 1965. "Prognosticative Calendar Systems." *American Anthropologist* 67:107-110.

Saler, Benson. 1960. *The Road from El Palmar: Change, Continuity, and Conservatism in a Quiché Community*. Ann Arbor: University Microfilms.

_____. 1964. "Nagual, Witch, and Sorcerer in a Quiché Village." *Ethnology* 3:305-28.

_____. 1970. "Sorcery in Santiago El Palmar." En *Systems of North American Witchcraft and Sorcery*, ed. Deward Walker, págs. 125-46. (Anthropological Monographs of the University of Idaho, no.1). Moscow, ID: University of Idaho, 1970.

_____. 1976. "Cultic Alternatives in a Guatemalan Village." Ponencia presentada ante la Association of Social Anthropologists, Conference on Regional Cults, Manchester, Inglaterra. Mimeografiado.

Sanders, William T. y Barbara J. Price. 1968. *Mesoamerica: The Evolution of a Civilization*. New York: Random House.

Sapper, Karl. 1925. "Über Brujería in Guatemala." *Proceedings of the 21st International Congress of Americanists, Göteborg, 1924*, 1:391-405.

Schackt, Jon. 1984. "The Tzuultak'a: Religious Lore and Cultural Processes among the Kekchi." *Belizean Studies* 12, no. 5:16-29.

Schele, Linda y David Freidel. 1990. *A Forest of Kings: The Untold Story of the Ancient Maya.* New York: William Morrow.

Linda Schele y Nikolai Grube. 1990. "A Preliminary Inventory of Place Names in the Copán Inscriptions." *Copán Notes,* no. 93.

Linda Schele, David Stuart y Nikolai Grube. 1989. "A Commentary on the Restoration and Reading of the Glyphic Panels from Temple 11." *Copán Notes,* no .64.

Scholte, Bob. 1976. "Dwelling on the Everyday World: Phenomenological Analyses and Social Reality." *American Anthropologist* 78:585-589.

Schultze Jena, Leonhard. 1954. *La vida y las creencias de los indigenas quichés de Guatemala.* (Biblioteca de Cultura Popular, vol. 49). Tr. por Antonio Goubaud Carrera y Herbert D. Sapper. Guatemala: Ministerio de Educación Pública.

Schütz, Alfred J. 1967. *The Phenomenology of the Social World.* Tr. by George Walsh and Frederick Lehnert. Evanston: Northwestern University Press.

Sedat S., Guillermo. 1955. *Nuevo diccionario de las lenguas k'ekchi' y española. Chamelco, Alta Verapaz, Guatemala.*

Seler, Eduard. 1888. "Die Tageszeichen der aztekischen und der Maya Handshriften und ihre Gottheiten." En *Gesammelte Abhandlungen zur Amerikanischen Sprach- und Altertumskunde,* 1:417-503. Graz: Akademische Druck- und Verlagsanstalt.

Sexton, James. 1981. *Son of Tecún Umán: A Maya Indian Tells His Life Story.* Tucson: University of Arizona Press.

_____. 1985. *Campesino: The Diary of a Guatemalan Indian.* Tucson: University of Arizona Press.

Shaw, Mary, ed. 1972. *Según nuestros antepasados. Textos folklóricos de Guatemala y Honduras.* Guatemala: Instituto Lingüístico de Verano en Centro América.

Siegel, Morris y Francis X. Grollig. 1996. *Konob' Samiel yet peyxa. San Miguel Acatán 1938-1959.* Tr. por Fernando Peñalosa. Rancho Palos Verdes, CA: Ediciones Yax Te'.

Silver, Daniel B. 1966. "Zinacanteco Shamanism." Tesis doctoral, Universidad de Harvard.

Simon, Jean-Marie. 1987. *Guatemala: Eternal Spring, Eternal Tyranny.* New York: W. W. Norton.

Sletto, Jacqueline Wiora y Bjorn Sletto. 1990. "Cultural and Economic Revival: Toledo Maya." *Native Peoples* 4:38-44.

Smith, Carol A. 1985. "Local History in Global Context: Social and Economic Transitions in Western Guatemala." En *Micro and Macro Levels of Analysis in Anthropology: Issues in Theory and Research*, ed. Billie R. De Walt y Pertti J. Pelto, págs. 83-120. Boulder, CO: Westview Press:

_____. 1988. Destruction of the Material Bases for Indian Culture: Economic Changes in Totonicapan." En Carmack, ed. 1988:206-231.

_____. 1990. Class Position and Class Consciousness in an Indian Community: Totonicapán in the 1970s." En Smith, ed. 1990:205-229.

_____, ed. 1990. *Guatemalan Indians and the State, 1540 to 1988*. Austin: University of Texas Press.

Solano Pérez-Lila, Francisco. 1974. *Los mayas del siglo XVIII; Pervivencia y transformación de la sociedad indígena guatemalteca durante la administración borbónica*. Madrid: Ediciones Cultura Hispánica.

Sosa, John R. 1985. *The Maya Sky, the Maya World: A Symbolic Analysis of Yucatec Maya Cosmology*. Ann Arbor: University Microfilms.

_____. 1989. "Cosmological, Symbolic and Cultural Complexity among the Contemporary Maya of Yucatan." En *World Archaeoastronomy*, ed. A. F. Aveni, págs. 130-42. Cambridge: Cambridge University Press.

Spinden, Herbert J. 1920. "Central American Calendars and the Gregorian Day." *Proceedings of the National Academy of Science* 6:56-59.

Stoll, David. 1988. "Evangelicals, Guerrillas, and the Army: The Ixil Triangle Under Rios Montt." En Carmack, ed. 1988:90-116.

Stross, Brian. 1991. "Classic Maya Directional Glyphs." *Journal of Linguistic Anthropology* 1:97-114.

Tax, Sol. 1937. "The Municipios of the Midwestern Highlands of Guatemala." *American Anthropologist* 39:423-44.

_____. 1947. *Notes on Santo Tomás Chichicastenango (Nov. 1934-May 1935)*. (Microfilm collection of manuscripts in Middle American Cultural Anthropology, no.16). Chicago: University of Chicago Library.

_____. 1964. "Cultural Differences in the Maya Area: A 20th Century Perspective." *En desarrollo cultural de los mayas*, ed. Evon Z. Vogt y Alberto Ruz L., págs. 279-328. Mexico: Universidad Nacional Autónoma de Mexico.

_____, ed. 1952. *Heritage of Conquest: The Ethnology of Middle America*. Glencoe, IL: Free Press.

Tedlock, Barbara. 1983. "A Phenomenological Approach to Religious Change in Highland Guatemala." En Kendall, Hawkins y Bossen (1983:235-246).

_____. 1983. "Earth Rites and Moon Cycles: Mayan Synodic and Sidereal Lunar Reckoning." Ponencia presentada ante la International Conference on Ethnoastronomy, National Air and Space Museum, Washington.

Tedlock, Dennis. 1983. "Las formas del verso quiché de la paleografía a la grabadora." *En Nuevas perspectivas sobre el Popol Vuh*, ed. Roberto Carmack y Francisco Morales Santos, págs.123-32. Guatemala: Piedra Santa.

_____, trad. 1985. *Popol Vuh*. New York: Simon and Schuster.

Teeple, John E. 1931. *Maya Astronomy*. (Carnegie Institute of Washington Publication no. 403, Contributions to American Archaeology vol.1, no. 2). Washington.

Tenzel, James H. 1970. "Shamanism and Concepts of Disease in a Mayan Indian Community." *Psychiatry* 33:372-80.

Thompson, Donald E. 1960. "Maya Paganism and Christianity: A History of the Fusion of Two Religions." En *Nativism and Syncretism*. Middle American Research Institute, Publication No.19:5-34. New Orleans: Tulane University.

Thompson, J. Eric S. 1950. *Maya Hieroglyphic Writing: An Introduction*. Norman: University of Oklahoma Press.

_____. 1954. *The Rise and Fall of Maya Civilization*. Norman: University of Oklahoma Press.

_____. 1972. *A Commentary on the Dresden Codex: A Maya Hieroglyphic Book*. (Memoirs of the American Philosophical Society, no. 93). Philadelphia: American Philosophical Society.

Tirado, Fermín Joseph. 1787. "Vocabulario de lengua Kiche." Fotocopia del manuscrito de la Biblioteca Tozzer, Universidad de Harvard, Cambridge, MA.

Toledo Maya Cultural Council (TMCC). 1984. "Mopan and Kektchi Indians Fight for Their Culture." *IWGIA Newsletter* 37:18-21.

_____. 1985. "The Mayas Call for Help and Solidarity." *IWGIA Newsletter* 41:46-51.

_____. 1986. "The Toledo Maya Homeland." *IWGIA Newsletter* 46:17-20.

Tölölyan, Khachig. 1991. "The Nation-State and Its Others." *Diaspora* 1:3-7.

Townsend, Paul. "We Have Come To Wake You, We Have Come to Rouse You Our Lords, Our Ladies: Ritual Rhetoric from Cotzal." Computer Program Printout, no. 8179. Guatemala: Summer Institute of Linguistics, 1979.

Tozzer, Alfred M. 1907. *A Comparative Study of the Mayas and the Lacandones.* New York: Macmillan.

_____, tr. 1941. *Landa's Relación de las Cosas de Yucatán.* (Papers of the Peabody Museum of Archaeology and Ethnology, vol. 18). Cambridge: Harvard University.

Turner, Victor. 1967. *The Forest of Symbols: Aspects of Ndembu Ritual.* Ithaca: Cornell University Press.

_____. 1969. *The Ritual Process: Structure and Anti-Structure.* Ithaca: Cornell University Press.

_____. 1975. "Foreword." En Jules-Rosette 1975.

Ulrich, E. Matthew y Rosemary Dixon de Ulrich. 1976. *Diccionario maya mopán/español español/maya mopán.* Guatemala: Instituto Lingüístico de Verano.

University of Pennsylvania Museum Library. "Calendario de los Indios de Guatemala, 1722 Kiché."

Valladares, Leon A. 1957. *El hombre y el maíz: etnografía y etnopsicología de Colotenango, Guatemala.* Guatemala.

Vázquez, R. P. fray Francisco. 1937-44. *Crónica de la provincia del Santísimo Nombre de Jesús de Guatemala.* 2a. ed., 4 vols. Guatemala.

Villa Rojas, Alfonso. 1945. *The Maya of East Central Quintana Roo.* (Carnegie Institution of Washington, Publication no. 559). Washington.

_____. 1947. "Kinship and Nagualism in a Tzeltal Community (Tenejapa)." *American Anthropologist* 49:578-87.

_____. 1973. "The Concepts of Space and Time Among the Contemporary Maya." En *Time and Reality in the Thought of the Maya,* ed. Miguel León-Portilla, págs. 113-59. Boston: Beacon Press.

Vogt, Evon Z. 1966. "H?iloletik: The Organization and Function of Shamanism in Zinacantan." En *Summa Antropológica en homenaje a Roberto J. Weitlaner,* págs. 359-69. Mexico: Instituto Nacional de Antropologia e Historia.

_____. 1969. *Zinacantán: A Maya Community in the Highlands of Chiapas.* Cambridge: Harvard University Press, Belknap Press.

_____. 1976. *Tortillas for the Gods: A Symbolic Analysis of Zinacanteco Rituals.* Cambridge: Harvard University Press.

_____. 1985. "Cardinal Directions and Ceremonial Circuits in Mayan and Southwestern Cosmology." *National Geographic Society Research Reports* 21:487-96.

Wachtel, Nathan. 1977. *The Vision of the Vanquished: The Spanish Conquest of Peru through Indian Eyes 1530-1570*. New York: Harper & Row.

Wagley, Charles. 1949. *The Social and Religious Life of a Guatemalan Village*. (American Anthropological Association, Memoir no.71). Menasha, WI: American Anthropological Association.

Wahrhaftig, Albert L. 1960. "Witchcraft and Curing in Two Tzeltal Communities." Tesis de maestría, Universidad de Chicago.

Warner, W. Lloyd. 1937. *A Black Civilization: A Social Study of an Australian Tribe*. New York: Harper and Brothers.

Warren, Kay B. 1978. *The Symbolism of Subordination: Indian Identity in a Guatemalan Town*. Austin: University of Texas Press.

Watanabe, John M. 1988. "In the World of the Sun: A Cognitive Model of Mayan Cosmology." *Man* 18:710-28.

_____. 1988. "Enduring yet Ineffable Community in the Western Periphery of Guatemala." En Smith, ed. 1988:183-204.

_____. 1989. "Elusive Essences: Souls and Social Identity in Two Highland Maya Communities." En Bricker y Gossen, eds. 1989:263-274.

Wauchope, Robert., ed. 1964-76. *Handbook of Middle American Indians*. Austin: University of Texas Press.

Wetmore, Alexander. 1965. *Water, Prey, and Game Birds of North America*. Washington: National Geographic Society.

Wilson, Richard. 1991. "Machine Guns and Mountain Spirits: The Cultural Effects of State Repression among the Q'eqchi' of Guatemala." *Critique of Anthropology* 11:33-61.

Wisdom, Charles. 1940. *The Chorti Indians of Guatemala*. Chicago: University of Chicago Press.

_____. 1952. "The Supernatural World and Curing." En Tax, ed. 1952:119-141.

Witherspoon, Gary. 1977. *Language and Art in the Navajo Universe*. Ann Arbor: University of Michigan Press.

Ximénez, fray Francisco. 1926. "El calendano k'iché." *Revista de Etnología, Arqueología y Lingüística* 1:251-57.

_____. 1929-31. *Historia de la provincia de San Vicente de Chiapas y Guatemala*. (Biblioteca "Goathemala," vols. 1-3). Guatemala.

_____. 1967. *Escolios a las historias del origen de los indios*. (Sociedad de Geografía e Historia de Guatemala, pub. 13).